我国博物馆旅游高质量发展研究

周菲菲 著

湖南师范大学出版社

·长沙

图书在版编目（CIP）数据

我国博物馆旅游高质量发展研究 / 周菲菲著. --长沙：湖南师范大学出版社，2025.1. --ISBN 978 - 7 - 5648 - 5758 - 5

Ⅰ.F592.3

中国国家版本馆 CIP 数据核字第 2025424S4U 号

我国博物馆旅游高质量发展研究
Woguo Bowuguan Lüyou Gaozhiliang Fazhan Yanjiu

周菲菲　著

◇出 版 人：吴真文
◇责任编辑：王　璞
◇责任校对：朱卓娉
◇出版发行：湖南师范大学出版社
　　　　　　地址/长沙市岳麓区　邮编/410081
　　　　　　电话/0731 - 88873071　88873070
　　　　　　网址/https：//press. hunnu. edu. cn
◇经销：新华书店
◇印刷：长沙雅佳印刷有限公司
◇开本：185 mm×260 mm　1/16
◇印张：17
◇字数：350 千字
◇版次：2025 年 1 月第 1 版
◇印次：2025 年 1 月第 1 次印刷
◇书号：ISBN 978 - 7 - 5648 - 5758 - 5
◇定价：58.00 元

凡购本书，如有缺页、倒页、脱页，由本社发行部调换。

前 言

　　"文化自信"是中国特色社会主义"四个自信"的基础。坚定文化自信可以提升全国人民对中华优秀传统文化的历史自豪感,而中华优秀传统文化的浸润和洗礼同样对增强中华文化自信具有重要意义。我国人民对中华文化溯源与传承的关注度不断攀升,蕴含丰厚文化内涵的博物馆受到旅游者的青睐,成为我国发展迅速的新兴旅游吸引物。2021年,国家文物局等9部门发布的《关于推进博物馆改革发展的指导意见》提出,到2035年基本建成世界博物馆强国。秉承创新、协调、绿色、开放、共享新发展理念,如何在博物馆数量高速增长的背景下提高其旅游发展质量成为我国文旅行业亟待解决的问题。

　　本书基于我国博物馆旅游发展的"现状解析—质量测评—动力机制—发展路径—对策建议"的研究思路,利用新博物馆学、区域经济、产业融合、共生理论等理论,在对博物馆旅游及其高质量发展的内涵与特征进行界定的基础上,深入解析我国博物馆旅游高质量发展水平、动力机制及其发展路径,为我国博物馆旅游高质量发展提供实践指导与解决方案,以期丰富博物馆旅游发展理论,完善文旅融合研究体系。主要研究内容与结论如下:

(1) 我国博物馆旅游高质量发展的内涵与功能

　　通过对国内外博物馆以及博物馆旅游定义演变的梳理,将博物馆旅游界定为:为满足人民美好的精神文化生活需要,以博物馆这一重要的旅游吸引物为核心所产生与衍生的旅游活动的总称。运用质性分析方法对博物馆旅游高质量发展内涵进行梳理与阐释,为我国博物馆旅游高质量定量测度及其机制研究奠定理论基础。

(2) 我国博物馆旅游发展状况与面临的问题

　　以我国31个省份(本书相关研究不包含港澳台地区)以及204个国家一级博物馆(截至2024年4月)为研究对象,分析我国博物馆时空分布及其旅游发展特征,结果显示我国博物馆空间分布与旅游发展均大致呈现"东南高西北低"的状态;博物馆数字媒体发展分布呈东部、中部、西部、东北阶梯形分层发展格局。从需求侧与供给侧两方面分析我国博物馆旅游发展中存在的问题,包括区域发展不平衡、支持与合作不足、专业人才匮乏等行业发展问题，以及技术应用不完善、教育与传播不足、内容创新不充分等单体发展问题。进而从创新、协调、绿色、开放、共享五个方面分析我国博物馆旅游高质量发展方向。

（3）我国博物馆旅游高质量发展水平定量测度

根据博物馆旅游高质量发展的内涵与发展方向，基于新发展理念五个维度，从区域视角与微观视角，使用层次分析法、熵值法与 CRITIC 法等主客观相结合的赋权方法，分别构建了博物馆旅游高质量发展评价指标体系，并进行定量评价。从省级区域视角看，我国东部地区各项指标得分基本处于领先地位，也大致呈现东高西低态势。微观视角则选取了我国 204 个国家一级博物馆进行研究，结果显示中国国家博物馆、故宫博物院、陕西历史博物馆、上海博物馆等位居榜单前列，进一步分类别汇总可知，自然科技类与考古遗址类博物馆数量较少但整体实力较强，综合地志与历史文化类博物馆数量最多但两极分化明显。

（4）我国博物馆旅游高质量发展影响因素与动力机制

以我国博物馆旅游高质量发展测度结果为被解释变量，运用面板数据分位数回归模型与面板数据空间自回归模型等方法，定量分析了博物馆旅游高质量发展的影响因素及其作用，结果表明：一方面，数字技术、地区经济、政府支持、社会人口、教育水平等皆对博物馆旅游高质量发展的促进作用显著，为其发展提供了强有力的技术、经济、政策、人口以及智力支持；另一方面，根据分位数回归结果可知，教育水平的影响程度在博物馆旅游高质量发展的九个分位点处均显著领先于其他因子，居于首要地位，这一结果也反映了智力支持在我国博物馆旅游高质量发展过程中的重要性和主导地位。在此基础上，通过系统动力学仿真分析，进一步验证了各影响因素与博物馆旅游高质量发展之间的关联性。

（5）我国博物馆旅游高质量发展路径

基于综合测度与影响分析结果，运用 fsQCA 解析博物馆旅游高质量发展的组态路径，并选取故宫博物院、中国国家博物馆、敦煌研究院、上海博物馆、陕西历史博物馆作为典型案例进行实践分析，进而将我国博物馆旅游高质量发展路径凝练为基于经济—教育的文创传播型、基于技术—教育的科技赋能型、基于经济—教育—政策的合作共赢型、基于人口—教育—开放的社教研学型、基于开放—技术—人口的开放交流型。

（6）我国博物馆旅游高质量发展对策建议

基于实证分析结果，将政府、行业、博物馆作为实现我国博物馆旅游高质量发展的行为主体，分别提出对策建议：政府层面应注重构建多角度多层次支持体系，通过畅通数字产业连接渠道、引导多元化融资渠道、"政行校"融合培养复合型人才、打破合作壁垒推动协同创新、完善行业标准与相关法规等方式持续发力，为我国博物馆旅游高质量发展提速赋能；行业层面构建博物馆旅游一体化共生网络，集聚由各级各类博物馆组成的核心单元，优化由政府部门、学校、其他行业企业、社会大众共同参与组成的辅助单元，打造共创共赢的协同生态系统；博物馆层面构建博物馆旅游动态管理机制，优化创新展陈服务、文创开发、社教活动、传播推广等核心业务，协同融合数字技术、多元合作、专业人才等支撑要素，使博物馆旅游与时代发展、旅游者需求相适应。

　　本书主要的创新之处体现在三个方面：一是拓宽微宏观融合的博物馆旅游高质量发展研究新视野。在对博物馆旅游高质量发展内涵与形成机理进行界定与阐释的基础上，基于新发展理念的五个维度理顺博物馆旅游高质量发展的逻辑主线，完成微观、宏观双视角下博物馆旅游高质量发展评价指标体系的提取和量化，具有一定的理论性与实践性。二是明确博物馆旅游实现高质量发展所需的多维动力机制。实证检验了数字技术、地区经济、政府支持、社会人口、教育水平等因素的影响效应及作用机理，并基于系统论构建动力机制，为路径的选择和对策建议的提出提供了实证依据与参考借鉴。三是凝练我国博物馆旅游高质量发展可选择的具体路径。运用 fsQCA 探寻多要素条件协同推动博物馆旅游高质量发展的组态路径，并结合我国典型博物馆的实践运用凝练出五种发展路径，在此基础上提出我国博物馆旅游高质量发展的对策建议，以期为我国博物馆旅游高质量发展提供决策参考。

目　录

绪 论

一、研究背景

随着我国 2035 年"文化强国""博物馆强国"战略目标的制定，以及《"十四五"旅游业发展规划》的实施，我国博物馆旅游迎来了高质量发展态势。全国博物馆年度报告信息系统资料显示，截至 2022 年年底我国共有 6565 家博物馆，博物馆参观人次在旅游总人数中的占比约为 20%，蕴含丰厚文化内涵的博物馆受到旅游者的青睐，成为当前我国发展迅速的新兴旅游吸引物。鉴于 2020—2022 年期间我国疫情管控的特殊情况，各地博物馆突发性、非规律性关闭情况频发，因此，为确保研究的准确性和科学性，本书主要选取 2019 年之前的数据进行深入探究。

2008 年国家文物局等 4 部门发布了《关于全国博物馆、纪念馆免费开放的通知》，全国各级文化文物部门归口管理的公共博物馆、纪念馆，全国爱国主义教育示范基地全部实行免费开放，这也成为我国博物馆旅游发展的重要转折契机，促进了参观人次的大幅增加，同年北京奥运会的成功举办增强了我国的国际影响力，自此博物馆服务质量与专业水准明显提升，我国博物馆旅游进入了快速发展的新阶段。目前博物馆旅游领域存在诸多亟待解决的问题，如产品开发创新力度不足、合作机制尚待完善、技术融合应用不够深入等，伴随着新质生产要素不断出现和迭代升级，深入研究博物馆旅游领域存在的问题及其高质量发展路径，既具有紧迫的现实意义，也具有重要的研究价值。

（1）国家政策彰显博物馆文化建设的新高度

党的十八大以来，文化建设受到了国家的高度重视，文化自信成为中国特色社会主义"四个自信"中最根本的组成，文化自信的源泉之一正是优秀历史文化的传承与创新。2016 年在国际博物馆高级别论坛上，习近平总书记提出"要让收藏在禁宫里的文物、陈列在广阔大地上的遗产、书写在古籍里的文字都活起来"。《关于推进文化创意和设计服务与相关产业融合发展的若干意见》（2014 年 3 月）、《"互联网 + 中华文明"三年行动计划》（2016 年 12 月）、《国家文物事业发展"十三五"规划》（2017 年 2 月）、《关于加强文物保护利用改革的若干意见》（2018 年 10 月）等相继发布。2020 年 10 月，

《中共中央关于制定国民经济和社会发展第十四个五年规划和二〇三五年远景目标的建议》通过审议，明确提出到2035年建成文化强国，部署了"提高社会文明程度、提升公共文化服务水平、健全现代文化产业体系"三方面重点任务。2020年12月，中国博物馆协会继2008、2012、2016年之后发布了第四批国家级博物馆名单，至此国家一、二、三级博物馆数量分别为204家、455家、565家。2021年5月，国家文物局等9部门联合印发了《关于推进博物馆改革发展的指导意见》，提出到2035年基本建成世界博物馆强国，通过社会参与、跨界合作等方式，促进资源要素有序流动，优化资源配置。2021年11月国务院印发《"十四五"文物保护和科技创新规划》，提出推动博物馆线上数字化体验产品，提供沉浸式体验、虚拟展厅、高清直播等新型文旅服务；同月，中央全面深化改革委员会第二十二次会议审议通过了《关于让文物活起来、扩大中华文化国际影响力的实施意见》，强调"更好体现文物的历史价值、文化价值、审美价值、科技价值、时代价值以及多渠道提升国际传播能力"。2022年4月国务院印发的《关于推进新时代古籍工作意见》提出"把中华优秀传统文化的精神标识和具有当代价值、世界意义的文化精髓提炼、展示出来"。2023年5月国家文物局、文化和旅游部、国家发展改革委联合发布《关于开展中国文物主题游径建设工作的通知》，重点部署挖掘凝练游径主题、合理释放文物资源、做好价值阐释展示、丰富游径利用方式、统筹保护开放利用等工作任务。一系列国家政策的陆续出台进一步推动了我国博物馆旅游的快速发展。

（2）行业两创格局塑造博物馆旅游的新局面

国家政策的指引推动了文博行业创造性转化和创新性发展，而行业两创的深入推进也加速了博物馆旅游繁荣发展。随着物质生活的明显改善以及受教育程度的普遍提高，人们对提高精神文化生活水平的需求日益增强，中华优秀传统文化的浸润和洗礼对增强中华文化自信具有重要意义。近年来，诸多博物馆凭借各类文创产品、数字化升级以及热门综艺节目等，吸粉无数，蕴含丰厚文化内涵的博物馆日渐受到旅游者的青睐，成了区域重要的旅游吸引物。以六百多岁的故宫为例，其通过《国家宝藏》《上新了·故宫》《我在故宫修文物》《如果文物会说话》等综艺节目的推出以及各类文创产品的开发，重新焕发年轻化、时尚化的光彩。同时，故宫以"数字故宫"项目为主导，深度融合5G、虚拟现实（VR）、人工智能（AI）、人机交互、多屏互动、激光投影等技术，不断提升博物馆运行、服务、管理的智能化、高效化，优化了旅游者的游览体验。关注度的不断高涨使博物馆中的馆藏展品快速走入了大众特别是青少年的视野，博物馆作为文化最坚实的载体逐渐成为社会文化新时尚。文化和旅游部公布的统计公报显示，2012年至2019年期间我国博物馆参观人次由5.64亿人次增加至11.47亿人次，平均每年增长约八千万人次，其中 2016、2019 年增长超过 1 亿人次。2020 年全国多地博物馆推出 VR 展馆、线上展览弥补了闭馆给游客带来的遗憾。在政策引领与社会需求的双重驱动之下，以博物馆为核心创新发展旅游活动充分发挥其社会、经济效益成为必然趋势，为加快建设文化强国提供强大的助推力。

（3）新发展格局成为博物馆旅游发展新理念

新发展理念于 2015 年 10 月的十八届五中全会通过的《中共中央关于制定国民经济和社会发展第十三个五年规划的建议》中被提出，主要包含"创新、协调、绿色、开放、共享"五个方面，是保持经济社会持续健康发展的新思路、新举措。创新发展是顺应新时代特征与需求的理论、制度、科技、文化等各领域全方位的创新，在学习借鉴与总结探索中不断创新；协调发展即相互依存的各要素之间、各区域之间相互协同形成合力；绿色即通过节约集约资源、降低污染消耗等手段，推行绿色生产、生活方式，解决环境问题、人类社会发展与自然生态环境之间的矛盾，积极响应国家"碳达峰、碳中和"目标；开放是秉承地球命运共同体理念，积极融入全球化进程；共享是指社会大众对发展成果的共有与公平受益，符合社会主义社会的发展特色，助力共同富裕的实现。新发展理念是高质量发展的核心与宗旨，为博物馆旅游高质量发展指标体系构建提供了理论与逻辑支撑，高质量的衡量应具有时代特征，而新发展理念正是我国现阶段发展目标所在，也是高质量的衡量标准；同时也是博物馆旅游高质量发展路径选择与保障措施研究的理论依托。

自党的十九大以来，我国提出"经济由高速增长阶段转向高质量发展阶段"，党的二十大又进一步将"高质量发展"确立为全面建设社会主义现代化国家的首要任务。目前我国博物馆总量已跃居全球前列，成为世界上博物馆数量增长最快的国家之一，如何在高速增长的背景下提升现有博物馆的发展质量也成为我国文旅行业亟待解决的问题。因此本书基于对博物馆旅游高质量发展综合测评与动力机制研究，探索我国博物馆旅游高质量发展路径与对策措施，以助力我国博物馆事业优质发展。

二、研究目的与意义

（一）研究目的

中华五千年文明的传承需要社会大众的广泛参与，充分发挥博物馆这一重要载体的辐射与带动作用，有利于坚定文化自信，提升民族认同感、自信心与自豪感。本书立足新博物馆学、区域经济、产业融合、共生理论等理论，界定博物馆旅游内涵以及博物馆旅游高质量发展的特征与功能，分析我国博物馆旅游发展状况以及困境症结，测度我国博物馆旅游高质量发展水平，从而更科学地认识我国博物馆旅游发展态势与分布情况；并以此为基础研究博物馆旅游高质量发展的影响因素、动力机制以及发展路径，探寻我国博物馆旅游高质量发展对策建议，为各地博物馆旅游高质量发展提供理论依据与现实指导，助力我国文化强国目标的实现。具体目的如下：

（1）厘清我国博物馆旅游的问题以及高质量发展形成机理

目前的博物馆高质量发展研究多为针对单体博物馆的微观领域研究，本书结合多年时序数据研究博物馆旅游发展现状，并从供给与需求两方面总结发展困境，进而确定未来我国博物馆旅游高质量发展方向；从内在机理与外在机理两个维度解析博物馆旅游高质量发展的形成机理，从理论层面厘清我国博物馆旅游高质量发展的实现过程。

（2）构建我国博物馆旅游高质量发展评价模型与动力机制模型

现阶段博物馆领域研究偏重定性研究且缺乏有关博物馆旅游高质量发展的系统性研究。本书基于主客观组合赋权法综合测评博物馆旅游高质量发展水平，探究博物馆旅游高质量发展的影响因素并构建发展动力机制，为我国博物馆旅游高质量发展路径的提出和对策措施的探析提供科学支撑。

（3）探析我国博物馆旅游高质量发展路径与对策建议

基于博物馆旅游高质量发展动力机制，探析我国博物馆旅游高质量发展路径与对策，一方面可以服务于博物馆层面的决策，为各地博物馆旅游高质量发展提供理论依据与现实指导；另一方面也可以服务于政府层面的决策，提供参考与借鉴，助力我国文化强国目标的实现。

（二）研究意义

1. 理论意义——丰富博物馆旅游理论体系

①界定博物馆旅游高质量发展的基本概念并阐释形成机理，为后续研究提供理论支撑。虽然目前已有研究对博物馆旅游以及博物馆高质量发展进行了初步探索，但博物馆旅游高质量发展还缺乏系统的研究，本书在对已有文献资料整理分析的基础上，归纳总结博物馆旅游高质量发展的内涵、特征等基本理论问题，有助于拓展博物馆旅游研究范畴。

②构建博物馆旅游高质量发展评价模型，为我国博物馆旅游高质量发展之路提供决策支持。随着大众对精神文化需求的升级，以及对更高品质文化产品的需求，博物馆作为优秀文化的重要载体，肩负着教育、传播、传承的重任，亟须转型升级，而博物馆旅游高质量发展是解决这一问题的有效应对之策。基于目前我国博物馆特征、博物馆旅游高质量发展的构成，从新发展理念五个维度提炼博物馆旅游高质量发展指标体系并构建

评价模型，定量测度我国博物馆旅游高质量发展的水平与差异，丰富并补充博物馆旅游的理论框架，促进相关领域研究的规范化、科学化和系统化。

2. 现实意义——优化博物馆旅游发展路径

①研究博物馆旅游高质量发展的动力机制与典型案例，为我国博物馆旅游高质量路径选择提供科学依据。目前，我国博物馆旅游在高质量全面发展方面，还有很大的提升空间，信息化、现代化程度还不够完善。在对当前博物馆旅游发展现状全面分析的基础上，深入探究博物馆旅游发展的问题及症结所在，并研究博物馆旅游高质量发展的影响因素以及典型案例，以确保高质量发展路径的选择和对策制定具有科学性与针对性。

②探索博物馆旅游高质量发展路径与对策建议，旨在为我国博物馆旅游高质量发展提供科学、合理决策依据与参考。针对当前我国博物馆旅游所面临的问题与机遇，积极探索其高质量发展路径与对策措施，能够增强行业发展的前瞻性与实用性，为我国博物馆旅游高质量发展战略与政策制定提供有力支撑，特别是为大中型博物馆旅游发展提供决策依据，也为中小型博物馆提供了重要的参考和借鉴，以适应时代要求推动我国文旅产业优质健康发展，切实满足人民日益增长的精神文化需求，助力我国 2035 年"文化强国""博物馆强国"战略目标的实现。

三、国内外文献综述

（一）博物馆旅游研究综述

利用 CiteSpace 软件对国内外文献库（Web of Science 核心合集、北大核心、CSSCI）中相关研究成果进行分析，绘制关键词共现图、演化时区图等知识图谱，探寻研究热点主题，主要从专题博物馆研究、博物馆旅游资源、博物馆旅游开发、博物馆旅游者以及高质量发展等方面开展研究综述。

（1）知识图谱可视化分析

以"museum"和"tourism"为主题关键词在 Web of Science 核心合集进行检索，以"博物馆"和"旅游"为主题关键词在 CNKI 的"北大核心"与"CSSCI"学术期刊中进行检索（时间截至 2021 年 12 月 31 日），经过筛选整理剔除新闻报道、博物馆简介、展览宣传、旅游导览、启事通知等非学术性文献，共收集外文检索文献 587 篇、中文检索文献 471 篇，选取题目、关键词、摘要、作者、期刊来源、作者机构、发表时间等文献信息进行采集；分别使用 CiteSpace 软件（5.0.R1 版本）的 WOS 分析板块与 CNKI，CSSCI 分析板块进行文献数据分析。

Web of Science 核心合集中收录的最早一篇有关博物馆旅游的文章是莱奥波尔多·佛

朗哥于 1996 年发表的《古老的地中海港口：值得保护的遗产》，建议恢复和创建主要的古代港口遗址博物馆，以保护有价值的历史特征。[①] 由图 0 – 1 可知，2007 年是博物馆旅游研究领域的一个重要时间节点，2007 年新的《国际博物馆协会章程》重新修订了对"博物馆"的定义，拓展了博物馆的功能，强调了其"教育、研究、欣赏"的目的，自 2007 年后博物馆旅游的研究也基本呈现逐年增长的态势。

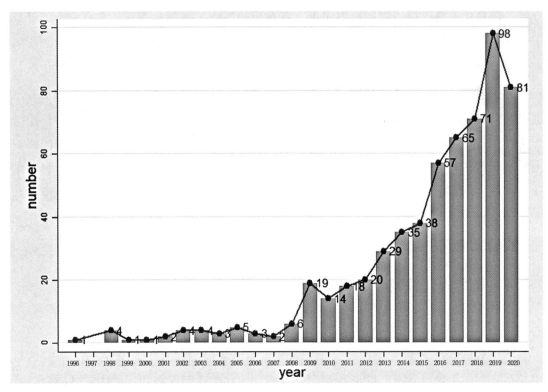

图 0 – 1 WOS 收录的博物馆旅游文献年度分布（1996—2020 年）

①关键词分析

分别将国外（WOS）与国内（CNKI）文献关键词数据的阈值设置为 4 与 2，得到表 0 – 1、表 0 – 2 与图 0 – 2、图 0 – 3。共词分析法是基于文献数据库中关键词的词频分析，两两统计关键词同时出现在同一篇文章中的次数，获得研究主题的知识结构与研究热点。[②] 利用 CiteSpace 对博物馆旅游研究文献关键词进行共现网络图谱分析，时间跨度设置为 1996—2020 年（时间间隔为 1 年），节点类型选择关键词，挑选每个时区中被引频次排名前 30 的关键词进行提取，同时测算中心性。中心性与频次体现了关键词在网络中

① FRANCO L. Ancient Mediterranean harbours：A heritage to preserve ［J］. Ocean & coastal management，1996，30 (2 – 3)：115 – 151.

② 张勤，马费成. 国外知识管理研究范式：以共词分析为方法 ［J］. 管理科学学报，2007 (6)：65 – 75.

的重要程度与关注度，数值越高则重要程度越高。①

如表 0 - 1 所示，国外博物馆旅游研究频次较高的关键词为 museum、tourism、heritage、dark tourism、experience、cultural heritage、satisfaction、model、motivation、authenticity 等；如表 0 - 2 所示，国内博物馆旅游研究频次较高的关键词为博物馆、生态博物馆、公共文化场馆、旅游开发、旅游吸引力、博物馆旅游、旅游资源、非物质文化遗产、文化旅游、开发模式等。对这些核心内容的深入研究，既有助于提升博物馆的理论价值和影响力，也为博物馆旅游的高质量发展提供了理论支撑和实践指导。

表 0 - 1　国外博物馆旅游研究前 30 位关键词频次及中心性

序号	关键词	年份	频次	中心性	序号	关键词	年份	频次	中心性
1	museum	2000	164	0.24	16	augmented reality	2000	22	0.05
2	tourism	1998	156	0.16	17	culture	2010	20	0.06
3	heritage	2003	62	0.1	18	identity	2009	15	0.03
4	dark tourism	2011	45	0.05	19	behavior	2005	15	0.05
5	experience	2000	43	0.09	20	politics	2016	14	0.01
6	cultural heritage	2001	40	0.07	21	place	2012	14	0.02
7	satisfaction	2016	33	0.02	22	performance	2010	14	0.01
8	model	2012	32	0.12	23	art	2008	14	0.09
9	motivation	2010	29	0.03	24	city	2009	13	0.02
10	authenticity	2009	29	0.05	25	destination	2017	12	0.02
11	cultural tourism	2004	28	0.11	26	social media	2015	12	0.01
12	management	2009	27	0.05	27	china	2011	12	0.03
13	impact	1998	27	0.03	28	history	2009	12	0.02
14	heritage tourism	2005	23	0.1	29	memory	2016	11	0.01
15	visitor	2000	22	0.02	30	demand	2008	10	0.04

① CHEN C M. Science mapping: a systematic review of the literature [J]. Journal of data and information science, 2017, 2 (2): 1 - 40.

表 0 - 2   国内博物馆旅游研究前 30 位关键词频次及中心性

序号	关键词	年份	频次	中心性	序号	关键词	年份	频次	中心性
1	博物馆	2001	44	0.22	16	文化产业	2010	8	0.04
2	生态博物馆	2000	30	0.14	17	旅游业	1993	8	0.04
3	公共文化场馆	1992	30	0	18	旅游产品	2006	7	0.01
4	文本分析	1992	27	0	19	保护利用	2004	6	0.02
5	旅游开发	2000	27	0.17	20	发展模式	2009	6	0.03
6	旅游吸引力	1992	24	0	21	工业遗产	2007	6	0.03
7	博物馆旅游	1993	18	0.08	22	民族旅游	2002	6	0.02
8	旅游资源	1992	17	0.07	23	保护与开发	2009	5	0.02
9	非物质文化遗产	2007	15	0.04	24	旅游体验	2007	5	0.04
10	文化旅游	2002	12	0.05	25	农业文化遗产	2008	5	0
11	开发模式	2006	12	0.06	26	工业遗产旅游	2010	4	0.01
12	文旅融合	2018	11	0.02	27	民俗文化	2000	4	0
13	可持续发展	2006	11	0.07	28	开发策略	2006	4	0.02
14	民族文化	1993	9	0.05	29	发展路径	2011	4	0.01
15	文化遗产	2003	9	0.04	30	乡村旅游	2011	4	0.01

高频关键词所承载的信息是博物馆旅游领域研究热点、核心内容、研究方法及发展趋势的直观体现。高频关键词的提炼结果反映了学术界的研究动态，与国家政策、行业发展趋势以及公众需求紧密相连，展现了国家政策和社会需求的导向，共同构成了博物馆旅游领域发展的多元格局。

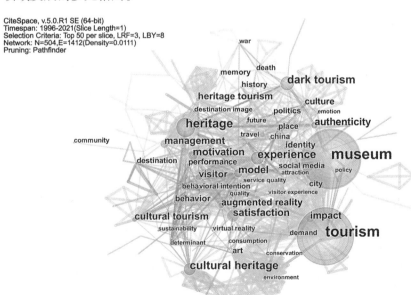

图 0 - 2   1996—2021 年国外博物馆旅游研究关键词共现网络图

图 0 – 3　1992—2021 年国内博物馆旅游研究关键词共现网络图

②研究演化及前沿分析

使用 CiteSpace 分析国内外博物馆旅游研究演化时区视图，了解该领域研究的发展脉络。关键词所在的年份区域代表了它首次出现的时间，关键词节点大小体现了该主题的研究数量。如图 0 – 4 所示，国外研究逐渐由文化遗产向物馆发展模式与专题博物馆，再向旅游者满意度等内容演变，以文化遗产为基础演化出黑色旅游、原真性等研究热点，由博物馆旅游者演化出旅游动机、满意度等研究热点。如图 0 – 5 所示，国内研究逐渐由博物馆旅游资源向旅游开发与专题博物馆，再向旅游体验与文旅融合等内容演变。

基于 CiteSpace 的膨胀词探测算法进行突现词提取，得到了国内外博物馆旅游研究不同时间段的突现主题词（如图 0 – 6、图 0 – 7 所示），图中展示了各热点关键词研究的起始与持续的时间以及突现度。国外博物馆旅游研究突现时间较长的是遗产与满意度研究，持续时间分别为 6 年、5 年；目前国外博物馆旅游的研究前沿是旅游者满意度、VR 以及政治方面的研究。国内博物馆旅游研究突现时间较长的是旅游吸引力、文本分析、公共文化场馆、文化产业等；目前国内博物馆旅游的研究前沿是文旅融合方面的研究，自2018 年国家旅游局与文化部合并以来，文旅融合成为重要的发展方向，也成了博物馆旅游研究领域的重要前提与研究内容。

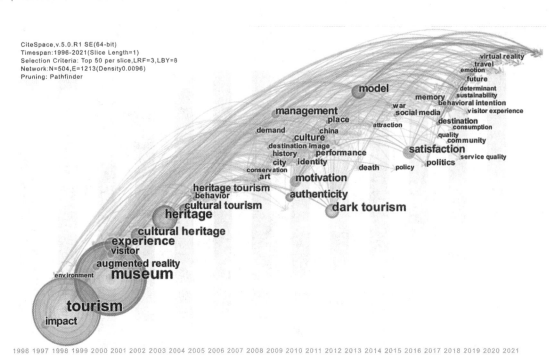

图 0 - 4　国外博物馆旅游研究演化时区视图

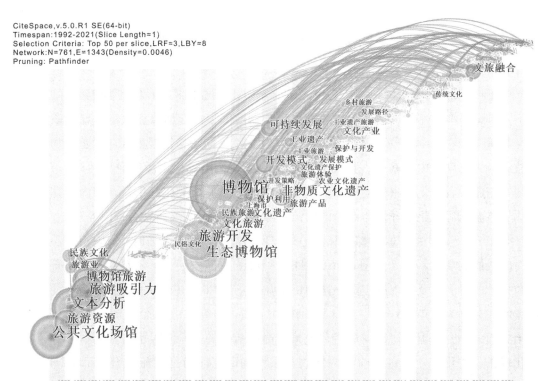

图 0 - 5　国内博物馆旅游研究演化时区视图

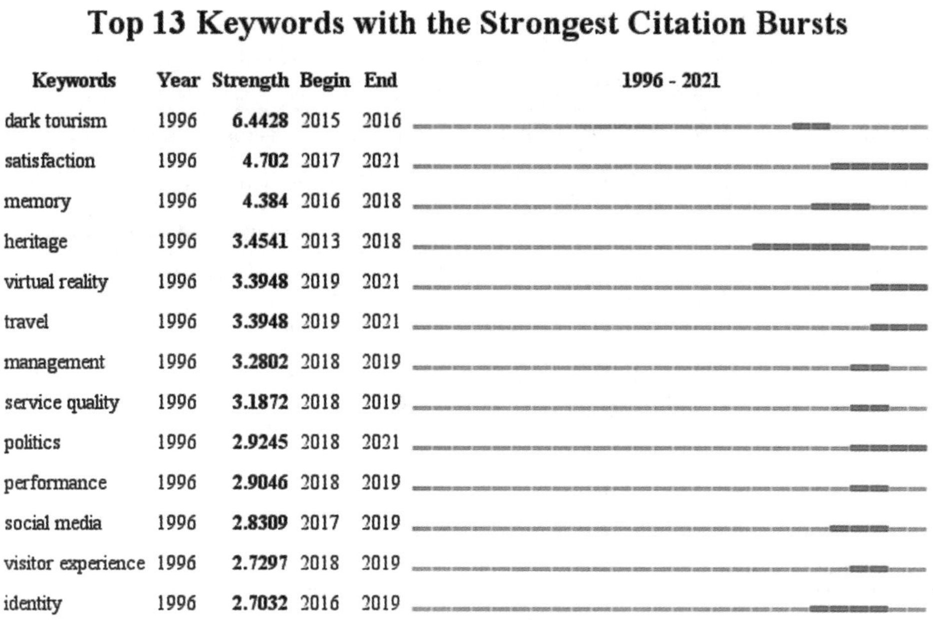

Top 13 Keywords with the Strongest Citation Bursts

Keywords	Year	Strength	Begin	End	1996 - 2021
dark tourism	1996	**6.4428**	2015	2016	
satisfaction	1996	**4.702**	2017	2021	
memory	1996	**4.384**	2016	2018	
heritage	1996	**3.4541**	2013	2018	
virtual reality	1996	**3.3948**	2019	2021	
travel	1996	**3.3948**	2019	2021	
management	1996	**3.2802**	2018	2019	
service quality	1996	**3.1872**	2018	2019	
politics	1996	**2.9245**	2018	2021	
performance	1996	**2.9046**	2018	2019	
social media	1996	**2.8309**	2017	2019	
visitor experience	1996	**2.7297**	2018	2019	
identity	1996	**2.7032**	2016	2019	

图 0 - 6　国外博物馆旅游研究关键词突现词图

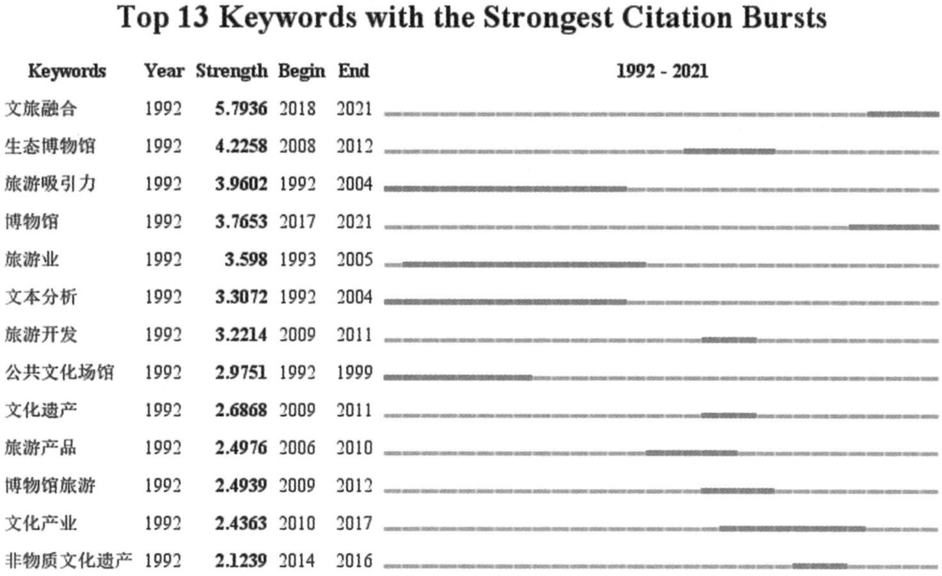

Top 13 Keywords with the Strongest Citation Bursts

Keywords	Year	Strength	Begin	End	1992 - 2021
文旅融合	1992	**5.7936**	2018	2021	
生态博物馆	1992	**4.2258**	2008	2012	
旅游吸引力	1992	**3.9602**	1992	2004	
博物馆	1992	**3.7653**	2017	2021	
旅游业	1992	**3.598**	1993	2005	
文本分析	1992	**3.3072**	1992	2004	
旅游开发	1992	**3.2214**	2009	2011	
公共文化场馆	1992	**2.9751**	1992	1999	
文化遗产	1992	**2.6868**	2009	2011	
旅游产品	1992	**2.4976**	2006	2010	
博物馆旅游	1992	**2.4939**	2009	2012	
文化产业	1992	**2.4363**	2010	2017	
非物质文化遗产	1992	**2.1239**	2014	2016	

图 0 - 7　国内博物馆旅游研究关键词突现词图

③研究热点主题探讨

基于 CiteSpace 的 LLR 算法进行国内外博物馆旅游研究关键词聚类分析，分别获得 9 个聚类主题。聚类的 Q 值皆大于 0.3，表明聚类结构显著，分别得到的 9 个主题词的 S 值除 heritage 为 0.681 外，其余均大于 0.7（如表 0 - 3、表 0 - 4 所示），意味着聚类结果合理可信。

表 0-3　国外博物馆旅游研究文献关键词聚类 9 个主题

序号	主题	数量	S 值	平均年份	关键词
1	tourism	72	0.794	2010	tourism；museum
2	heritage	67	0.681	2012	heritage；darktourism；penaltourism
3	satisfaction	42	0.771	2011	satisfaction；visitor；motivation
4	cultural tourism	42	0.762	2012	culturaltourism；behavior；domestictourism
5	mass tourism	41	0.971	2006	masstourism；indoorair
6	model	41	0.741	2013	model；smarttourism；information
7	culture	29	0.849	2013	culture；war；death
8	heritage tourism	24	0.764	2010	heritagetourism；oralmaritimetradition；traditionalprocessofconstruction
9	management	15	0.954	2011	management；industry

表 0-4　国内博物馆旅游研究文献关键词聚类 9 个主题

序号	主题	数量	S 值	平均年份	关键词
1	博物馆	69	0.933	2011	博物馆；文旅融合；博物馆旅游
2	生态博物馆	58	0.967	2008	生态博物馆；民族文化旅游；文化视野
3	旅游资源	48	0.932	2007	旅游资源；非物质文化遗产；旅游产品
4	工业遗产旅游	36	0.917	2011	工业遗产旅游；保护与开发；工业遗产；旅游线路；工业旅游
5	旅游开发	33	0.904	2008	旅游开发；客源市场；旅游景点；开发模式；保护利用
6	民族文化	32	0.965	2002	民族文化；民族旅游
7	旅游业	27	0.936	2004	旅游业；新博物馆学
8	旅游体验	26	0.96	2008	旅游体验；市场营销；中小型博物馆
9	文化旅游	24	0.922	2009	文化旅游；文化产业；农业文化遗产；开发利用

　　CiteSpace 软件聚类过程虽基于公式算法进行了较为客观的分类提取，但仍存在词汇提取机械化、词汇含义重复等问题，故而不能准确合理地展现各研究热点的情况，因此分别在国内外博物馆旅游研究主题类别的基础上进一步人工处理，对含义重复、表达无意义等词汇进行筛选、过滤，同时结合前文的分析结果进一步合并归类，将国外博物馆旅游研究热点总结为专题博物馆研究、博物馆管理与影响、目的地原真性、博物馆旅游开发、博物馆旅游者 5 个主题，将国内博物馆旅游研究热点总结为专题博物馆研究、博物馆旅游资源、博物馆旅游开发以及博物馆旅游者 4 个主题。

（2）国外研究热点

博物馆作为文化传播和再生的场所，是地方文化的体现，不仅影响着社区和地区的文化活力，也影响着这种文化在全球传播的力量。① 博物馆旅游的内涵不仅仅是观赏展览，更包括参与教育性活动、文化解读和社会互动。② 其内在价值在于提供文化教育、传承历史、激发创造力以及促进社会对文化遗产的认识。③ 作为展示地方文化的媒介，博物馆被认为是围绕一系列历史事件安排的再现系统，并被抽象为一种文化符号。作为一个展览综合体，博物馆利用聚合的空间、物体和人进行交流。对于参观者而言，可体验"档案"和"展览"两种截然不同的模式，并相互对话。④ 博物馆旅游的外延涵盖了不同类型的博物馆，包括美术馆、历史博物馆、科学博物馆等。⑤ 在外延上，博物馆旅游扩展到数字化领域，通过虚拟博物馆、在线展览和互动体验，参与者能够在不同地理位置和时间点上感受博物馆的精髓。⑥⑦ 这种外延使博物馆旅游更具包容性，满足了不同人群的需求，并推动了文化交流与共享。

①专题博物馆研究

国外专题博物馆的研究主要以黑色旅游和文化遗产为主。学者们研究了黑色旅游体验，提出黑色旅游是一种现代的中介机制，它不仅为生者与逝者搭建了一个物质层面的联结场所，更为当代人自我构建关于死亡的本体意义提供了一个认知与反思的空间；⑧ 认为黑色旅游与遗产旅游几乎没有什么不同。⑨ 有学者通过对相关博物馆以及地域音乐节的调研（洛杉矶查尔斯·曼森的"Helter Skelter 之旅"、瑞士格鲁耶斯的 H. R. Giger 博

---

① ZHANG F S. Virtual space created by a digital platform in the post epidemic context：the case of Greek museums［J］. Heliyon，2023，9（7）：e18257.

② GREGORIOU M. Possibility thinking pedagogy：exploring the role of the teachers' meddling-in-the-middle in fostering children's possibility thinking by utilising learning resources linked to museum visits［J］. Thinking skills and creativity，2023，49（9）：101342.

③ DUURSMA G，LOSEKOOT E，JONG G D. The role of volunteers in creating hospitality：insights from museums［J］. Journal of hospitality and tourism management，2023，54（3）：373 - 382.

④ CHEN H L，HALE J，HANKS L. Archive or exhibition？：a comparative case study of the real and virtual Pitt Rivers Museum［J］. Digital applications in archaeology and cultural heritage，2024，32（3）：E00305.

⑤ KOLBE K J，VELTHUIS O，AENGENHEYSTER J，ET AL. The global rise of private art museums a literature review［J］. Poetics，2022，95（12）：101712.

⑥ ERIKSSON J，WIDÉN P，FERRARI S，ET AL. Digital reconstructions of picture galleries as art historical method：the virtual museum at the Royal Palace in Stockholm［J］. Digital applications in archaeology and cultural heritage，2023，29（6）：e00268.

⑦ FERNANDEZ-LORES S，CRESPO-TEJERO N，FERNÁNDEZ-HERNÁNDEZ R. Driving traffic to the museum：the role of the digital communication tools［J］. Technological forecasting and social change，2022，174（1）：121273.

⑧ STONE P R. Dark tourism and significant other death towards a model of mortality mediation［J］. Annals of tourism research，2012，39（3）：1565 - 1587.

⑨ LIGHT D. Progress in dark tourism and thanatourism research：an uneasy relationship with heritage tourism［J］. Tourism management，2017，61：275 - 301.

物馆以及瑞士洛桑和挪威奥斯陆的地狱音乐节），提出了一个集黑暗美学、模拟和艺术于一体的反乌托邦黑色旅游模型;① 通过对耶路撒冷大屠杀纪念馆 Yad Vashem 的研究，提出了一个新的术语"populo"，用来描述位于人口密集区域和精神文化中心的黑色旅游地点,② 这类旅游地点与当地社区和文化精神的紧密联系。还有学者以加拿大安大略省的刑罚历史博物馆为研究对象，认为刑罚历史博物馆的文物对观众来说具有多义性，即同一历史事件或现象可以被不同的个体和社会群体以多种方式理解和记忆，并探讨了这些博物馆在纪念刑罚历史时所采取的不同策略和叙事，以及这些策略如何塑造旅游者的体验以及对惩罚历史的认知。③ 此外，还有研究通过对南京大屠杀遇难者纪念馆游客的调查，探讨了一个人的自我约束和过去的经历与重游意向的关系。结果表明，自我约束有四个子维度，即文化、情感、逃避和不耐烦;认知体验对重游意愿有显著的正向影响，无论是直接作用还是通过个人内在约束的中介变量，个人内在约束在情感体验和重游意向之间的关系中仅扮演间接的中介角色，该研究结果为理解黑色旅游行为提供了新的视角。④

②博物馆管理与影响

第一，博物馆影响研究。国外学者研究了博物馆在文化、经济、艺术、教育以及国际等方面的影响作用。首先，在文化影响方面，博物馆作为文化和民族的象征有助于城市形象提升、国家认同、旅游业发展、文化参与、经济发展和物质再生，有学者以塞浦路斯为例，探讨了博物馆、文化可持续性和文化政策之间的关系;⑤ 并通过对戈雷姆露天博物馆的研究批判地评价了"普世价值"，认为只有通过拥抱多元化和开放接受其他叙述和辩论，作为国际旅游景点的世界遗产地才能实现联合国教科文组织的统一理想。⑥还有学者设计一个假设的生产函数，连接了文化资源与需求，并考虑了代表声誉、可达性、文化旅游的杂食性以及区域文化部门范围的指标。⑦ 此外，博物馆在经济、艺术、

① PODOSHEN J S, VENKATESH V, WALLIN J, et al. Dystopian dark tourism: an exploratory examination [J]. Tourism management. 2015, 51: 316 – 328.

② COHEN E H. Educational dark tourism at an in populo site: the Holocaust Museum in Jerusalem [J]. Annals of Tourism research, 2011, 38 (1): 193 – 209.

③ WALBY K, PICHE J. The polysemy of punishment memorialization: dark tourism and Ontario's penal history museums [J]. Punishment & society-international journal of penology, 2011, 13 (4): 451 – 472.

④ ZHANG H L, YANG Y, ZHENG C H, et al. Too dark to revisit? The role of past experiences and intrapersonal constraints [J]. Tourism management. 2016, 54: 452 – 464.

⑤ STYLIANOU-LAMBERT T, BOUKAS N, CHRISTODOULOU-YERALI M. Museums and cultural sustainability: stakeholders, forces, and cultural policies [J]. International journal of cultural policy. 2014, 20 (5): 566 – 587.

⑥ TUCKER H, CARNEGIE E. World heritage and the contradictions of "universal value" [J]. Annals of tourism research. 2014, 47: 63 – 76.

⑦ HERRERO-PRIETO L C, GÓMEZ-VEGA M. Cultural resources as a factor in cultural tourism attraction: technical efficiency estimation of regional destinations in Spain [J]. Tourism economics, 2017, 23 (2): 260 – 280.

教育与国际影响等方面也发挥着重要的作用,学者们通过对毕尔巴鄂古根海姆博物馆的深入研究发现,博物馆的影响不仅在于增加旅游收入或财政回报,更有助于推动当地艺术生态的发展以及增强公众对艺术的支持与参与。① 另有研究采用旅行成本模型分析了博物馆旅游者体验、动机以及重访的影响因素,发现博物馆除具备经济收益功能外,还发挥着重要的教育功能。② 同时,博物馆在文化外交中扮演着重要的角色,涵盖了增强国际关系、促进文化交流、维护民族认同和促进相互理解等功能。③

第二,博物馆管理研究。博物馆是地区文化的代表、是旅游的重要吸引物,在教育、经济、艺术等方面发挥了重要的影响力,但同时也考验着博物馆的运营管理能力。因此,营销推广、品牌建设、客户关系管理、新技术应用等博物馆的运营管理工作也受到了国外学者的关注。研究者通过研究美国 20 家博物馆的营销计划并进行模型验证(该模型是根据战略营销标准制定的,包括环境分析、当地社区参与程度、伙伴关系和维护博物馆传统保护目标等措施),发现美国博物馆多以短期计划和当前生存为中心制订营销计划,短期主义盛行。④ 有研究通过探讨旅游者在遗产博物馆中如何构建叙事,提出了相关的管理和营销策略:博物馆应基于"整合视角"进行目的地营销,即整合同一地区的不同旅游提供者,以及整合广告、旅游指南、宣传手册、网站和信息广告等传播工作。⑤ 学者们基于对香港六个主要博物馆参观者的调研,发现博物馆行业通过创造知识和价值观来形成新的服务纽带进行客户关系管理。⑥ 由于先验知识的重要性,应充分发挥旅游者在游中与游后的积极作用,提升博物馆的影响力并提高重游率⑦。

随着信息技术的普及与发展,数字技术在博物馆的服务与管理中发挥着重要的影响,对于博物馆来说,利用数字技术不再只是一种选择,而是绝对必要的。⑧ 博物馆管理者

① PLAZA B, TIRONI M, HAARICH S N. Bilbao's art scene and the "Guggenheim effect" revisited [J]. European planning studies, 2009, 17 (11): 1711 – 1729.

② BOROWIECKI K J, CASTIGLIONE C. Cultural participation and tourism flows: an empirical investigation of Italian provinces [J]. Tourism economics, 2014, 20 (2): 241 – 262.

③ NISBETT M. New perspectives on instrumentalism: an empirical study of cultural diplomacy [J]. International journal of cultural policy, 2013, 19 (5): 557 – 575.

④ CHHABRA D. Proposing a sustainable marketing framework for heritage tourism [J]. Journal of sustainable tourism, 2009, 17 (3): 303 – 320.

⑤ CHRONIS A. Tourists as story-builders: narrative construction at a heritage museum [J]. Journal of travel & tourism marketing. 2012, 29 (5): 444 – 459.

⑥ SIU N Y-M, ZHANG T J, DONG P, et al. New service bonds and customer value in customer relationship management: the case of museum visitors [J]. Tourism management. 2013, 36: 293 – 303.

⑦ ANTÓN C, CAMARERO C, GARRIDO M J. Exploring the experience value of museum visitors as a co-creation process [J]. Current issues in tourism. 2018, 21 (12): 1406 – 1425.

⑧ IZZO F, CAMMINATIELLO I, SASSO P, et al. Creating customer, museum and social value through digital technologies: evidence from the MANN Assiri project [J]. Socio-economic planning sciences, 2023, 85 (2): 101502.

现已深刻认识到,仅仅关注亲自参观(或不参观)的个体已经不足以满足需求,还应为那些更倾向于数字体验而非实地参观的用户提供适当准备。有研究以德尔福考古博物馆为例,探讨了保护和传播文化遗产的数字化转型方法。数字化转型实现了博物馆交互式虚拟游览,也为部分受损的游客(部分失明和听力受限)提供了游览机会。① 也有研究进一步表明,当对主持人进行适当的培训,分配资源以维护技术,并在员工和部门之间做好充分准备时,博物馆编程中的虚拟技术有可能通过多样化个人与物体之间的互动模式,吸引多种感官,巩固记忆和点燃求知欲,在现有的博物馆环境中丰富参观者的体验。② 学者们发现沉浸式技术可以提高旅游景点的可持续性和寿命,③ 建议将增强现实(AR)技术视为一种工具,以帮助旅游景点确保其长期生存能力和可持续性。通过引入AR技术,旅游景点可以创造更丰富、深刻的体验,吸引游客的同时减轻对环境的影响。这种技术还可以为景点提供更新和多样化的展示方式,从而延长其吸引力和生命周期。

③目的地原真性

旅游者对目的地原真性的感知与关注也是国外旅游研究的焦点。研究者选取毛里求斯岛选定的文化和自然遗产地为研究区域,使用结构方程模型和多元回归模型验证了旅游者的文化行为意图与感知原真性之间存在显著的正相关关系;感知原真性对旅游者的动机、信息搜寻行为、目的地意象和文化行为意向之间的关系具有调节作用。④ 有学者通过在刑罚历史博物馆实地访谈探究,探讨了对建筑、空间、触觉、视觉四种原真性的关注。⑤ 还有学者以芬兰赫尔辛基、以色列耶路撒冷、苏格兰等地的旅游者为研究对象,分析了地方依恋与主要旅游景点感知原真性之间呈正相关,强调了旅游目的地遗产价值对于战略规划和营销目的的重要性,⑥ 验证了在寻根之旅中当地遗产原真性的重要之处。还有研究探究了感知真实性如何影响游客对自然灾害纪念馆的满意度和行为意向,研究

---

① TSAKOUMAKI M C, LALA D M, TSAROUCHA A, PSALTI A. Advanced digitization methods for the protection and dissemination of cultural heritage towards digital transformation: the Archaeological Museum of Delphi [J]. Procedia CIRP, 2023, 118 (3): 1056 – 1060.

② ZAIA S E, ROSE K E, MAJEWSKI A S. Egyptian archaeology in multiple realities: integrating XR technologies and museum outreach [J]. Digital applications in archaeology and cultural heritage, 2022, 27 (12): e00249.

③ CRANMER E E, DIECK M C T, JUNG T. The role of augmented reality for sustainable development: evidence from cultural heritage tourism [J]. Tourism management perspectives, 2023, 49 (11): 101196.

④ RAMKISSOON H, UYSAL M S. The effects of perceived authenticity, information search behaviour, motivation and destination imagery on cultural behavioural intentions of tourists [J]. Current issues in tourism, 2011, 14 (6): 537 – 562.

⑤ WALBY K, PICHÉ J. Staged authenticity in penal history sites across Canada [J]. Tourist studies. 2015, 15 (3): 231 – 247.

⑥ RAM Y, BJÖRK P, WEIDENFELD A. Authenticity and place attachment of major visitor attractions [J]. Tourism management, 2016, 52: 110 – 122.

结果表明，感知真实性对游客满意度和对自然灾害纪念馆的保护意愿具有正向影响。[1]
旅游者满意度在感知真实性对黑色旅游地游客保护意愿的影响中发挥充分的中介作用，
但仅在对黑色旅游地游客发展意愿的影响中发挥部分中介作用。

④ 博物馆旅游开发

第一，博物馆旅游发展路径研究。博物馆旅游的高质量发展是一个复杂而多层次的
课题，需要从文化传承、游客体验、社会参与等多个方面进行综合考虑。研究证实虚拟
展览能够为文多兰达博物馆的藏品赋能，具体体现在：数字展品使博物馆能够向公众展
示文物，不受地理距离、博物馆关闭与物品精致程度的限制。[2] VR 被认为是一种高效的
技术，它使人们能够身临其境感受有关博物馆藏品。教育、娱乐、美学和逃避现实等因
素会影响 VR 博物馆的体验。[3] 此外，有研究进一步表明，线上旅游和现场旅游之间存在
替代效应，不确定性越大，游客人数的减少就越多。另有研究发现，参观者会在心理上
更接近拟人化的展览，策展实践阻碍了博物馆接触更广泛的受众。[4] 拟人化的展品增加
了一系列有利的参观者反应，是提高博物馆吸引力的有效策略。不同实体的融合可促进
可持续农业旅游的协调发展，可持续农业旅游管理的原则在于社区贡献和对创新的不懈
追求的综合体现，农业旅游的经济振兴取决于内在能力的有效协调和对外部环境的敏锐
利用。[5] 有学者通过对马来西亚以清洁能源为主导的旅游业发展路径研究，发现再生能
源的利用可以增强旅游目的地对具有环保意识的游客的吸引力。[6] 清洁能源为旅游企业
提供了节约成本的机会，提高盈利能力，确保长期可持续性。

第二，数字技术在博物馆旅游中的应用研究。随着新技术的发展与进步，互联网、
虚拟现实、增强现实等技术越来越多地运用到博物馆旅游之中。文化遗产的个性化处理
要考虑公众与社区的共同利益、先前的共同经验以及需求，目前在博物馆网站、虚拟收
藏和移动指南等应用场景中个性化技术快速演变，文化遗产正向语义和社交网络延伸。

①　WANG J W, CHANG M Q, LUO X R, et al. How perceived authenticity affects tourist satisfaction and behavioral intention towards natural disaster memorials: a mediation analysis [J]. Tourism management perspective, 2023, 3 (46): 101085.

②　HACKENBROICH A S, TAYLOR G, WILLIAMS R. Digging up Memories-Empowering collections at Vindolanda Museum through virtual exhibits [J]. Digital applications in archaeology and cultural heritage, 2023, 29 (6): e00267.

③　LEE H, JUNG T H, DIECK M C T, et al. Experiencing immersive virtual reality in museums [J]. Information & management, 2020, 57 (5): 103229.

④　LI Y, WAN C, LUO X Y, et al. If museum treasures could talk: how anthropomorphism increases favorable visitor responses [J]. Annals of tourism research, 2023, 99 (3): 103540.

⑤　SUSILA I, DEAN D, HARISMAH K, et al. Does interconnectivity matter? An integration model of agro-tourism development [J]. Asia pacific management review, 2024, 29 (1): 104–114.

⑥　QAMRUZZAMAN M. Clean energy-led tourism development in Malaysia: do environmental degradation, FDI, education and ICT matter? [J]. Heliyon, 2023, 9 (11): e21779.

研究者以英国一间小型博物馆为研究对象，运用利益相关者的研究方法，从多个利益相关者的角度探讨 AR 的感知价值。研究表明，对于内部与外部利益相关者而言，AR 都具有经济价值、经验价值、社会价值、认知价值、文化历史价值和教育价值，AR 技术不仅有助于保存历史、提升游客满意度、产生正向的口碑效应，还能吸引新的目标市场并促进积极的学习体验；① 此后又通过对美术馆参观者的对照实验研究，发现可穿戴增强现实应用程序可有效提高旅游者的参观效果并提升个性化体验。有学者研究了 AR 技术在博物馆旅游环境中的运用，考察信息类型（动态言语与动态视觉线索）和增强沉浸式场景（高虚拟存在与低虚拟存在）对游客评价 AR 促进的博物馆体验及其后续购买意向的影响，② 并通过对博物馆旅游者的调查研究，探讨不同国家对旅游 AR 应用接受的文化差异。

假期和旅游季是博物馆旅游的高峰期，拥堵现象严重，而数字技术为服务质量的优化提供了更多可能。研究者使用 SDLC（软件开发生命周期）方法创建了一个增强现实应用程序，③ 降低博物馆的密度，帮助人们识别和获取有关大英博物馆中的文物、绘画、雕塑和其他物品的信息，而无须参观博物馆，并帮助学生在 3D 视图中更有趣地了解历史遗产。通过社交媒体和其他信息和通信技术（ICT）工具，将参观者的体验从被动接受转变为互动和协作，以满足参观者的需求、提升满足感，并提升参观者的"全方位访问体验"。④ 学者们为探究参观者在博物馆内虚拟和现实视觉体验，选取历史画廊、哺乳动物馆、有蹄类动物馆和鲸类馆四个常设展厅开展调查，发现虚拟体验在传播文化方面具有特殊的价值。⑤ 为进一步提升游客体验，有学者提出了一种基于景点定位和推荐的智慧导游系统，采用 RankSVM + 时间算法和 K-means 聚类算法实现吸引力推荐，结合 D ＊ 算法实现游客路线的动态规划。⑥ 由于数字工具与人类的互动能够提供有限数量的叙述路径，且人类的多方面反应受到文化、心理和情感因素的独特影响，分析数字博物馆应用程序的有效性通常是一个复杂的过程。研究者们提出了一种混合分析方法以探究博物

---

① DIECK M C, JUNG T H. Value of augmented reality at cultural heritage sites：a stakeholder approach ［J］. Journal of destination marketing & management，2017，6（2）：110 – 117.

② HE Z，WU L，LI X. When art meets tech：the role of augmented reality in enhancing museum experiences and purchase intentions ［J］. Tourism management. 2018，68：127 – 139.

③ KURNIAWAN D K，SADEMI S，MAULANA F I. Augmented reality of historical relics in the British Museum ［J］. Procedia computer science，2023，227（2）：690 – 698.

④ KEFI H，BESSON E，ZHAO Y，et al. Toward museum transformation：from mediation to social media-tion and fostering omni-visit experience ［J］. Information & management，2024，61（1）：103890.

⑤ SALVADORI G，TAMBELLINI G，ÇEVIK A，et al. Dataset of virtual and real-life visual experiences inside a museum：survey on visual perception with objective and subjective measures ［J］. Data in brief，2023，47（4）：108963.

⑥ NIU H. The effect of intelligent tour guide system based on attraction positioning and recommendation to improve the experience of tourists visiting scenic spots ［J］. Intelligent systems with applications，2023，19（9）：200263.

馆互动数字应用对游客学习体验的有效性，该方法将定性与定量分析相结合，定性过程通过游览前后的访谈收集游客的体验数据，而定量过程则是统计游客与博物馆数字应用互动的具体数据。① 该研究能够识别应用程序中效率最低的部分，有助于博物馆管理者和开发者明确需要优化或改进的方向，以提升游客的整体体验。

⑤ 博物馆旅游者

博物馆旅游者的期望、动机、参观体验以及满意度等是国外学者关注的重点内容。首先，在旅游者期望方面，研究者调查了博物馆/美术馆参观的感知和态度及其期望的特征。研究发现，旅游者对空间有一种渴望，即"沐浴"和"吸收"一种体验式学习形式，在其中进行内部自我学习，包括维度想象、个人反思和启发式自我话语，因此一个沉浸式的空间景观组合是这种体验的关键。② 有学者基于博物馆旅游者日志编制调研问卷，使用因子分析法提炼了 5 类博物馆旅游者期望，主要包括轻松与乐趣、文化娱乐、个人认同、历史回忆和逃避现实。③ 其次，在旅游者动机方面，学者们使用了 Bagged 聚类方法对博物馆旅游者进行细分，以对比研究他们的游览动机，强调了博物馆宣传与管理的重要性。④ 参与者的文化特征也会影响情感和共生表现的水平，因为具有积极文化特征的参与者往往表现出更高的个人沉浸感、享受、心理参与、参与度和情感表现。⑤ 有研究基于对澳门地区艺术博物馆的访谈，提出了"生成性"的概念，即通过自我拓展的形式对下一代的发展进行引导和关怀，并进一步探讨了生成性对博物馆参观者的投入、体验和心理福祉的影响。⑥ 结果显示，生成性直接影响投入、体验和心理福祉，投入直接影响体验和心理福祉，而体验直接影响心理福祉。此外，投入和体验在生成性和心理福祉之间起到中介作用。通过对罗马尼亚案例研究发现，游客普遍认为：与住宿单元的可持续性相关的属性在其心目中占据最为重要的位置，包括亲近自然、和平与放松、有

① MALIK U S, MICOLI L L, CARUSO G, et al. Integrating quantitative and qualitative analysis to evaluate digital applications in museums [J]. Journal of cultural heritage, 2023, 62 (7): 304 – 313.

② MCINTYRE C. Museum and art gallery experience space characteristics: an entertaining show or a contemplative bathe? [J]. International journal of tourism research. 2009, 11 (2): 155 – 170.

③ SHENG C W, CHEN M C. A study of experience expectations of museum visitors [J]. Tourism management, 2012, 33 (1): 53 – 60.

④ BRIDA J G, DISEGNA M, SCUDERI R. Visitors of two types of museums: a segmentation study [J]. Expert systems with applications. 2013, 40 (6): 2224 – 2232.

⑤ ROBAINA-CALDERÍN L, MARTÍN-SANTANA J D, MUÑOZ-LEIVA F. Immersive experiences as a resource for promoting museum tourism in the Z and millennials generations [J]. Journal of destination marketing & management, 2023, 29 (9): 100795.

⑥ FAN Y, LUO J M. Impact of generativity on museum visitors' engagement, experience, and psychological well-being [J]. Tourism management perspectives, 2022, 42 (4): 100958.

机环境、环保行为、生态实践、生态活动以及社交距离。①

新博物馆学注重以人为本，因此博物馆旅游者的参观体验与满意度成为学者们广泛关注的焦点。研究者探讨了游客在参观前、中、后对古迹的体验，并提出了描述遗产游客体验的概念模型。结果表明，遗产游客的主要动机是娱乐活动，他们的参观决策是基于朋友和家人的建议，视听传播、氛围、现场参与、信息和遗产保护是影响参观的主要因素。② 有研究团队对155名儿童进行了青少年参与博物馆展览的偏好调查，结果显示，青少年参与博物馆展览更看重游戏化而不是叙事。③ 也有研究进一步探讨了博物馆口碑的机制和条件配置，从社交媒体的负面在线评论中提炼出服务质量保证、可靠性、响应性、有形性、移情性、沟通性、消耗品性、便利性、服务景观、目的性、沉思性等12个博物馆服务质量维度，以此作为博物馆游客满意度评估的补充并反思博物馆旅游的构思、运作与服务；④ 有学者借鉴"媒体对话网络"（MDN）概念，以法国和德国移民公开代表的博物馆展览评论为例，研究了展览空间导览期间的社交互动、展览留言簿上的评论以及报纸上发表的展览评论之间的联系，⑤ 追溯了在不同媒体交互中媒体对话网络是如何形成的。还有学者采用了中介和调节模型识别博物馆体验如何影响口碑，研究发现博物馆体验不仅直接影响口碑，还通过品牌形象和博物馆吸引力间接影响口碑；此外，临时表演正向调节了博物馆体验对博物馆吸引力的影响，即有临时表演体验的游客可能会感知到更强的博物馆吸引力。⑥ 有学者采用"模拟"作为解释框架，揭示游客从物理空间到符号空间的转变，并通过符号（概念）与物理（现实）之间的互动来解码身份建构。⑦

（3）国内研究热点

①专题博物馆研究

第一，生态博物馆的研究。生态博物馆与全域旅游理念相似，将文化的原生地，即

---

① POP A M, MARIAN-POTRA A C, HOGNOGI G G, et al. Glamping tourism as a sustainable responseto the need to reinvigorate domestic tourism［J］. Journal of degstination marketing & management, 2024, 31（3）：100803.

② KEMPIAK J, HOLLYWOOD L, BOLAN P, et al. The heritage tourist：an understanding of the visitor experience at heritage attractions［J］. International journal of heritage studies, 2017, 23（4）：375－392.

③ CÉSÁRIO V, NISI V. Designing with teenagers：a teenage perspective on enhancing mobile museum experiences［J］. International journal of child-computer interaction, 2022, 33（9）：100454.

④ SU Y, TENG W. Contemplating museums' service failure：extracting the service quality dimensions of museums from negative on-line reviews［J］. Tourism management. 2018, 69：214－222.

⑤ PORSCHÉ Y. Tracing museum exhibition reviews：references, replies and translations between the museum space and the mass media［J］. Discourse, context & media, 2022, 46（4）：100579.

⑥ YIN J, CHEN H, NI Y. Does temporary performance matter for word of mouth in museums?［J］. Journal of hospitality and tourism management, 2023, 57（12）：29－39.

⑦ ZOU Y G, XIAO H G, YANG Y. Constructing identity in space and place：semiotic and discourse analyses of museum tourism［J］. Tourism management, 2022, 93（12）：104608.

文化所依存的整个区域（如村子、社区等）作为一个博物馆。生态博物馆理念于 1971 年诞生自法国，经历了人与自然、社会性与大众性、文化性等多个阶段的演变，① 1986 年被引入我国，② 1995—2004 年由我国与挪威合作在贵州建立了第一代生态博物馆，逐渐形成"1 + 10"集群化发展模式，③ 并从实践中总结出"六枝原则"，随后我国内蒙古、广西、云南等地也相继开展了生态博物馆项目的建设。我国生态博物馆具备民族文化保护和民族文化开发的双重角色，主要包括官办与民办两种模式。学者们围绕生态博物馆的概念特征展开研究，认为生态博物馆是以文化遗产为藏品，具有开放性与参与性的特点，并将生态博物馆的组成要素总结为生活的区域性、民族文化遗产以及与项目相联系的居民；④ 强调其是在传统博物馆基础上的丰富与扩展，具有社区化以及物质遗产与非物质遗产并重的特点。⑤ 有学者对比了生态博物馆和乡村旅游两种发展模式的关键点，认为二者皆是在平衡开发与保护的基础上可持续发展，不同之处在于生态博物馆更偏重保护，而乡村旅游偏重开发。⑥ 生态博物馆作为民族文化保护、乡村文化保护、非物质文化遗产保护的有效手段以及民族文化旅游开发的新模式，应遵循保护、原生态、选择控制、社区参与、效益回报的原则。⑦ 我国生态博物馆在发展初期存在"保护过重、旅游开发鲜有"的问题，但随着旅游开发工作的展开，又出现了追求经济、伤害文化以及内容单一、参与性不强⑧等问题，区域发展政策、技术变革、文化扩散和劳动力外流⑨等因素皆影响了其持续发展。因此，诸多学者立足我国生态博物馆现状对其旅游开发路径与对策进行了探析，立足农业多功能理论（政治、经济、社会、文化、生态功能），对我国生态博物馆的多功能进行了分析，并对生态博物馆旅游提出了坚持发展与保护并行的传承的可持续发展对策。此外，还有不少学者致力于把生态博物馆理念继续融入民族村寨文化遗产保护、民族文化保护、传统村落活化利用等领域之中，探索其实施的可行

① 余青，吴必虎. 生态博物馆：一种民族文化持续旅游发展模式 [J]. 人文地理，2001 (6)：40 – 43.

② 弗朗索瓦·于贝尔，孟庆龙. 法国的生态博物馆：矛盾和畸变 [J]. 中国博物馆，1986 (4)：78 – 82.

③ 吕埴. 浅议民族生态博物馆的集群化发展：对广西"1 + 10"生态博物馆模式的回顾与思考 [J]. 中国博物馆，2018 (2)：60 – 63.

④ 郑威. 生态博物馆：文化遗产保护与发展之桥：兼评广西贺州客家文化生态博物馆项目建设 [J]. 社会科学家，2006 (4)：132 – 135.

⑤ 郑威，余秀忠. 生态博物馆旅游与文化遗产保护 [J]. 改革与战略，2007 (9)：116 – 118.

⑥ 张成渝. 村落文化景观保护与可持续发展的两种实践：解读生态博物馆和乡村旅游 [J]. 同济大学学报（社会科学版），2011，22 (3)：35 – 44.

⑦ 陈燕. 论民族文化旅游开发的生态博物馆模式 [J]. 云南民族大学学报（哲学社会科学版），2009，26 (2)：52 – 55.

⑧ 陈志永，梁玉华. 民族村寨旅游地衰落研究：以贵阳市镇山村为例 [J]. 云南社会科学，2007 (1)：99 – 102.

⑨ 崔海洋，眭莉婷，虞虎. 西南民族文化生态社区的发展模式与影响因素探析 [J]. 贵州民族研究，2015，36 (11)：53 – 58.

性与路径。

第二，工业遗产博物馆的研究。工业遗产博物馆是工业遗产保护与开发的重要模式，学者们围绕着开发模式、展示方式、发展对策等方面展开了研究。开发模式方面，总结了大遗址保护式、遗址性博物馆式、企业博物馆式、"旧瓶装新酒"式四种工业遗产保护的博物馆模式并分析了其优缺点[①]，提出基于工业遗产等资源平台发展创意产业[②]，以及针对城镇型矿业遗产提出博物馆、公园、综合体等开发模式[③]。在展示方式方面，将ETP（Exhibition-Tourist-Product，即展示—游客—产品）分析应用于全保护式、半保护式、客主交互式、体验性以及开放式五种展示方式之中，对工业遗产旅游进行了综合分析。[④] 在发展对策方面，分析了支持、推动、催化三类工业遗产旅游开发的动力机制，[⑤]提出以艺术为媒介、以旅游开发为导向，开发城市闲置工业空间生产。针对三线建设遗址提出了数据库建设、资金筹措政策调整、旅游资源整合、城乡社区带动等保护与利用对策[⑥]，以及从保护立法、运营机制、专业化水平、科研与教育功能等方面探索了工业遗产博物馆的提升措施[⑦]。以上研究皆以定性研究为主，还有学者使用定量分析与空间分析方法对旅游价值与资源分布进行了研究，针对上海工业旅游资源，运用GIS空间分析方法研究了其空间分布类型与联动特征，为工业旅游开发模式选择与旅游线路设计提供了参考。[⑧]

②博物馆旅游资源

围绕博物馆旅游与各类资源的融合发展，学者们做了大量研究，是博物馆旅游研究中文献最多的领域，主要包括历史文化、民族文化、地域文化、建筑文化、行业文化、自然文化以及其他文化资源。在历史文化资源方面主要有古蜀王文化、《史记》文化资

---

① 吕建昌. 近现代工业遗产保护模式初探［J］. 东南文化，2011（4）：14 –19.

② 解学芳，黄昌勇. 国际工业遗产保护模式及与创意产业的互动关系［J］. 同济大学学报（社会科学版），2011，22（1）：52 –58.

③ 戴湘毅，刘家明，唐承财. 城镇型矿业遗产的分类、特征及利用研究［J］. 资源科学，2013，35（12）：2359 –2367.

④ 任丽娜，祝晓春. 工业遗产旅游展示方式的ETP模式分析［J］. 资源开发与市场，2012，28（7）：664 –666.

⑤ 韩福文，张丽，鹿磊. 东北地区工业遗产旅游开发的动力机制及实施方略［J］. 经济问题探索，2010（6）：155 –159.

⑥ 吕建昌. 现状与研究对策：聚焦于三线建设工业遗产的保护与利用［J］. 东南文化，2019（3）：6 –12，127 –128.

⑦ 王芳，彭蕾. 浅论工业遗产保护和利用的博物馆模式：从唐山启新水泥工业博物馆的前世今生谈起［J］. 中国博物馆，2019（2）：23 –28.

⑧ 吴杨，倪欣欣，马仁锋，等. 上海工业旅游资源的空间分布与联动特征［J］. 资源科学，2015，37（12）：2362 –2370.

源、红色文化①、抗战文化遗产等；在民族文化资源方面主要有撒拉族、门巴族、珞巴族等民族文化②，萨满文化，传统民族服饰，民族舞蹈等；在地域文化资源方面主要有徽州文化、燕赵历史文化、吴越文化、齐文化以及饮食文化、地方戏曲文化、特色民俗③等；在建筑文化资源方面主要有水乡古镇、民族村寨、传统村落、特色民居、西洋近代建筑④等；在行业文化资源方面主要有老字号、晋商文化等传统商业文化，特色的盐文化，农业文化遗产（茶文化），工业旅游资源，电影资源等；在自然文化资源方面包括古生物化石、昆虫资源、海洋文化资源、地震灾害旅游资源、海洋灾害旅游资源等；其他文化资源包括乡村旅游资源、科技旅游资源、博览会旅游资源等。这些物质文化遗产与非物质文化遗产与博物馆相互依存，博物馆是其保护与传承的平台，它们也是博物馆旅游的基础与核心所在。

此外，学者们还从实证的角度对博物馆资源进行了调查与评价研究。以湖北省博物馆为例评估了文化旅游资源的旅游价值，⑤ 对比分析了包含上海博物馆在内的公共旅游产品的非竞争性、非排他性、可排他性属性，⑥ 并从经济与社会两个效益维度评估了特色文化资源开发效益，为产业化开发提供决策依据。还有学者立足空间视角，研究了文化资源的空间演变情况与驱动机制⑦以及分布特征与利用模式⑧。在此基础上，研究者们还依托文化特色对信息资源进行挖掘与开发利用，从资源的解读与阐释、文旅融合、延展产业链等方面提出了遗产资源产业化路径。⑨

③博物馆旅游开发

对博物馆旅游开发的研究主要包括分析国外成功经验、开发模式与措施、利益相关者以及科技手段利用等几个方面。学者们分析研究了包括德国、英国、美国、日本等国家博物馆的成功经验，为我国博物馆旅游的开发提供模式借鉴。通过对比分析了德国鲁尔地区的成功经验，为我国东北地区工业遗产旅游开发提供参考；⑩ 基于对英国博物馆

① 李冬娜. 基于核心价值观塑造的红色旅游发展路径 [J]. 社会科学家，2019 (2)：75 – 81，93.

② 单纬东. 少数民族文化旅游资源保护与产权合理安排 [J]. 人文地理，2004 (4)：26 – 29.

③ 欧阳正宇. 旅游发展与非物质文化遗产的保护和传承：以莲花山"花儿"为例 [J]. 旅游科学，2011，25 (1)：11 – 25.

④ 肖星，姚若颖，罗聪玲. 北方7市西洋近代建筑保护性旅游开发研究 [J]. 旅游科学，2020，34 (2)：90 – 103.

⑤ 詹丽，杨昌明，李江风. 用改进的旅行费用法评估文化旅游资源的经济价值：以湖北省博物馆为例 [J]. 软科学，2005 (5)：98 – 100.

⑥ 王玲，史斌. 上海都市旅游产品公共属性研究 [J]. 华东经济管理，2010，24 (11)：7 – 9.

⑦ 刘润，杨永春，任晓蕾. 1990s 末以来成都市文化空间的变化特征及其驱动机制 [J]. 经济地理，2017，37 (2)：114 – 123.

⑧ 张建忠，温娟娟，刘家明，等. 晋中文化生态保护区"非遗"分布特征及旅游利用模式 [J]. 经济地理，2023，43 (7)：234 – 240.

⑨ 厉建梅. 考古遗产的社会价值与产业化利用路径探讨 [J]. 东南文化，2016 (2)：13 – 18.

⑩ 韩福文，佟玉权，王芳. 德国鲁尔与我国东北工业遗产旅游开发比较分析 [J]. 商业研究，2011 (5)：196 – 200.

的分析，总结了英国文化产业融合博物馆、文化旅游、表演艺术三个产业的成功经验，从保障体系、资源整合、现代技术利用等方面提出了我国的发展启示①，并梳理了英国博物馆多渠道融资合作、沉浸式体验空间、社区及公众参与等实践模式。② 美国工业博物馆、美国"9·11"国家纪念博物馆在相关法规、组织机构、资金筹集、旅游模式③、特色展品以及相关体验活动④等方面提供了保护与开发的良好经验。日本则是将博物馆融入都市观光型、地域特色型、广泛周游型、特定主题型等不同类型的地区旅游线路之中，并带动相关文化产业。⑤

在博物馆的旅游开发利用过程中，学者们提出应遵循保护的基本原则及旅游发展的基本规律，全面深入挖掘博物馆所依托的艺术欣赏、休闲娱乐、参与体验、休闲娱乐等多元旅游开发价值，并积极探索切实可行的开发模式与措施路径。有研究着眼于涵盖了地缘、血缘、文缘、商缘和法缘的五缘关系，分析了泉州对台特色旅游开发之路⑥，针对非物质文化遗产提出了"主题村落再造"的旅游开发模式⑦，立足广西与贵州两个侗族生态博物馆，提出了科学合理的规划、与周边旅游景点联合、设计特色旅游纪念品等博物馆旅游开发建议⑧，从以人为本、内容为核、融合共享、科技引领、注重营销等方面思考了博物馆文旅融合的发展路径⑨。学者们还聚焦于特定博物馆、立足博物馆实际情况，探索了景观、行为等叙事策略⑩，通过与地方高校合作进行文创设计开发、博物馆IP授权特展⑪等模式，打造"文化符号＋产品载体"的博物馆文化衍生产品以及基于品牌符号学等理论进行博物馆品牌塑造，以使其成为文旅融合的催化剂⑫，促进文化

---

① 陈美华，陈东有. 英国文化产业发展的成功经验及对中国的启示 [J]. 南昌大学学报（人文社会科学版），2012，43（5）：63 – 67.

② 陈怡宁，李刚. 空间生产视角下的文化和旅游关系探讨：以英国博物馆为例 [J]. 旅游学刊，2019，34（4）：11 – 12.

③ 吕建昌. 从绿野村庄到洛厄尔：美国的工业博物馆与工业遗产保护 [J]. 东南文化，2014（2）：117 – 122.

④ 蔡琦. 试论作为黑色旅游目的地的纪念馆设计：以美国9/11纪念博物馆为例 [J]. 中国博物馆，2020（3）：85 – 89.

⑤ 黄晓星. 日本书化旅游机制创新的经验与启示 [J]. 社会科学家，2019（8）：102 – 106.

⑥ 杨诗源，郑伟民. 基于"五缘"关系的泉州对台旅游产品开发研究 [J]. 经济地理，2012，32（8）：160 – 165.

⑦ 阚如良，王桂琴，周军，等. 主题村落再造：非物质文化遗产旅游开发模式研究 [J]. 地域研究与开发，2014，33（6）：108 – 112.

⑧ 张瑞梅，刘弘汐. 西南三省坡侗族生态博物馆的比较研究 [J]. 广西民族大学学报（哲学社会科学版），2015，37（1）：91 – 95.

⑨ 苗宾. 文旅融合背景下的博物馆旅游发展思考 [J]. 中国博物馆，2020（2）：115 – 120.

⑩ 方云. 非物质文化遗产保护视域下的民俗博物馆叙事研究：以上海土布馆群为例 [J]. 东南文化，2020（5）：180 – 185.

⑪ 吕睿. 博物馆IP授权特展的价值革新与发展策略探索 [J]. 中国博物馆，2020（4）：90 – 94.

⑫ 杨静. 新疆博物馆文创产品开发的实践与思考 [J]. 中国博物馆，2020（1）：24 – 29.

认同。

在博物馆旅游开发实施过程中，学者们主张应吸引社会力量参与开发与经营，提出了涵盖博物馆、地方政府与开发商多主体，融合多主题、多产品、多市场的"大博物馆旅游综合体"模式①，强调了多元主体参与的重要性，并注重社会居民的作用。此外，随着科技水平的不断创新与发展，如何提高博物馆旅游中的科技含量、如何增强科技手段在博物馆旅游中的应用，成了新的研究趋势。有学者以故宫为例，通过访谈调研构建了包含资源、产品、保障三个条件的增强现实型旅游产品开发条件模型②，认为定制化、沉浸体验式、"网红"消费等成了科技背景下所产生的文旅消费新趋势③。

④博物馆旅游者

基于调查分析，从需求角度对博物馆旅游者的心理、行为以及满意度进行深入了解以及详细分析，有助于博物馆旅游优质发展的推进。目前学者们主要使用实地调研、网络信息挖掘等方式对博物馆旅游者的背景状况、心理与行为等方面进行研究，研究方法多为均值、方差、因子分析等较为简单的数理统计以及文本分析。针对旅游者的背景状况，研究者经调研发现受教育程度较高、知识结构较完备的旅游者可获得的博物馆体验质量会更好④，可见，博物馆前期的宣传推广、线上教育、知识预热就显得尤为重要，既可多渠道增加博物馆的吸引力，又为旅游者线下参观奠定了知识基础，有利于提升旅游者的参观体验。

有关旅游者心理研究主要包括动机与需求、感知与情感以及满意度等方面。首先，针对动机与需求，有学者将场所依赖理论应用于博物馆解说系统之中，提出旅游者对博物馆的场所认同还依赖于社会交往、文化认同等社会和心理因素⑤，并基于旅游者需求对博物馆文化旅游服务的特殊性进行了分析⑥。其次，旅游者的感知与情感是学者们关注的重点。一方面，学者们通过调研了解旅游者的感知状况，对旅游者在质量、服务、体验、场所、成本等方面的感知价值进行实证检验，结果发现旅游者对质量、体验价值

---

① 陈琴，李俊，张述林. "大博物馆旅游综合体开发"模式研究［J］. 生态经济，2012（11）：93－97.

② 戴克清，陈万明. 增强现实型科技旅游产品开发的条件模型及评价：以故宫博物院为例［J］. 贵州社会科学，2019（7）：142－149.

③ 李凤亮，杨辉. 文化科技融合背景下新型旅游业态的新发展［J］. 同济大学学报（社会科学版），2021，32（1）：16－23.

④ 李鑫，张晓萍. 生活世界的延伸：文化旅游者的博物馆凝视与反凝视［J］. 青海民族研究，2017，28（2）：66－70.

⑤ 孔旭红. 场所依赖理论在博物馆旅游解说系统中的应用［J］. 软科学，2008（3）：89－91.

⑥ 王静，王玉霞. 北京博物馆文化旅游服务质量提升研究［J］. 北京联合大学学报（人文社会科学版），2017，15（3）：26－30.

感知较高，成本价值感知低；① 另一方面，网络信息也是重要的研究对象，学者们通过对网络评论与游记中的中文文本、英文文本、影像照片等资料的分析，探究了博物馆旅游者的感知差异与情感倾向。研究者们运用内容分析法对漕运博物馆旅游者的访谈内容与网络留言进行分析，梳理出五条价值链，其中最重要的两条体现了博物馆旅游的文化性，其他三条体现了愉悦感；② 通过构建链式多重中介模型，检验了文化遗产活化体验质量对旅游者目的地忠诚影响，发现文化遗产活化体验质量对博物馆旅游者感知价值与满意度皆具有积极的促进作用；③ 基于脑波技术从心理学视角进行实证检验，发现数字技术诱发可通过提高博物馆游客注意力而唤醒其情感，进而提高旅游体验。④ 还有学者使用叙事分析法与内容分析法对红色博物馆的实地资料及旅游者的游记文本进行分析，建构记忆场域概念模型，认为场域"主客体"互动关系有助于唤起旅游者的情感共鸣及身份认同。⑤

旅游者的满意度及其影响因素也是学者们关注的重点，有研究者使用因子分析法将11 个影响博物馆旅游者满意度的因子划分为保健因子与激励因子两类，并论证了它们与满意度之间的关系；⑥ 使用 tobit 回归模型对博物馆游客满意度影响因子进行分析，结果显示基础设施条件、配套服务设施和宣传推广是影响博物馆实际供给效果的关键性因素；⑦ 实证检验了旅游解说对科普旅游体验正向影响，并探究了其中的关键因素。⑧ 此外，学者们还基于博物馆旅游者进行了旅游开发路径探索，构建了博物馆旅游能耗与碳足迹估算模型并探索了低碳发展模式；⑨ 通过对微博热门话题下的评论进行内容分析，

---

① 李海娥，熊元斌. 免费开放背景下游客对博物馆感知价值的研究：以湖北省博物馆为例 ［J］. 湖北社会科学，2014（12）：73－78.
② 李永乐，孙婷，华桂宏. 博物馆游客满意因素与价值追寻研究：以中国漕运博物馆为例 ［J］. 东南文化，2019（3）：118－126.
③ 唐培，何建民. 文化遗产活化体验质量对旅游者目的地忠诚的影响：一个链式多重中介模型 ［J］. 南开管理评论，2020，23（5）：76－87.
④ 齐子鹏，张婷，章成，等. 基于脑波技术的游客注意力对博物馆旅游体验质量的影响研究 ［J］. 中国软科学，2023（8）：54－61.
⑤ 邹润琪，孙佼佼，陈盛伟，等. 红色博物馆的时空叙事与记忆场域建构：以上海淞沪抗战纪念馆为例 ［J］. 旅游学刊，2023，38（7）：36－51.
⑥ 李志勇. "双因素理论"分析框架下的博物馆旅游满意度影响因素 ［J］. 社会科学家，2014（12）：74－80.
⑦ 冯英杰，钟水映. 全域旅游视角下的博物馆文化旅游发展研究：基于游客满意度的调查 ［J］. 西北民族大学学报（哲学社会科学版），2018（3）：66－75.
⑧ 郝俊卿，党佩英，李丹丹，等. 灾害遗迹型公园旅游解说对科普旅游体验的影响因素分析：以翠华山山崩地质公园为例 ［J］. 西北大学学报（自然科学版），2020，50（3）：394－402.
⑨ 唐承财，戴湘毅，李橙，等. 我国博物馆旅游碳足迹估算与低碳发展模式研究 ［J］. 生态经济，2015，31（9）：141－146.

提出了微博平台中旅游吸引物建构模型①，强调要重视博物馆分众服务②，以及通过研究西安旅游者流动轨迹，发现景点组团发展的关键是区位邻近、知名度接近以及交通便利③。

（二）高质量发展研究综述

（1）国外研究综述

国外研究虽未有"高质量发展"这一提法，但有关经济增长与增长质量的研究成果丰富，可结合我国整体与行业发展特点对高质量发展研究提供参考与启迪。在经济增长阶段方面，罗斯托首先划分了经济成长五阶段，后又在著作《政治和成长阶段》中进一步拓展为"传统社会""起飞前提""起飞""成熟""群众高额消费""追求生活质量"六个阶段④，而党的十九大也提出了人民美好生活需要，对应着更高阶段的发展进程。在经济增长质量内涵方面，国外学者从量与质的融合以及可持续角度进行了揭示，认为经济增长内涵包含了生产资料数量与产量的增加，以及产品质量、生产效率与消费品效果的提升等;⑤并提出经济增长是数量与质量的融合，是生产要素累积、资源利用方式改进或生产效率提升的结果。⑥基于可持续发展视角，学者们认为高质量增长还侧重稳定地、持续健康地发展，将通过生产力提高而实现生活水平提升等社会期望结果的强劲、可持续的增长以及社会友好型增长视为高质量增长。在综合评价经济发展水平方面，联合国社会发展研究所以及世界银行等综合经济与社会发展表征，分别设计了相应的评价指标体系。

（2）国内研究综述

①高质量发展

自党的十九大提出"我国经济已由高速增长阶段转向高质量发展阶段"，党的二十大又进一步明确提出"高质量发展是全面建设社会主义现代化国家的首要任务"，"高质量发展"成了各行各业、各专业各领域学者关注的焦点。研究者们围绕高质量发展的内涵、综合评价、影响因素等方面展开研究。

---

①　周欣琪，郝小斐. 故宫的雪：官方微博传播路径与旅游吸引物建构研究 [J]. 旅游学刊，2018，33（10）：51－62.

②　钱兆悦. 文旅融合下的博物馆公众服务：新理念、新方法 [J]. 东南文化，2018（3）：90－94.

③　汪丽，曹小曙，李涛. 不同出游时间视角下游客流动网络结构及其分异特征：以西安市为例 [J]. 地理科学，2021，41（8）：1437－1447.

④　范家骧，高天虹. 罗斯托经济成长理论（上）[J]. 经济纵横，1988（9）：57－62.

⑤　卡马耶夫. 经济增长的速度和质量 [M]. 陈华山，左东官，何剑，等译. 武汉：湖北人民出版社，1983：25.

⑥　鲁迪格·多恩布什，斯坦利·费希尔. 宏观经济学：第十三版 [M]. 王志伟，译. 北京：中国人民大学出版社，2021：239.

第一，内涵方面的研究。学者们以马克思主义政治经济学、新发展理念、现代企业理论等为理论支撑，分别从宏观、中观、微观视角探讨了"高质量发展"的含义。金碚、任保平等从经济学意义出发，分别将高质量发展表述为"能更好满足人民不断增长的真实需要的经济发展方式、结构和动力状态，更加注重产品和经济活动的使用价值及其质量的合意性①"以及"经济发展、改革开放、城乡建设、生态环境、人民生活等方面的高质量"，提出应从经济增长速度、经济结构、创新成果质量、经济可持续性四个方面来评价高质量发展的绩效②。张军扩等立足新发展理念，将高质量发展的内涵概括为"以满足人民日益增长的美好生活需要为目标的高效率、公平和绿色可持续的发展；是经济、政治、文化、社会、生态文明建设五位一体的协调发展③"。黄速建等基于微观层面以目标状态、发展范式为着眼点，将企业高质量发展内涵界定为"高水平、高层次、高效率的经济价值和社会价值创造、塑造卓越的企业持续成长和持续价值创造素质能力④"。此外，亦有诸多学者立足中观视角研究不同产业高质量发展内涵。顾海等主张基本医疗保障制度的高质量发展应重点体现其制度的公平、高效、便捷以及可持续性。⑤杨翠迎等认为养老服务高质量应界定为通过服务模式、管理以及实施结果的有效、充分、科学和高品质，以实现老年人美好生活需求。⑥ 陈岩英基于三个层次阐释了旅游城市高质量发展，即基础设施环境与产业要素的高质量，以及旅游产业经济活力、创新力与竞争力。⑦ 廖军华等则从供需匹配、绿色发展、文旅融合、产业高效等方面释义了旅游业高质量发展内涵。⑧ 夏杰长等界定了交旅融合高质量发展的内涵，认为其关键是深度对接、功能提升以及推陈出新。⑨

第二，综合评价方面的研究。学者们多基于新发展理念构建高质量发展评价指标体系，部分学者着眼于宏观、中观、微观领域进行了实证研究，对高质量发展水平进行了综合测评（如表 0 – 5 所示）。张军扩等、李金昌等基于宏观层面分别从"高效、公平、可持续""经济活力、创新效率、绿色发展、人民生活、社会和谐"等方面探讨了高质量发展指标体系。诸多学者基于国际、省市等宏观经济数据进行了高质量发展的综合测

① 金碚. 关于"高质量发展"的经济学研究 [J]. 中国工业经济, 2018 (4): 5 – 18.

② 任保平, 李禹墨. 新时代我国高质量发展评判体系的构建及其转型路径 [J]. 陕西师范大学学报（哲学社会科学版）, 2018, 47 (3): 105 – 113.

③ 张军扩, 侯永志, 刘培林, 等. 高质量发展的目标要求和战略路径 [J]. 管理世界, 2019, 35 (7): 1 – 7.

④ 黄速建, 肖红军, 王欣. 论国有企业高质量发展 [J]. 中国工业经济, 2018 (10): 19 – 41.

⑤ 顾海, 吴迪. "十四五"时期基本医疗保障制度高质量发展的基本内涵与战略构想 [J]. 管理世界, 2021, 37 (9): 158 – 167.

⑥ 杨翠迎, 刘玉萍. 养老服务高质量发展的内涵诠释与前瞻性思考 [J]. 社会保障评论, 2021, 5 (4): 118 – 130.

⑦ 陈岩英. 新时代旅游城市的高质量发展：内涵与路径 [J]. 旅游学刊, 2022, 37 (2): 12 – 13.

⑧ 廖军华, 王欢. 新发展阶段旅游业高质量发展的现实困境与破解之道 [J]. 改革, 2022 (5): 102 – 109.

⑨ 夏杰长, 刘怡君. 交旅融合高质量发展的内在逻辑与实施方略 [J]. 改革, 2022 (8): 111 – 122.

评，魏敏、李梦欣、张震、王伟等以新发展理念五个维度为基本框架进行了指标体系的构建，马茹等从高质量供给、需求、效率等层面进行了指标选取，刘思明等则使用全要素生产率进行测算。基于微观视角，李健等着眼于微观层面从治理能力、运营管理能力、服务能力、竞争能力等层面测评了153家商业银行高质量发展情况。此外，辛岭、曲立等着眼新发展理念各维度，丰晓旭等则从产业域、空间域和管理三个层面，基于中观数据测评了产业层面的高质量发展水平（详见表0-5）。

表0-5 高质量发展水平综合测评部分研究

作者	研究内容	指标选用	方法	研究视角
张军扩等 (2019)	指标建立	从高效、公平、可持续等角度初步探索了高质量发展指标体系	—	宏观经济
李金昌等 (2019)		经济活力、创新效率、绿色发展、人民生活、社会和谐5个一级指标①	—	宏观经济
魏敏，李书昊 (2018)		经济结构优化、创新驱动发展、资源配置高效、市场机制完善、经济增长稳定、区域协调共享、产品服务优质、基础设施完善、生态文明建设和经济成果惠民10个一级指标，53个二级指标②	熵权TOPSIS法	宏观视角：基于30个省份经济发展测度
马茹等 (2019)	实证测评	高质量供给、高质量需求、发展效率、经济运行、对外开放5个一级指标，15个二级指标以及28个三级指标③	等权重赋值	宏观视角：基于30个省份经济发展测度
李梦欣等 (2019)		创新发展、协调发展、绿色发展、开放发展以及共享发展5个一级指标，15个二级指标以及42个三级指标④	AHP + BP 神经网络算法	宏观视角：基于2000—2017全国经济数据测度
刘思明等 (2019)		使用全要素生产率测算⑤（基于C-D生产函数）	索洛余值法	宏观视角：基于40个主要国家经济数据测度

① 李金昌，史龙梅，徐蔼婷. 高质量发展评价指标体系探讨 [J]. 统计研究，2019，36 (1)：4 - 14.

② 魏敏，李书昊. 新时代中国经济高质量发展水平的测度研究 [J]. 数量经济技术经济研究，2018，35 (11)：3 - 20.

③ 马茹，罗晖，王宏伟，等. 中国区域经济高质量发展评价指标体系及测度研究 [J]. 中国软科学，2019 (7)：60 - 67.

④ 李梦欣，任保平. 新时代中国高质量发展的综合评价及其路径选择 [J]. 财经科学，2019 (5)：26 - 40.

⑤ 刘思明，张世瑾，朱惠东. 国家创新驱动力测度及其经济高质量发展效应研究 [J]. 数量经济技术经济研究，2019，36 (4)：3 - 23.

（续表）

作者	研究内容	指标选用	方法	研究视角
张震等（2019）	实证测评	经济发展动力、新型产业结构、交通信息基础设施、经济发展开放性、经济发展协调性、绿色发展、经济发展共享性7个一级指标，38个二级指标①	AHP、EVM	宏观视角：基于15个副省级城市经济数据测度
丰晓旭等（2018）		产业域、空间域和管理域3个一级指标，12个二级指标②	全局主成分分析、熵值法	中观视角：基于31省市全域旅游数据测度
辛岭等（2019）		绿色发展（资源减量、资源利用）、供给（生产质量、生产效益）、规模化（集约规模、组织经营）、产业多元融合（产业延伸、产业融合）4个一级指标，8个二级指标，22个三级指标③	熵值法	中观视角：基于31省市农业数据测度
李健等（2019）		公司治理能力、收益可持续能力、风险管控能力、运营管理能力、服务能力、竞争能力、体系智能化能力、员工知会能力和股本补充能力9个一级指标④	"陀螺（GYR-OSCOPE）"评价体系	微观视角：基于153家商业银行的调研数据
王伟（2020）		从新发展理念五个维度出发，建立14个二级指标，41个三级指标⑤	德尔菲法＋层次分析法	宏观视角：基于31省市省际经济高质量发展
曲立等（2021）		创新、绿色、开放、共享、高效以及风险控制6个维度，25个三级指标⑥	德尔菲法＋层次分析法	中观视角：基于30个省份制造业数据测度
杨耀武、张平（2021）		经济成果分配、人力资本及分布、经济效率及稳定性、自然资源环境、社会状况5个维度，32个三级指标⑦	变异系数信息量权、信息熵权的综合权重	宏观视角：基于1993—2018全国经济数据测度

① 张震，刘雪梦. 新时代我国15个副省级城市经济高质量发展评价体系构建与测度［J］. 经济问题探索，2019（6）：20－31，70.

② 丰晓旭，夏杰长. 中国全域旅游发展水平评价及其空间特征［J］. 经济地理，2018，38（4）：183－192.

③ 辛岭，安晓宁. 我国农业高质量发展评价体系构建与测度分析［J］. 经济纵横，2019（5）：109－118.

④ 李健，王丽娟，王芳. 商业银行高质量发展评价研究："陀螺"评价体系的构建与应用［J］. 金融监管研究，2019（6）：56－69.

⑤ 王伟. 中国经济高质量发展的测度与评估［J］. 华东经济管理，2020，34（6）：1－9.

⑥ 曲立，王璐，季桓永. 中国区域制造业高质量发展测度分析［J］. 数量经济技术经济研究，2021，38（9）：45－61.

⑦ 杨耀武，张平. 中国经济高质量发展的逻辑、测度与治理［J］. 经济研究，2021，56（1）：26－42.

第三，影响因素方面的研究。学者们从经济、社会、政策、环境、文化、科技等方面探讨了高质量发展的影响因素。赵剑波等基于系统平衡观、经济发展观、民生指向观三个方面解释了高质量的内涵，并认为经济发展阶段、社会文化环境和政策法律环境等外部环境以及要素质量、科技创新和质量技术基础等基础条件的支撑是高质量发展的主要制约与支撑。① 陈诗一等选取地方政府环境政策与环境治理作为工具变量，实证检验了雾霾对中国经济发展质量的负面影响。② 王慧艳等基于 CRITIC 法确定权重并使用网络WSBM 模型测算了经济高质量水平，进而验证了 R&D 经费投入、人均 GDP、对外开放度、科技服务水平以及劳动者素质等因素对经济高质量发展的显著影响。③ 刘传明等研究了黄河流域高质量发展的空间关联网络，并分析了城市间产业结构、基础设施、城乡收入差距、信息化水平、政府规模等因素对其产生的影响。④ 刘涛等运用空间计量模型对中国农业高质量发展进行了综合测评，并考察了城镇化率、GDP、固定资产投资、消费品零售额和二、三产业产值占比以及能源消耗量等因素对其影响程度。⑤ 张鸿等从政策环境、农业发展、医疗养老、生态环境、政府服务等方面探讨了农村高质量发展影响因素。⑥

②博物馆高质量发展

目前有关博物馆高质量发展的研究多为博物馆从业人员立足于某个博物馆而进行的高质量发展探索。安来顺等认为目前博物馆的功能正由美育向教育转变，未来中国博物馆发展的方向是：国际化、高质量以及可持续。其在国际化方面梳理了我国博物馆的发展历程，并指出"策展理念"是国际化发展中需要提升的重点；在高质量发展方面强调了专业化与专业伦理，并提出应提升博物馆开放系统的兼容性与效率，鼓励跨部门跨学科合作；在持续性方面提出应注重文化与环境的可持续性。⑦ 南京博物院龚良等认为新时代博物馆的发展主要体现在博物馆自身、观众需求以及社会对博物馆要求三个方面的变化，并提出好的博物馆的标准应包含展品与藏品、服务公众的手段以及公共文化服务

① 赵剑波，史丹，邓洲. 高质量发展的内涵研究［J］. 经济与管理研究，2019，40（11）：15 – 31.

② 陈诗一，陈登科. 雾霾污染、政府治理与经济高质量发展［J］. 经济研究，2018，53（2）：20 – 34.

③ 王慧艳，李新运，徐银良. 科技创新驱动我国经济高质量发展绩效评价及影响因素研究［J］. 经济学家，2019（11）：64 – 74.

④ 刘传明，马青山. 黄河流域高质量发展的空间关联网络及驱动因素［J］. 经济地理，2020，40（10）：91 – 99.

⑤ 刘涛，李继霞，霍静娟. 中国农业高质量发展的时空格局与影响因素［J］. 干旱区资源与环境，2020，34（10）：1 – 8.

⑥ 张鸿，杜凯文，靳兵艳，等. 数字乡村战略下农村高质量发展影响因素研究［J］. 统计与决策，2021，37（8）：98 – 102.

⑦ 安来顺，毛颖. 国际化、高质量、可持续：中国博物馆事业发展的方向与战略：国际博物馆协会（ICOM）副主席安来顺先生专访［J］. 东南文化，2019（2）：6 – 15，127 – 128.

能力等方面。① 王春法将博物馆事业发展面临的问题归纳为考古与博物馆分离、总分馆发展不平衡、文物叙事有待加强、对公众服务仍需提高、立体传播有不确定不可控性、缺乏优秀人才、政策供给不足执行不严等八个方面，并提出打造新型智库、加强交流研讨、畅通成果报送等通过人才智库推动博物馆高质量发展的对策建议。② 此外学者们还从实践出发，提出博物馆高质量发展应秉承生态理念、社区思维、国际化视野，充分利用新技术、融媒体为发展助力③，坚持融合发展、品质发展、国际发展、人才发展等方面的促进措施④，从差异化发展、文化产品创新、文旅场景融合、保障机制改革等方面探析了高质量发展路径⑤。

（三）研究述评

根据文献梳理可知，国外针对博物馆旅游的研究多以微观视角展开，研究旅游者心理、需求、行为、体验等内容，此外也有涉及博物馆旅游类型、特点以及市场发展的研究。国内研究更多关注博物馆旅游的发展对策与质量提升等中宏观领域，也有部分学者关注博物馆旅游者的满意度研究，但多以单个博物馆为研究对象。通过分析现有研究得到以下结论与启示：

第一，"高质量发展"提出以来便成了各领域学者研究的焦点，学者们基于不同研究领域与视角，在高质量内涵阐释、综合测评、影响机制等方面进行了探讨，由于"高质量发展"是基于宏观层面应运而生，故而现有研究也多集中于宏观视角，基于中观、微观视角较少。博物馆是文旅产业的重要主体，有关博物馆旅游研究涉及范围较广，属于学科交叉研究范畴。目前的研究主要围绕专题博物馆、博物馆旅游者、博物馆资源与旅游开发、博物馆影响与管理等内容展开，针对博物馆高质量发展研究很少，缺乏系统的研究。因此开展博物馆旅游高质量发展深入研究十分必要，厘清其内涵、特征与发展形成机理，为后续研究提供理论支撑。

第二，党的十九大报告把提高供给体系质量作为主攻方向，根据这一根本要求，博物馆旅游亟须科学定量测度高质量发展水平，基于发展问题与影响因素探求提升路径，故而开展博物馆旅游高质量发展量化研究具有迫切的现实意义。现有研究成果对博物馆旅游及其高质量发展的研究与大多社会学门类相似，侧重定性研究与经验总结，定量研究较少。因此，借鉴高质量发展评价与影响研究，基于博物馆旅游自身特点，构建科学

① 龚良，张蕾. 博物馆高质量发展：品质、效能与评估 [J]. 东南文化，2019 (2)：100 – 106，127 – 128.

② 王春法. 打造新时代博物馆新型智库 推动博物馆高质量发展 [J]. 博物馆管理，2019 (1)：8 – 15.

③ 杨敬. 新时代博物馆高质量发展的新思维：以山西博物院为例 [J]. 博物院，2020 (5)：81 – 88.

④ 纪云飞. 推动"四个发展"，助力改革提升：关于中国博物馆事业高质量发展的几点思考 [J]. 中国博物馆，2021 (4)：74 – 77.

⑤ 许强. 总分馆制博物馆集群高质量发展路径探析 [J]. 中国博物馆，2022 (5)：4 – 9，126.

可行的高质量发展评价体系以及动力机制，并以此为基础探索如何进行路径优化，是值得重点关注的问题。

四、研究内容、技术路线与研究方法

（一）研究内容

本书以"现状解析—质量测评—动力机制—发展路径—对策建议"的流程为主线，开展我国博物馆旅游高质量发展研究。首先，界定博物馆旅游高质量发展内涵与特征，理顺其理论逻辑；然后，基于31个省份多年时序数据研究博物馆旅游发展现状，厘清博物馆旅游发展面临的困境并分析博物馆旅游高质量发展的方向；进而建立我国博物馆旅游高质量发展水平评价指标体系，运用主客观组合赋权法测算我国博物馆旅游高质量发展水平并进行差异特征与地域结构分析；在此基础上，溯源影响博物馆旅游高质量发展的指标因子，构建动力机制模型，并进行仿真模拟；最后，基于组态分析与典型案例的实践分析，凝练与优化我国博物馆旅游高质量发展路径与对策建议。本书系统回答我国博物馆旅游高质量发展"为什么""是什么""有什么""怎么做"的问题，助力我国"文化强国""博物馆强国"战略目标的最终达成。本书研究的主要内容如下：

绪论主要阐述研究背景、研究目的、研究意义、文献综述、研究内容与方法以及创新点。文献综述主要对有关博物馆旅游、高质量发展的国内外研究成果进行梳理，为后续研究的开展提供依据。

第一章为博物馆旅游高质量发展研究基础理论。使用质性分析法梳理现有文献有关高质量发展、博物馆旅游内涵的界定，在此基础上对博物馆旅游内涵及功能进行分析，并基于高质量发展与博物馆旅游相关理论，对博物馆旅游高质量发展内涵、特征与功能进行凝练与阐释，理顺其形成机理，为后续研究奠定理论基础。

第二章为我国博物馆旅游发展状况与面临的问题。基于我国31个省份以及204个国家一级博物馆相关数据，研究我国博物馆旅游发展状况；借助质性分析提炼与总结我国博物馆旅游高质量发展存在的问题，解读博物馆旅游高质量发展的方向，为博物馆旅游高质量发展评价指标体系建立提供依据。

第三章为我国博物馆旅游高质量发展水平定量测度分析。秉承科学客观、切实可行、整体全面、动静结合的构建原则，基于对博物馆旅游高质量发展内涵的理解，并参考相关学者有关高质量发展评价的研究以及博物馆旅游特征，构建我国博物馆旅游高质量评价模型，以31个省份以及204个国家一级博物为研究对象，分别从区域视角与微观视角开展我国博物馆旅游高质量发展评价，并根据发展水平评价结果基于地域结构与类型差异进行综合分析。

第四章为我国博物馆旅游高质量发展影响因素与动力机制。探讨政策、经济、社会、文化、科技等因素对博物馆旅游高质量发展影响机理，基于面板数据分位数回归模型与空间自回归模型考察各因子与博物馆旅游高质量发展之间的影响联系，并进行 SD 模型仿真检验。

第五章为我国博物馆旅游高质量发展路径选择与分析。基于高质量发展水平定量测度以及影响分析结果，运用定性比较分析方法进行博物馆旅游高质量发展组态分析，并以此为基础结合典型案例的实践分析对我国博物馆旅游高质量发展路径进行凝练与优化。路径的总结为我国博物馆旅游高质量发展提供参考，发展过程中结合自身特点与实际情况拟定切合实际需求的发展路径。

第六章为我国博物馆旅游高质量发展对策建议。基于第二章博物馆旅游发展现状、第三章高质量定量测度结果、第四章影响分析以及第五章发展路径的凝练，为对策建议提供思路。进而从政府、行业、博物馆三个层面提出加快促进我国博物馆旅游高质量发展进程的对策建议。

第七章为研究结论与展望。对本书的主要研究结论进行归纳总结，并从研究视角以及空间尺度等方面提出研究展望，为博物馆旅游高质量发展的后续研究指明方向。

（二）技术路线

博物馆旅游研究涉及多学科领域及多理论范围，属于交叉领域的应用研究。将研究方法、研究内容、研究目标及逻辑架构进行整合，绘制技术路线，如图 0 – 8 所示。

（三）研究方法

本书根据"发现问题—构建指标—综合测度—影响分析—动力机制—路径选择"的研究思路，基于多年时序数据结合 GIS 空间分析方法研究博物馆旅游发展现状，运用扎根理论质性研究法解析发展困境，基于主客观组合赋权法综合测度发展水平，使用分位数回归模型、空间自回归模型进行影响因素验证，运用系统动力学模型进行动力机制与运行机理分析，并使用模糊集定性比较分析方法探讨路径选择，为我国博物馆旅游高质量发展提供科学决策支撑。

主要运用以下方法：

1. 数理统计法：综合我国 31 个省份以及 204 个国家一级博物馆的统计数据与信息资料，运用层次分析法、熵值法、CRITIC 法等获得指标体系权重赋值，并进行高质量水平定量测度。

2. 扎根理论质性研究法：扎根理论是通过整理已有的经验资料从而在研究领域生成新理论的研究方法。本书基于我国博物馆旅游发展过程中的问题与症结的经验资料，进行编码和主题分析，从而总结解析我国博物馆旅游发展面临的问题。

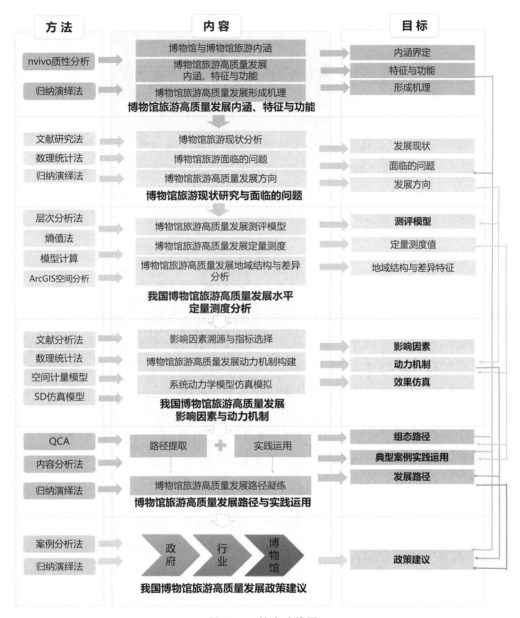

图 0－8 技术路线图

3. ArcGIS 空间分析方法：本书使用 ArcGIS 软件进行缓冲区与叠加分析，以不同要素分布等级下博物馆空间分布规律。

4. 计量经济学模型：基于面板数据空间自回归模型与面板数据分位数回归模型研究博物馆旅游高质量发展的动力机制。计量经济学模型为本书博物馆旅游高质量发展影响机理部分的研究提供了理论指导与技术支撑，是博物馆旅游高质量发展动力机制构建的重要分析工具。

5. 系统动力学仿真分析法：构建因果关系图，运用系统动力学模型对我国博物馆旅游高质量发展动力机制与运行机理进行分析，通过调控变量和参数进行仿真模拟。

6. 定性比较分析（QCA）方法：该方法运用布尔运算与集合关系来实现对多要素复杂问题的充分比较与分析，本书采用 QCA 方法探索博物馆旅游高质量发展多个影响变量之间的"组合效应"与"互动关系"，基于组态视角探析我国博物馆旅游高质量发展路径。

7. 归纳演绎法：本书梳理国内外相关研究文献，基于国内外的相关研究成果以及定性定量相结合的研究结果，就我国博物馆旅游困境、博物馆旅游高质量发展内涵特征与形成机理、路径分类，以及我国博物馆旅游高质量发展的对策措施等内容，综合运用归纳、演绎等方法进行推理、比较、论证和总结。

五、创新点

目前学术界尚未形成博物馆旅游高质量发展内涵的清晰界定，且博物馆旅游研究多侧重定性分析与经验总结。本书在界定博物馆旅游高质量发展内涵、特征、目标与内在机理的基础上，采用多年时序数据，从微观和宏观两个视角探究博物馆旅游发展现状，运用扎根理论揭示博物馆旅游面临的困境，使用分位数回归模型、空间自回归模型、系统动力学拟合综合性影响因素的作用机制，全方位提炼博物馆旅游高质量发展的可行路径，力求实现博物馆旅游研究视角、内容、方法上的更新和延展，提升研究成果的理论贡献与实践价值。

具体创新点如下：

（1）拓宽微宏观融合的博物馆旅游高质量发展研究新视野

现有博物馆旅游研究多集中在宏观层面，作为文旅融合的典型代表，不同地区、等级、类型的博物馆旅游发展形态和经营环境各不相同，仅从宏观层面很难系统性解决博物馆旅游面临的新时代供需矛盾。为此，本书一方面兼顾区域宏观和单体微观，从创新、协调、绿色、开放、共享五个维度理顺博物馆旅游高质量发展的逻辑主线，完成微观、宏观双视角下博物馆旅游高质量发展测评指标的提取和量化；另一方面，以 204 个国家一级博物馆单体为微观研究对象，加强对不同类型博物馆旅游高质量发展态势的度量与判断，以寻求新型发展观趋势下我国博物馆旅游的实际运营情况及其不同层面、不同维度的现实表现，弥补原有宏观研究视野的缺陷，丰富新时代博物馆旅游这一文旅产业先锋的研究理论体系和内容。

（2）明确博物馆旅游实现高质量发展所需的多维动力机制

虽然现有文献针对博物馆旅游问题开展了诸多探讨，但大多是从需求或供给的单一侧面开展，针对联结供需双方新趋向的博物馆旅游高质量发展的全面探讨尚未启动，更是缺乏对博物馆旅游高质量发展动力条件的关注。为此,本书一方面增强新博物馆学、管理学、区域经济学、产业融合理论、共生理论的交叉与融合,深入探讨博物馆旅游高质量发展的内在机理,构建博物馆旅游高质量研究的基础理论框架;另一方面,引入并重构 PESTE 分析框架,从政府、经济、社会、技术、环境五个方面出发阐释并验证各类影响因素对博物馆旅游高质量发展的多维度作用机制,提升具体发展环境对不同类型博物馆旅游高质量发展推动的全方位、细节化解释力度,以寻求更加契合当前博物馆旅游实际运营状况的多元化提升方向和动力条件,支撑起更加科学、完善的博物馆旅游研究框架。

(3) 凝练博物馆旅游高质量发展可选择的具体路径

虽然学界、业界均已意识到博物馆旅游走向高质量发展道路的重要性和必然性,但未能意识到博物馆内部的优劣势和外部的支撑条件都能左右其经营决策的选择。因此,本书不仅验证了不同内在基础的博物馆在高质量发展五个维度的现实表现,而且证明了区域教育水平、数字技术、地区经济、政府支持、社会人口等外部条件的显著效力。在系统动力学、案例扎根、fsQCA 等先进方法的支撑下,强化计量模型对综合因素影响下博物馆旅游高质量发展效果的模拟和提升,生成五条具体可行的提升路径和操作建议,为制定出更加完善的博物馆旅游经营方略提供决策支持,并助推中国各省份乃至博物馆单体形成方向清晰、路径明确、支撑完备、协作高效的博物馆旅游运营新体系。

第一章　博物馆旅游高质量发展研究基础理论

本章分三个部分就博物馆旅游高质量发展研究基础理论进行阐述，为后续研究提供系统的理论铺垫。第一部分通过文献资料梳理解析博物馆、博物馆旅游以及高质量发展的内涵与功能；第二部分阐述博物馆旅游高质量发展研究的相关理论依据；第三部分界定博物馆旅游高质量发展的内涵、特征与功能，并分析博物馆旅游高质量发展形成机理。

第一节　基本概念解析

一、博物馆

（1）博物馆定义的演变

何谓博物馆？国际博物馆协会（ICOM）给出的定义普遍受到各国学者认可。国际博物馆协会自 1946 年对博物馆内涵进行界定以来，又分别于 1951、1961、1974、1989、1995、2001、2004、2007、2022 等年份进行了多次修订。本书参考弗朗索瓦·迈赫斯对博物馆定义的解构（分为法律要素、受益者要素、功能、工作对象、终极目的五个部分①），从博物馆的性质、终极目的、功能以及工作对象四个方面梳理了国际博物馆协会有关博物馆定义的演变情况（如表 1-1 所示）。第一，在博物馆性质方面，博物馆定义始终强调博物馆对公众开放，并于 1974 年明确了"为社会和社会发展服务"以及"不追求营利"的组织属性，继而于 1989 年将表述更改为"非营利性机构"并一直沿用至今。这里的"非营利性"并非不能有经济收入②，而是在保持公益性同时，立足市场需求适度经营以支持博物馆可持续发展③。第二，对于博物馆的终极目的，于 1951 年明确了"欣赏和教育"的目的，自 1961 年起"研究、教育、欣赏"基本成为对博物馆目的

---

① 弗朗索瓦·迈赫斯．博物馆定义的目标和问题［J］．博物院，2017（6）：6-11.
② 单霁翔．博物馆市场营销是一把"双刃剑"［J］．故宫博物院院刊，2013（4）：6-19，159.
③ 魏峻．关于博物馆定义和未来发展的若干思考［J］．中国博物馆，2018（4）：3-7.

的表述，2007 年进一步将"教育"置于三大目的之首，2022 年在定义中又强调了"深思以及知识共享"，可见博物馆的社会教育目的日益增强。第三，博物馆的功能由最初的陈列逐渐拓展到收藏、征集、保护、研究，又于 1989 年增加了"传播"的功能。第四，博物馆的工作对象变化最为明显，涵盖范围不断扩大，从早期的具体类型罗列逐渐延伸至包含了"物质"与"非物质"领域的"人类及人类环境遗产"。

表 1-1　国际博物馆协会有关博物馆定义的演变

年份	定义				重点
	性质	终极目的	功能	工作对象	
1946	常设陈列的机构	公众开放	陈列	美术、工艺、科学、历史以及考古学藏品	强调常设陈列
1951	为公共利益的常设机构	供观众欣赏、教育	保管和研究	艺术、历史、科学和技术的藏品、资料、标本	明确了"欣赏和教育"的目的
1961	展出的常设机构	研究、教育和欣赏	收藏、保管、展出	具有文化或科学价值的藏品	扩大了工作对象的范围
1974	不追求营利的公开机构	学习、教育、欣赏	收集、保存、研究	人类及其环境见证物	1. 进一步扩大了工作对象的范围；2. 突出了"为社会和社会发展服务"的目标
1989	非营利的永久性机构		征集、保护、研究、传播、展示	人类及人类环境的见证物	在博物馆的功能中增加了"传播"的范畴
1995、2001	非营利性常设机构	研究、教育、欣赏	征集、保护、研究、传播、展出	人类及人类环境的物证	工作对象的范围进一步拓展
2004			收藏、保护、研究、传播和陈列	人类及人类环境的物质或非物质证据	将工作对象的范围延伸至非物质的领域
2007		教育、研究、欣赏	征集、保护、研究、传播并展出	人类及人类环境的物质及非物质遗产	将"教育"提到了首要目的
2022		教育、欣赏、深思、知识共享	研究、收藏、保护、阐释和展示	物质与非物质遗产	

注：根据 1946—2022 年国际博物馆协会有关博物馆定义内容整理。

我国对博物馆的定义受到国际博物馆协会定义的影响，也体现着我国博物馆独有的特色与风格。自 20 世纪 30 年代起，中国博物馆协会、文化部、国家文物局、国务院等对博物馆进行定义（如表 1-2 所示）。第一，在博物馆性质方面，从开始时的"收藏场所"逐渐调整为"非营利性社会服务机构"（2005 年），与国际博物馆协会对博物馆性质的界定相一致。第二，在博物馆终极目的方面，我国早期的定义中未有明确或统一的表述，2015 年《博物馆条例》中将博物馆的目的表述为"教育、研究和欣赏"，与 2007 年、2022 年国际博物馆协会的定义相吻合，同样将教育目的置于首位。第三，在博物馆的功能方面，1979 年《省、市、自治区博物馆工作条例》中突出了"传播"的功能，但在后期的定义中皆未有提及；而博物馆的"传播"功能自 1989 年被国际博物馆协会列入博物馆定义之中后，一直延续至今。第四，在博物馆的工作对象方面，我国早在 1956 年的定义中便涵盖了精神文化领域，然而后续的定义中却多着眼于"物质"领域，忽略了对"非物质"领域的表达。随着社会的发展与科技的进步，国内外对于博物馆的认识还在不断地深化与完善，对于博物馆的性质、终极目的、功能、工作对象的界定也在逐步修订与优化。

表 1-2　国内博物馆定义演变

年份	机构	来源	定义				重点
			性质	终极目的	功能	工作对象	
20 世纪 30 年代	中国博物馆协会		文化机构		实物验证、教育、探讨学问		
1956	文化部	全国博物馆工作会议	收藏场所、机关	研究、教育、收藏	为科学研究、广大人民服务	物质、精神文化遗存和自然标本	关注了精神文化领域
1979	国家文物局	《省、市、自治区博物馆工作条例》	社会主义科学文化事业的重要组成	收藏、宣传教育、科学研究	征集收藏、科学研究、陈列展览、传播	文物、标本	完善了功能
2005	文化部	《博物馆管理办法》	非营利性社会服务机构		收藏、保护、研究、展示	人类活动和自然环境的见证物	强调了非营利性的性质
2015	国务院	《博物馆条例》	非营利组织	教育、研究和欣赏	收藏、保护、展示		突出了博物馆的目的

注：根据国内有关博物馆定义内容整理。

（2）博物馆功能分析

博物馆作为自然、历史、科技、文化等内容的重要载体与依托，在文化强国建设方面具有重要的作用与意义。本书选取 204 个国家一级博物馆为研究对象，基于各博物馆在企查查、天眼查网站中所显示的企业名称、经营范围等信息，利用 Python 的 Jieba 分词模块对所采集的"经营范围"文本内容进行关键词提取与词频统计分析。博物馆的主要业务与功能有所区别，也有着密切的关联，业务侧重实践操作，而功能体现了对社会需求的反映①，通过梳理现阶段我国博物馆的主要业务，进而分析博物馆的主要功能。将所提取的高频词汇进行分类汇总得到收藏保护、研究、展览、教育、征集、服务、开发利用、管理以及工作对象九类主题（如表 1－3 所示），博物馆业务范围中有关工作对象的关键词最多，相关词汇总频次占比达 22.45%，而涉及管理类的词汇较少，占比为 3.94%。

表 1－3　博物馆功能高频词汇主题统计

序号	名称	相关词汇	总词频
1	收藏保护	收藏（179）、保护（119）、修复（105）、保管（92）、登编（45）	540（18.21%）
2	研究	研究（250）、发掘（43）、考古（41）、整理（15）、学术研究（14）、科学研究（13）、调查（7）	383（12.91%）
3	展览	展览（246）、陈列（60）、展示（40）、展品（8）、展出（4）	358（12.07%）
4	教育	弘扬（101）、宣传（92）、教育（42）、交流（25）、宣传教育（23）、普及（15）、科普（15）、传播（13）、文化交流（15）、社会教育（14）	355（11.97%）
5	征集	征集（119）、鉴定（70）、收集（13）、采集（4）	206（6.95%）
6	服务	服务（51）、活动（34）、讲解（20）、对外（20）、举办（18）、组织（16）、交流活动（10）、承办（9）、接待（8）	186（6.27%）
7	开发利用	复制（50）、出版（34）、开发（21）、旅游（15）、产品（14）、制作（12）、文博（9）	155（5.23%）
8	管理	管理（58）、建设（22）、经营（16）、合作（12）、产业（9）	117（3.94%）
9	工作对象	文化（166）、民族（92）、历史（59）、标本（41）、藏品（27）、自然（27）、革命（27）、爱国主义（24）、艺术（23）、资料（22）、知识（20）、精神（20）、社会（15）、史料（14）、传统（14）、遗址（13）、历史文物（13）、科学（13）、技术（12）、历代（9）、著作（8）、图录（7）	666（22.45%）

---

① 宋向光. 博物馆基本业务意义及逻辑关系分析［J］. 中国博物馆，2019（4）：35－40.

根据统计结果可知，目前我国博物馆的功能仍以收藏保护、研究、展览、教育为主，相关词汇总频次占比分别为 18.21%、12.91%、12.07%、11.97%，与表 1 − 1、表 1 − 2 中所展示的国内外对博物馆功能的定义基本一致，亦与研究者们广泛认可的核心业务与功能相吻合。对藏品的保护利用以及社会教育①一直是博物馆的核心功能，随着"以人为本"的新博物馆学逐渐深入人心，博物馆作为一种多元化多功能的文化设施，服务城市经济社会文化发展②等功能日益受到关注。基于博物馆所进行的研究重要，而将研究成果反馈给社会③更加重要，因此提供服务、开发利用也是博物馆的重要业务组成，相关词汇总频次分别占比 6.27% 和 5.23%。部分博物馆已有旅游、文创等业务范围，例如故宫业务范围涉及旅游资源开发，杭州博物馆包含文化旅游，成都杜甫草堂博物馆与武侯祠博物馆、秦始皇帝陵博物院提供旅游服务接待；中国农业博物馆、浙江自然博物馆、浙江省博物馆、宁波博物馆、临沂市博物馆涉及文创产品开发等。由博物馆所衍生的文创产品具有更长久的"推广与传播"、更主动的"对话与教育"、更直观的"审美与记忆"、更高效的"经济与可持续发展"等功能。④纵观我国 204 家一级博物馆，仍有仅涵盖收藏保护、研究、展览等基本业务的博物馆，新时代博物馆应承担区域内更大范围的社会责任，以馆藏展品为基点拓展功能与辐射范围，更好地满足民众的精神文化需求，做好教育与传播，真正发挥服务社会、文化传承的作用。

二、博物馆旅游

（1）博物馆旅游内涵界定

博物馆界的旅游意识持续增强，国际博物馆协会于 1977 年的大会上便关注了"博物馆与世界旅游"⑤，此后的会议中也有多次讨论，"博物馆与旅游"更成为 2009 年世界博物馆日的主题，可见博物馆旅游的重要意义较早便得到了关注并且日益受到认可与重视。博物馆旅游是博物馆与旅游的交叉融合，博物馆是联通古今、对话历史与文化的重要渠道与平台，它是一种文化内涵深厚、品味较高的旅游吸引物，而旅游为博物馆带来机遇促进了其繁荣发展。

国内部分学者对博物馆旅游的内涵进行了界定（如图 1 − 1 所示），认为博物馆旅游

---

① 陈建明. 虚拟的场景　真实的遗产：博物馆功能再审视［J］. 中国博物馆，2008（3）：16 − 18.
② 单霁翔. 关于新时期博物馆功能与职能的思考［J］. 中国博物馆，2010（4）：4 − 7.
③ 三轮嘉六. 博物馆和社会：与市民共生［J］. 东南文化，2014（3）：6 − 10.
④ 孔宁. 浅析博物馆文创的价值与功能特性［J］. 中国博物馆，2021（3）：59 − 63.
⑤ 苏东海. 文博与旅游关系的演进及发展对策［J］. 中国博物馆，2000（4）：15 − 19.

属于文化旅游①，区别于一般的观光游览，是一种特别的旅游或游憩活动②③④，它的主要特点是文化含量高、信息量大，满足了旅游者求知、求新、求奇等旅游需求⑤，博物馆旅游的载体与依托是博物馆的场所与内容及其文化衍生产品以及所在城市的设施条件等。

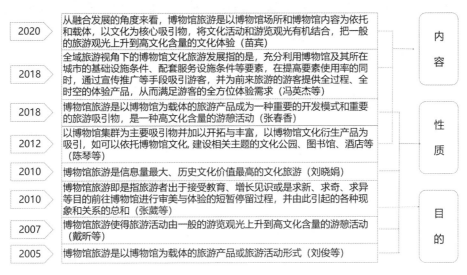

图 1－1　国内博物馆旅游定义演变

综上所述，可见学者们对于博物馆旅游的内涵并未达成广泛的共识，本书对博物馆旅游界定如下：为满足人民美好的精神文化生活需要，以博物馆这一重要的旅游吸引物为核心所产生与衍生的旅游活动的总称，主要体现了博物馆"教育、研究、欣赏"三大终极目的中的"教育与欣赏"目的，涉及博物馆功能中的"展示与传播"功能。博物馆的管理包含了博物馆藏品的保存与利用，而博物馆旅游主要是针对藏品利用及以此为基础的教育、传播功能等方面的研究。博物馆旅游是一种体验旅游、文化旅游、研学旅游，旅游者通过线上线下等多种渠道接触博物馆，以实现增长见识、感知文化、了解历史等目的。如图 1－2 所示，博物馆旅游以馆内藏品、蕴含的文化、设施设备以及所依托的自然与环境为基础，涉及《国民经济行业分类》（GB/T 4754—2017）中 13 个行业门类，以及教育部《学位授予和人才培养学科目录》中 7 个学科门类，主要的利益相关者包括

---

① 章尚正，刘晓娟. 我国博物馆旅游的制约因素与突破思路 ［J］. 安徽大学学报（哲学社会科学版），2010，34（6）：131－137.

② 刘俊，马风华. 经济发达地区地方性博物馆旅游发展研究：以广州南越王墓博物馆为例 ［J］. 旅游科学，2005（5）：42－49.

③ 戴昕，陆林，杨兴柱，等. 国外博物馆旅游研究进展及启示 ［J］. 旅游学刊，2007（3）：84－89.

④ 张春香. 基于因子分析的屯垦博物馆游客感知评价体系研究：以新疆兵团军垦博物馆为例 ［J］. 资源开发与市场，2018，34（3）：433－438.

⑤ 张葳，李彦丽. 博物馆旅游开发模式研究：以河北省为例 ［J］. 河北师范大学学报（哲学社会科学版），2010，33（2）：46－50.

了政府、博物馆及相关企业、旅游者以及社会大众，其重要组成包括博物馆旅游者、博物馆旅游资源以及博物馆旅游产品。①博物馆旅游者：随着国家对文化自信的重视以及人民生活水平的提高，大众开始更多关注文化寻根与传承，博物馆旅游者是指以博物馆为主要旅游目的地的旅游者，他们并不一定具有"异地性"，博物馆丰厚的文化资源如同文化宝库，赋予了旅游者反复重游的动机与可能，因此当地居民也是博物馆旅游者的重要组成。②博物馆旅游资源：主要包括博物馆内藏品所蕴含的自然、历史、民族、建筑、行业文化以及博物馆所依托的地域、城市等文化资源。发展博物馆旅游应明确其所承载的文化资源才是核心，我国幅员辽阔，有着世界上唯一的传承五千年且不曾中断的优秀文化，各地皆有自己的文化特色与瑰宝，博物馆内馆藏展品就是不同地区不同阶段文化的最好见证，是文化的重要展现。③博物馆旅游产品：博物馆是文化资源最坚实的载体，是区域重要的旅游吸引物，博物馆本身就是一种不可再生、可替代性小、极具独特性、高质量高文化含量的旅游产品。具体而言，博物馆旅游产品是指为满足博物馆旅游者知识获取、艺术欣赏、休闲娱乐、价值塑造等需求，以博物馆为核心所生产与衍生出来以供销售的各种商品与服务。博物馆旅游产品亦可分为核心、形式与附加三个层次，博物馆旅游核心产品即旅游者通过博物馆旅游所收获的艺术熏陶、文化知识、愉悦情绪等，博物馆旅游形式产品是指展品陈列、建筑设施、现场服务、体验活动等具体有形的产品，博物馆旅游附加产品即博物馆内部及周边的餐饮、住宿、交通、购物、娱乐等设施。

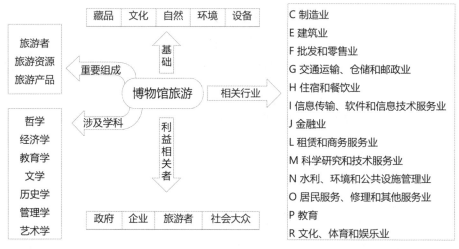

图1-2　博物馆旅游内涵框架

（2）博物馆旅游功能分析

博物馆旅游主要体现了博物馆"教育、研究、欣赏"三大终极目的中的"教育与欣赏"目的，具有良好的社会与经济功能，其社会功能主要体现在社会教育、社会服务、区域品牌塑造等方面。不同类型博物馆的旅游功能会由于其各自特色与个性存在差异，但核心功能基本一致，随着社会进步以及博物馆行业的发展，其功能也在不断增加扩展与发展完善。

①社会功能

第一，社会教育功能。2007年《国际博物馆协会章程》对博物馆的定义将"教育"列为博物馆功能之首，可见其重要地位。我国诸多学者也将"公众教育"视为博物馆的核心社会职能，认为博物馆存在的目的即为提高民众素质、促进社会全面发展。① 博物馆是以展示实物为核心，具有直观性与形象性特点的终身教育基地，馆内大量优质的藏品承载着丰富的历史、民族、地域、传统、科学等文化内涵，具有在现代社会环境中传播与传承经典文化的社会教育功能。首先，博物馆旅游有助于知识的补充与丰富以及文化素养的提升，博物馆旅游加深了旅游者对藏品所蕴含文化的理解与传承，激发了旅游者对相关领域的学习兴趣，形成旅游之后的持续关注与深入研究。其次，博物馆旅游的持续创新与发展，使得中华优秀传统文化逐渐融入大众的生产生活中，有利于消除不良社会文化的负面影响，建立积极、文明、向上的社会文化环境。最后，博物馆是连接历史与未来的桥梁，博物馆旅游使旅游者观古思今，知晓"何处来"思考"何处去"，从而明确人生的意义以及个人的责任与使命，进而推动国家民族的发展与繁荣。

第二，社会服务功能。博物馆是面向不同年龄、不同职业、不同层次人群，对话古今、留住时光的宝贵媒介，如今博物馆的发展关键是如何更多更好地参与融入社会发展进程之中②，引导旅游者通过博物馆旅游，思考过去、现在以及未来的关系，体悟国家、社会、科技等方面的变化。重视博物馆中展品与文化的真实性、客观性，更要重视其"现代性"，即与新时代的生产生活相连接，博物馆旅游帮助旅游者将诸多当代问题与症结置于历史长河中探寻身影与答案。随着时代的发展和社会的进步，博物馆已由最初专属贵族精英的特权产物逐渐转变为面向普通大众的公共文化设施，让民众愉悦成了博物馆的宗旨。特别是面向未成年人、老年人以及残障人士等特殊需要的博物馆旅游者，提供个性化的人文关怀以及贴心服务，皆体现了博物馆为社会服务的责任与使命。

第三，区域品牌塑造的功能。区域的发展需要突出特色，避免同质化现象所造成的无序竞争与资源浪费，而基于自身特有的资源和优势所塑造的区域品牌，有利于扩大区域影响力与知名度，使更多人认识和了解该区域（包括国家、地区、城市等区域）。区域品牌通常包括区域、产品、品牌三个要素③，主要通过区域品牌意识、定位、营销传

---

① 单霁翔.博物馆的社会责任与社会教育［J］.东南文化，2010（6）：9-16.
② 单霁翔.博物馆的社会责任与社会发展［J］.四川文物，2011（1）：3-18.
③ 胡正明，蒋婷.区域品牌的本质属性探析［J］.农村经济，2010（5）：89-92.

播以及维护等方面来创立。博物馆所蕴含的文化是区域文化的重要组成，为区域发展提供了丰厚的文化底蕴，树立了特有的文化形象，博物馆旅游是区域的"金名片"以及交流的窗口，通过加强对外交流提升区域的知名度与影响力，以更强的文化内核赢得更多的关注与尊重。

②经济功能

随着国家对文化自信的重视以及人民生活水平的提高，大众开始更多地关注文化寻根与传承，而博物馆这种历史文化最坚实的载体就成了首选之地，成了区域重要的旅游吸引物。博物馆本身是公益性的服务机构，但可通过自身的发展以及带动相关行业的发展而产生更大的经济和社会效益。通过对博物馆定义演化的梳理可知，研究者们通常较为关注博物馆的社会功能，而往往容易忽视博物馆所带来的经济效益，为明晰博物馆旅游与经济发展的关系，本书以全国 31 个省份为研究对象，重点研究两个问题：第一，博物馆旅游是否可有效促进区域经济的发展？第二，经济发展水平不同的区域，博物馆旅游的促进作用是否存在差异？以上问题的答案对选择区域发展模式、确定博物馆旅游的研究意义具有重要的价值。

为验证博物馆旅游对经济发展的影响，选取 2008—2019 年全国 31 个省份有关经济发展与博物馆的面板数据，利用固定效应模型以及分位数回归模型分析博物馆旅游对区域经济发展的影响。经济发展以地区 GDP 来衡量，博物馆旅游选取博物馆参观人次（MUV）为代理变量。选用 LLC、IPS 与费雪式三种方法进行面板数据的单位根检验，以避免出现伪回归的问题（如表 1-4 所示），通常三种方法中有两种或两种以上不含单位根即视为平稳，结果表明博物馆参观人次有两种检验方法在 1% 的水平强烈拒绝"面板数据包含单位根"的原假设，因此认为具有平稳性；而地区 GDP 接受了原假设认为存在单位根，故而将其进行一阶差分处理，处理后的数据（ΔGDP）使用适合于非平衡面板的 IPS 与费雪式检验，皆拒绝了包含单位根的原假设，认为具有平稳性，可纳入实证检验。

使用豪斯曼检验来对固定效应和随机效应模型进行选择，结果 p 值为 0.0010 < 0.01，在 1% 的水平上拒绝原假设，认为使用固定效应模型更合适，因此计算了固定效应模型进行稳健的组内估计（fe_ r），同时对比分析可行性广义最小二乘法 FGLS 估计（re）以及混合回归（ols）结果（如表 1-5 所示）。三种估计方法得到的变量系数符号皆为正，且均在 1% 的水平上显著，结果表明博物馆参观人次对区域经济增长有着显著的正向影响，根据豪斯曼检验选择的固定效应模型估计的回归系数为 0.4227。可见，发展博物馆旅游不仅社会效益显著，亦可产生良好的经济效益。

表1-4　面板数据的稳定性检验结果

	LLC 检验	费雪式检验				IPS	平稳性
		P	Z	L*	Pm		
MUV	-2.3904*** (0.0084)	109.1435*** (0.0002)	-2.8921*** (0.0019)	-2.9607*** (0.0018)	4.2336*** (0.0000)	1.2112 (0.8871)	平稳
GDP	21.3344 (1.0000)	51.9483 (0.8148)	2.4920 (0.9936)	2.4377 (0.9921)	-0.9027 (0.8166)	10.6820 (1.0000)	不平稳
ΔGDP	—	94.4860*** (0.0049)	-2.2495** (0.0122)	-2.2376** (0.0133)	2.9173** (0.0018)	-54.9533*** (0.0000)	平稳

注：*、**、***分别表示在10%、5%、1%水平上显著，括号内为 p 值。

为进一步探析经济增长速度不同的区域博物馆旅游的促进作用，使用面板分位数回归进行模型估计，检验不同分位点的相关性。根据表1-6结果可知，各分位数的系数符号皆为正，与表1-5三种估计结果一致，亦符合预期，表明回归结果较为稳健。面板分位数回归估计结果显示博物馆旅游人次对国内生产总值产生了显著的正向影响，回归系数随着分位点的变化波动不大，基本呈现"倒U形"即先微升后微降的趋势（如图1-3），在40%、50%分位点附近系数达到峰值。显著性程度随着分位点的增加呈减弱趋势，25%、30%、40%、50%分位点上皆在1%的水平上显著，60%分位点在5%的水平上显著，而70%、75%分位点处则在10%的水平上显著。这一结果表明经济增速低于全国平均水平的地区，随着经济增速的提高博物馆旅游对经济的正向影响作用逐渐增加；在经济增速处于中间水平的区域，博物馆对区域经济的提升作用最为明显；而在经济增速高于全国平均水平的地区，地区的经济增长点较多，博物馆旅游虽然对地区经济也有较强的正向促进作用，但显著性程度随着经济发展水平增加呈逐渐减弱的趋势。我们国家经济发展水平不断提高，大众在满足了物质需要的基础上开始向往更深层次的精神需求，发展以博物馆为核心的优质文化旅游满足了人民日益增长的美好生活需要。通过分析博物馆旅游对经济发展的影响可知，博物馆旅游的高质量发展对促进地区经济发展具有重要的意义，因此必须采取措施在保护的基础上加以利用，在其环境中创造社会经济发展的协同效应。①

---

① MORENO-MENDOZA H, SANTANA A, BOZA-CHIRINO J. Perception of governance, value and satisfaction in museums from the point of view of visitors. Preservation-use and management model [J]. Journal of cultural heritage, 2020, 41：178-187.

表 1-5　面板数据估计结果汇总

Variable	fe_ r	re	ols
MUV	0.42265821*** （0.000）	0.6003231*** （0.000）	0.89885528*** （0.000）
_ cons	1230.5114*** （0.000）	923.23158*** （0.000）	406.9061* （0.052）

注：*、**、***分别表示在10%、5%、1%水平上显著，括号内为 p 值。

表 1-6　面板数据分位数回归结果汇总

	25	30	40	50	60	70	75
MUV	0.4554***	0.4046***	0.5605***	0.5469***	0.5192**	0.4537*	0.4371*
p 值	0.004	0.000	0.000	0.000	0.017	0.058	0.061

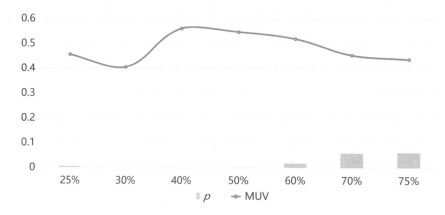

图 1-3　面板数据分位数回归结果

三、高质量发展

自党的十九大提出"我国经济已由高速增长阶段转向高质量发展阶段"以来，学者们针对高质量发展的内涵进行了细致的探讨。为了全面深入地剖析高质量发展的内涵进而界定博物馆旅游高质量发展内涵，本书通过搜集整理相关文献资料，借助 NVivo11.0 软件使用质性分析的方法自下而上地梳理总结高质量发展内涵的不同维度及组成，并探讨其相互间的联系与作用，为后续研究奠定基础。

（1）研究方法及数据获取

本书借鉴扎根理论的研究思路与运作程序，使用 NVivo11.0 质性分析软件，对搜集整理的高质量发展内涵主题核心文献进行编码、对比、归纳等全文本分析，得到构成高质量发展内涵的各组成部分及其结构关系。研究数据的搜集与获取方面，以"篇名、关键词、摘要或主题"中包含有"高质量发展 and 内涵"为检索条件，在知网学术期刊的"北大核心 + CSSCI"数据库中进行搜索高质量发展内涵相关的核心文献，继而经过人工过滤筛选，得到 29 篇文献作为此次质性分析基础资料。

（2）数据的编码分析及模型构建

①开放式编码——高质量发展内涵的直接组成

借鉴扎根理论自下而上的归纳程序，辅以 NVivo11.0 质性分析软件对有关高质量发展内涵的基础资料进行编码，得到高质量发展内涵组成部分的各级节点。本书通过对 29 篇核心文献中有关高质量发展内涵的内容进行逐字编码，完成开放式编码的加工过程。开放式编码过程遵循真实还原的原则，基本采用原文献中的原词、原句进行初始编码，得到 60 个三级节点，也就是高质量发展内涵的直接组成部分。

②轴心式编码——高质量发展内涵的结构模型

轴心式编码即在开放式编码 60 个三级节点的基础上进一步归纳整合，得到 11 个二级节点，即高质量发展内涵的中间层。进而对 11 个二级节点进行归纳整合为 4 个一级节点，即发展内容、发展理念与格局、发展措施、发展目标，位于最顶层的一级节点即是对高质量发展内涵的质性分析结果。综上，通过对 29 篇核心文献的信息提取与编码，构建了高质量发展内涵的各级节点结构。

③选择式编码——高质量发展内涵的核心类属

选择式编码是在高质量发展内涵轴心式编码的基础上继续归纳提炼，通过对比分析得到组成高质量发展内涵各部分之间的结构与脉络关系。基于质性研究结果可以看出，高质量发展内涵主要基于"发展目标"，以"发展理念与格局"为指导，围绕"发展内容"与"发展措施"展开。

基于此，本书构建了目前我国有关高质量发展内涵研究的结构关系图（如图 1-4 所示）。第一，高质量发展的目标。高质量发展是通过高质量、高效率、高稳定性[1]的供给体系，实现发展的竞争力[2]、可持续性、系统性、整体性、协同性[3]以及公共服务均等化[4]等发展状态，其终极目标是以人为本[5]满足"美好生活"的需要。第二，高质量发展的理念与格局。学者们一致认为高质量发展应秉承创新、协调、绿色、开放、共享新发展理念，遵循"五位一体"总体布局。第三，高质量发展内容。高质量发展涉及了政府、市场、社会等多个发展主体[6]，涵盖供给[7]与需求层面，以宏中微观领域的经济运

① 国家发展改革委经济研究所课题组. 推动经济高质量发展研究 [J]. 宏观经济研究，2019 (2)：5 - 17，91.

② 金碚. 关于"高质量发展"的经济学研究 [J]. 中国工业经济，2018 (4)：5 - 18.

③ 姜长云. 服务业高质量发展的内涵界定与推进策略 [J]. 改革，2019 (6)：41 - 52.

④ 廖耀华，徐凯赟. 新时代区域高质量协调发展战略内涵、机理及路径 [J]. 宁夏社会科学，2019 (3)：12 - 17.

⑤ 陈川，许伟. 以人民为中心的高质量发展理论内涵 [J]. 宏观经济管理，2020 (3)：15 - 20.

⑥ 范周，侯雪彤. "十四五"时期公共文化服务高质量发展的内涵与路径 [J]. 图书馆论坛，2021，41 (10)：14 - 19.

⑦ 秦放鸣，唐娟. 经济高质量发展：理论阐释及实现路径 [J]. 西北大学学报（哲学社会科学版），2020，50 (3)：138 - 143.

行、效率①与效益②、产品与服务等内容为发展重点。第四，高质量发展措施主要包括完善政策制度、优化产业结构、依托技术进步③、激发创新动力④等。围绕公共文化服务高质量发展的内涵，杨乘虎等从服务治理新观念、服务均等化新方向、城乡一体新目标、数字化建设新方向⑤四个方面，范周等从布局均衡、格局健全、服务效能提升、引导消费习惯、赋能美好生活⑥等五个方面进行了解读。

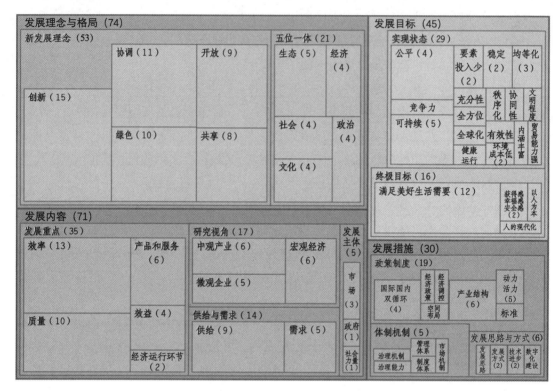

图1-4 高质量发展内涵结构图

注：三级节点括号中为参考点数量，无括号即参考点为1。

综上所述，高质量发展是围绕满足人民美好生活需要这一终极目标，秉承创新、协调、绿色、开放、共享新发展理念，遵循"五位一体"总体布局，聚焦经济运行、产品

① 许思雨，薛鹏．中国经济高质量发展的理论释疑与实现路径：一个文献综述［J］．对外经贸，2019（2）：114-117．

② 田秋生．高质量发展的理论内涵和实践要求［J］．山东大学学报（哲学社会科学版），2018（6）：1-8．

③ 高培勇，杜创，刘霞辉，等．高质量发展背景下的现代化经济体系建设：一个逻辑框架［J］．经济研究，2019，54（4）：4-17．

④ 王锋，王瑞琦．中国经济高质量发展研究进展［J］．当代经济管理，2021，43（2）：1-10．

⑤ 杨乘虎，李强．"十四五"时期公共文化服务高质量发展的新观念与新路径［J］．图书馆论坛，2021，41（2）：1-9．

⑥ 范周，侯雪彤．"十四五"时期公共文化服务高质量发展的内涵与路径［J］．图书馆论坛，2021，41（10）：14-19．

与服务、效率与效益等宏中微观层面的发展内容，通过完善政策制度、优化产业结构、依托技术进步、激发创新动力等措施，以实现极具竞争力、可持续性、系统性、整体性、协同性等发展状态。

第二节　博物馆旅游相关理论

一、新博物馆学理论

根据《中国大百科全书：文物·博物馆》的定义，博物馆学是研究博物馆的性质、特征、社会功能、实现方法、组织管理和博物馆事业发展规律的科学。① 可见博物馆学以博物馆为基点涵盖了宏观研究领域与微观研究领域，并兼顾了理论研究与实践研究的内容。博物馆学既关注人与物的关系，又关注人与人的关系，它的学科关联性较强，与考古学、历史学、文化遗产学、传播学、教育学、心理学、管理学等诸多学科都有所关联，注重跨学科与多学科融合也是博物馆学未来发展的重要方向。而新博物馆学更强调了以人为本，突出了博物馆服务社会大众的功能，认为博物馆的发展应以观众需求为主，重视以动态的、高科技的展示方式增加观众的互动与参与②，新博物馆学的思想与我国新发展理念中的"共享"发展理念相吻合。

二、区域经济理论

影响区域经济的发展条件主要有包含自然环境、自然资源在内的自然条件以及包含劳动力条件、科技条件、制度条件在内的社会经济条件③。区域经济发展的影响条件是本书溯源博物馆旅游高质量发展影响因素以及构建动力机制部分的重要理论依据。惠特曼·罗斯托（美国经济学家）将区域经济发展阶段分为了传统社会、起飞准备、起飞、成熟、高额消费、追求生活质量六个阶段，其中起飞阶段即高速增长阶段，而成熟、高额消费以及追求生活质量相当于我们所指的高质量发展阶段，在此阶段随着技术的成熟，经济发展趋于稳定与成熟，文化娱乐等服务业需求增长空前，生活质量的高低成为衡量区域经济成熟与否的标志。区域经济发展的六个阶段划分，为本书博物馆旅游高质量发

---

① 中国大百科全书总编辑委员会《文物·博物馆》编辑委员会，中国大百科全书出版社编辑部. 中国大百科全书：文物·博物馆 [M]. 北京：中国大百科全书出版社，1993.

② 甄朔南. 什么是新博物馆学 [J]. 中国博物馆，2001（1）：25－28，32.

③ 孙久文. 区域经济学 [M]. 北京：首都经济贸易大学出版社，2020.

展内涵特征与理论逻辑的理顺以及博物馆旅游高质量发展路径分类等部分的研究提供了理论指导。

三、产业融合理论

产业融合理论的出现源自高新技术的快速发展与广泛应用，20 世纪 70 年代麻省理工学院基于对媒体领域的研究，发现科技的发展加速了产业间边界的模糊和交叉，且交叉与融合区域创新效率最高。学者们基于对数字技术融合的研究，认为产业融合是为了适应信息通信等产业发展而发生的产业间边界的收缩或消失。21 世纪，随着技术的不断创新以及各国政府对产业管制政策的逐渐放宽，产业融合现象愈发明显，研究者们的视角也逐渐拓宽，该理论的应用开始向其他行业和领域扩散。旅游产业融合是旅游产业内部不同行业或旅游与其他产业之间发生相互渗透、关联、融合①，通过与其他产业的融合与互动，旅游产业内涵、外延以及发展空间得到了丰富与拓展。博物馆旅游的产业融合亦是价值链的重构②，产业内部或产业间通过重构与整合而产生新的产业生态，涵盖区域融合、资源融合、产品融合、服务融合、推广融合等多层面。产业融合改变了博物馆旅游传统的边界与价值，更好地应对高质量发展的机遇与挑战。

四、共生理论

"共生"一词源自希腊语，共生理论（Symbiosis Theory）初见于生物学领域，由德国生物学家德贝里于 1879 年提出，指不同生命体基于一定的物质联系共同生活的状态，生命体之间依据某种方式结成相互依存、协同进化的共生关系，囊括共生单元、共生模式以及共生环境三个要素。③ 自 20 世纪 50 年代起，共生理论作为一种方法论逐渐被应用于经济学、管理学等社会科学领域并逐渐拓展到旅游业研究之中。学者们将各经济主体、技术因素、经济因素、文化因素与国家法规作为共生体系统地加以分析与考虑，在经济管理实践中取得了良好的经济成效。共生理论为博物馆旅游高质量发展路径与对策探析提供了新的思维模式和理论视角。

---

① 程锦，陆林，朱付彪. 旅游产业融合研究进展及启示 [J]. 旅游学刊，2011，26（4）：13 - 19.

② 李丫丫，赵玉林. 战略性新兴产业融合发展机理：基于全球生物芯片产业的分析 [J]. 宏观经济研究，2015（11）：30 - 38.

③ 袁纯清. 共生理论：兼论小型经济 [M]. 北京：经济科学出版社，1998：27.

第三节　博物馆旅游高质量发展内涵与特征

一、博物馆旅游高质量发展内涵

基于对博物馆旅游、高质量发展等概念的梳理与解析，本书将博物馆旅游高质量发展内涵界定为：秉承创新、协调、绿色、开放、共享新发展理念，为满足人民美好生活特别是美好的精神文化生活需要，聚焦博物馆旅游所涉及的区域经济、产业融合、优质产品与服务供给的质量及效率等宏中微观层面的发展内容，通过完善政策、优化结构、依托技术、激发动力等措施，以实现博物馆旅游更加高效、健康、可持续的发展，推动博物馆教育、欣赏、深思、知识共享功能的优化落实。辩证对待博物馆旅游的高质量发展与高速增长的关系，二者并不存在完全对立的矛盾，高质量发展不等于低速增长，只是适度放慢发展速度，更注重发展的质量与成效。

博物馆旅游高质量发展是新发展理念新的实践运用。第一，"满足人民美好精神文化生活需要"意指共享博物馆旅游发展成果，使博物馆发展成果为利益相关者所共享、共同受益，是高质量发展的根本目标。第二，"高水平、高效率"意指博物馆旅游依托更强的创新发展能力取得更好的发展效果。创新发展是动力源泉，通过创新发展扩大博物馆旅游的普及度与影响力，获得更多人的认可与喜爱，为高质量发展奠定市场基础与支撑。第三，"高价值"意指博物馆旅游通过区域、行业等协调共进，同时扩大开放提升影响力，为经济、社会、生态创造更多价值，协调发展与开放发展是博物馆旅游高质量发展的重要措施与有效保障。第四，"更健康、可持续"意指秉承低碳循环、集约可持续的理念，实现绿色发展的内在要求。

二、博物馆旅游高质量发展特征

根据马克思的商品二重性，质量就是能满足需求的产品的使用价值，而使用价值依赖于供给侧的输出，优质有效的供给来自对需求侧的满足，即注重质量的合意性。我国博物馆在经历了"从无到有"的高速发展阶段后也逐渐开始转向"从有到优"的高质量发展阶段，在不产生"质量多余"的前提下，博物馆创新实力、协调互进、绿色低碳、对外开放、共享发展水平的有效提高，将提升博物馆旅游的质量，由此产生的质量的合意性与竞争力也会越强。

第一，以多元化、数字化增强创新实力，是博物馆旅游高质量发展的关键与动力。

人民物质需求的基本满足使得精神需求日益增加，而博物馆广博的文化资源与内涵为创新提供了肥沃的土壤与给养，生产与提供高质量的博物馆旅游产品与服务以满足人民日益增长的精神文化需求。新时代，科技的高速发展为博物馆旅游带来了数字化、智能化升级的新趋势，不断突破传统的思维方式、运营模式以及时空限制，提升了博物馆管理与服务的专业性与高效性的同时也促进了多元融合，为博物馆旅游创新发展提供了更多方向与可能。新时代博物馆以更多元的方式走近大众，最新的历史、文化与科学研究成果不再被束之高阁，而是以更亲民的形式进入大众视野，融入人们生产与生活，通过创新产品与服务帮助旅游者深化思考及拓展延伸，延长博物馆旅游的影响时间，使其成为一颗可以生长的种子，而非仅有昙花一现的灿烂，让博物馆文化融入旅游者生活之中，成为一种新的生活方式。

第二，以人为本实现发展成果共享、满足美好生活需要，是博物馆旅游高质量发展的出发点和根本目标。美好生活应是高质量的物质生活与精神生活的协调并重以实现生活幸福指数的提升。新时代，博物馆旅游从过去以"藏品"为本逐渐转变为以"旅游者"为本，更加注重增强旅游者多场景的参与感与沉浸感，使旅游者不再仅仅是博物馆信息的接受者，更是深入感受博物馆文化的体验者与探究者，使民众借由博物馆这一文化平台共享文化发展成果。高质量发展从经济学意义上可表述为能更好满足人民不断增长的真实需要的经济发展方式、结构和动力状态，更加注重产品和经济活动的使用价值及其质量的合意性①。博物馆旅游以坚持"以人为本"的新博物馆学为指导，其高质量发展即为满足旅游者多元化、个性化需求而进行的供给侧创新发展，保障社会大众对博物馆文化研究与发展成果的共享。

第三，以合作共生促进各区域各领域间协调互进，是博物馆旅游高质量发展的最优手段与具体表现。博物馆旅游的发展并非只关系到某一个博物馆的运营与发展，而是影响了整个区域乃至更大范围的经济、社会、文化的发展。博物馆是各地传统文化的重要载体，且由于其严格的保护机制，也是文化传承最坚实的基础。博物馆有如一个增长极，以自身独特的优势带动周边区域以及相关产业的发展。博物馆旅游高质量发展即打破地域、行业壁垒，博物馆与博物馆、博物馆与各机构、博物馆与各行业基于互利互助原则携手共进、共同探索、互联互通，使各类资源有机整合与深度融合，以实现博物馆旅游优势互补、合作共赢。

第四，以多元包容促进有序对外开放，是博物馆旅游高质量发展的重要责任与内在要求。一方面，立足双循环发展背景，扩大博物馆旅游开放程度以提升影响力与吸引度。

---

① 金碚. 关于"高质量发展"的经济学研究 [J]. 中国工业经济，2018 (4)：5–18.

2020年5月基于我国面临的国内外发展环境、形势与时代背景，国内国际双循环新发展格局被首次提出，即参与国际大循环的同时充分调动国内大循环，双管齐下为我国经济健康发展提供基础与保障。华夏民族的文化自信来自对传统文化的了解与热爱，增强博物馆及其馆藏展品在公众中的推广与传播，有利于坚定文化自信。我国博物馆旅游发展应积极融入国内与国际循环格局之中，充分发挥博物馆的教育、传播等功能，肩负知识传递、文化传播等责任与使命，实现博物馆旅游发展道路的开拓创新。另一方面，开放是把双刃剑，基于博物馆旅游资源不可再生、不可替代等特点，须平衡好保护与开放之间的关系，以保护为前提进行博物馆旅游开放发展。

第五，坚持绿色低碳实现集约可持续发展，是博物馆旅游高质量发展的基本前提与必然选择。我国对"碳达峰""碳中和"目标的庄严承诺，决定了"绿色"将是未来我国各领域发展的底色。博物馆是公共文化服务的必要载体，是旅游发展的重要引擎，博物馆作为文化旅游的主阵地在文旅融合中发挥着重大的作用。博物馆旅游涉及行业众多且近年来旅游者人次持续增长，为博物馆旅游带来效益的同时也形成了环境压力。博物馆旅游以绿色低碳为基本前提实现集约、可持续发展，博物馆旅游绿色发展主要表现为：在供给侧方面，博物馆旅游及相关行业生产经营的集约、可持续；在需求侧方面，旅游者秉承低碳理念践行绿色旅游行为，以实现博物馆旅游发展与自然生态环境和谐统一。

三、博物馆旅游高质量发展的功能

高质量发展是一个发展阶段，是一个循环上升的发展过程，在此过程中不断创造新的发展条件以及发展思路，通过一系列的方法与措施以实现更加高效、协调、均衡、健康、可持续等理想的发展状态。高质量发展是由以经济发展为中心逐渐转向人的全面发展，即经济发展服务于社会发展①，因此博物馆旅游的高质量发展亦是通过各种发展手段推动产业的发展从而服务于社会，将行业发展进步的红利与博物馆旅游者共享，与社会大众共享。博物馆旅游的高质量发展将满足人民美好生活需要作为发展的根本目标，秉承"以人为本"的发展原则，突破传统"以物为中心"的局限，使得创新、协调、绿色、开放、共享新发展理念在博物馆旅游的设计、实施、管理等各个环节中得以展现。高质量发展阶段的博物馆旅游，社会教育功能更优质、深入，社会服务效果更全面、便捷、均衡，应用于更多场景，区域品牌塑造更有影响力；经济功能方面，对区域整体经济促进效果更明显，关联行业更多元（如表1-7所示）。

---

① 高培勇，袁富华，胡怀国，等. 高质量发展的动力、机制与治理［J］. 经济研究，2020，55（4）：4-19.

表1-7 高质量发展阶段的博物馆旅游功能与效益对比表

	博物馆旅游的功能	高质量发展阶段的变化
社会效益	社会教育	更优质、更深入
	社会服务	更全面、更便捷、更多应用场景、更平等均衡
	区域品牌塑造	更有影响力
经济效益	区域整体经济	促进效果更明显
	相关行业	关联行业更多元

（1）社会功能

高质量发展的博物馆旅游不仅生产创造了优质的内容，更对社会文化教育具有重要的推动与促进作用，以促进社会发展、满足人民美好生活需要为根本目标。首先，在社会教育方面，教育对象更加多元，覆盖范围更广泛，教育效果也更为显著。博物馆借有力的物证还原历史本来的样貌，用最客观的方式讲述历史故事，展现于观众面前，优质的博物馆旅游产品帮助观众了解历史，理顺与反思个体与环境、国家与世界等逻辑关系，树立正确的世界观、人生观与价值观。其次，在社会服务方面，服务领域更全面、服务方式更便捷、应用场景更丰富、服务配置更均衡。博物馆由传统的、局限性较强的以"物"为支撑转变为覆盖面更广、关联性更强、传播力更便捷的以"知识"为支撑，面向组织与个人，嵌入生产与生活之中并为之提供"知识型"服务，以提升其全面发展的能力。最后，在区域品牌塑造方面更具影响力，塑造独特的文化形象，进一步推动区域的发展。博物馆不仅给予社会大众精神上的满足，更是心灵上的归属，博物馆旅游助力区域创建更具特色与内涵的人文环境，驱动着区域社会、经济的发展。以博物馆为核心提升区域文化软实力，赋予区域内的产品、品牌与众不同的特质，以根植于博物馆文化特色的产品特色构成区域的核心竞争力。面向个人，联合创造者进行更生动的文化呈现，在自媒体时代全民皆是创作者，鼓励依托博物馆藏品及其承载的文化进行主题创作，将其融入影视、音乐、动画、书画、设计等各类作品之中；面向组织，通过交流合作、知识共享等方式，为企业组织提供了生产制作的创作沃土与创意源泉。浸润着博物馆文化气息的区域品牌兼具文化与时代特点，对区域全面发展具有强大的推动作用。

（2）经济功能

高质量发展阶段的博物馆旅游对经济发展亦具有多元且深远的影响。一方面，高质量发展阶段的博物馆旅游立足特色资源创新产品与服务，具有更优质的核心竞争力，博物馆旅游通过展陈、文创以及各类走出"馆舍天地"① 的延伸活动等形式，为当地居民、外地旅游者提供了休闲体验、文化熏陶、艺术审美、素养提升等满足精神文化需求的新

---

① 单霁翔. 从"馆舍天地"走向"大千世界"[J]. 中国博物馆，2018（2）：42-43.

渠道，线上线下联动引流，增强自身实力的同时形成区域新的增长极带动相关产业发展，对区域经济的推动作用更加显著。另一方面，遵循协调发展理念的博物馆旅游与各行业联系更加紧密，关联行业也更多元。在消费升级与内容经济时代的背景下，传统行业的产品与服务需要精品内容的加持以实现华丽转身，而博物馆中所蕴含的丰富文化内涵正是内容生产最佳源泉。各行业企业借助博物馆文化资源以及专业的知识服务，在"国潮热"的背景下为企业发展注入丰富文化内涵与文化元素，塑造差异化的鲜明个性，提升核心竞争力与形象价值；相应地，博物馆吸收企业人、财、物、技术、管理经验等优势在展陈共建、社教活动、产品开发、联合推广、技术互通、人才交流等方面获得有力支撑与合作。

四、博物馆旅游高质量发展形成机理

基于目标导向从内在机理与外在机理两个维度分析博物馆旅游高质量发展形成机理（如图 1 – 5 所示），主要包括三个方面：一是博物馆旅游高质量发展的内在机理，主要是新发展理念的五个维度在博物馆旅游高质量发展中的实践解读；二是博物馆旅游高质量发展的外在机理，主要是外部环境变化对博物馆旅游高质量发展的影响；三是博物馆旅游高质量发展的目标导向，锚定满足人民美好精神文化生活需要这一终极目标，主要涉及动力机制优化、发展路径创新以及对策措施完善三部分内容。

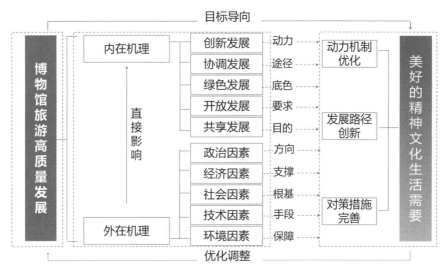

图 1 – 5　博物馆旅游高质量发展形成机理分析框架

（1）博物馆旅游高质量发展形成的内在机理

博物馆旅游高质量发展是对新发展理念的实践解读：第一，博物馆旅游创新发展是高质量发展的动力，博物馆之所以成为重要的旅游吸引物是由于其丰富的文化资源的存在，博物馆是历史文化、地域文化等内容的集中展现，博物馆旅游创新发展即立足新发展背景、顺应新时代特征与需求，依托博物馆丰厚的文化内涵于发展的各领域全方位创新，发挥创新动力实现博物馆旅游产品与服务高质量。第二，博物馆旅游协调发展是高质量发展的途径。博物馆旅游协调发展是指与博物馆相关的各产业内部及产业之间相互合作、区域间相互协同，联手构建合作共享平台，形成发展合力实现"1 + 1 > 2"的效果。第三，博物馆旅游绿色发展是高质量发展的底色。我国承诺力争 2030 年前实现碳达峰，2060 年前实现碳中和，因此未来节能与环保将会是各行各业都须高度重视的问题，而博物馆旅游的绿色发展即将资源节约集约、污染消耗降低等绿色发展方式应用于博物馆旅游生产消费的全过程之中。第四，博物馆旅游开放发展是高质量发展的要求。博物馆开放发展即秉承开放共赢的发展理念，通过各种渠道敞开博物馆大门，积极开展国际互鉴与互联互通。第五，博物馆旅游共享发展是高质量发展的目的。博物馆旅游共享发展是指社会大众对博物馆发展成果的共有与共同受益，以满足人民日益增长的精神文化生活需要为基本导向。

（2） 博物馆旅游高质量发展形成的外在机理

外部环境因素为博物馆旅游高质量发展提供了必要的环境基础。第一，政治环境变化为博物馆旅游高质量发展提供方向指引。《关于加强文物保护利用改革的若干意见》（2018 年）、《关于推进博物馆改革发展的指导意见》（2021 年）、《关于开展中国文物主题游径建设工作的通知》（2023 年） 等相关政策文件相继颁布，更加明确了博物馆旅游的作用与地位，并为其繁荣发展营造了良好的环境并开启了更广阔的发展空间。第二，经济环境变化为博物馆旅游高质量发展提供了物质支撑。区域雄厚的经济实力与繁荣的对外贸易可在资本投资、资源获取、信息汇集、人才吸引等多方面形成稳固支撑，加快博物馆旅游发展进程。第三，社会环境变化为博物馆旅游高质量发展建立了发展根基。博物馆所在地的独特的文化资源、教育水平、社会人口以及基础设施等因素构成了综合的社会环境，对博物馆旅游高质量发展提供了发展基石与现实条件。第四，技术环境变化为博物馆旅游高质量发展提供新手段。新时代博物馆旅游也迎来了新的机遇与挑战，不断加强科技创新与融合已成为我国博物馆旅游高质量发展的必选项，技术赋能博物馆旅游以更好实现其教育、传播、知识共享等功能，扩大博物馆产品与服务的辐射范围，为社会大众提供更加多元、便捷走近博物馆的通道，增强博物馆的表现力与传播力。第五，优良的生态环境为博物馆旅游提供持续发展的保障。随着绿色低碳理念的深入人心，清新的空气、良好的环境等生态要素有助于提升区域的美誉度以及旅游者的重游率，为博物馆旅游提供了有利的条件。

（3） 博物馆旅游高质量发展的目标导向

博物馆旅游高质量发展的最终目标是满足人民美好精神文化生活需要，充分发挥博物馆旅游在大众认知水平与文化素养的提升、社会主义核心价值观传递以及优秀文化传承、文化行业繁荣等方面的作用。博物馆旅游高质量发展的目标导向主要体现于通过动力机制优化、发展路径创新以及对策措施完善以实现高质量发展的愿景与使命。第一，动力机制优化是重要前提。通过识别博物馆旅游高质量发展的内外部影响因素，以及因素间的相互影响与制约关系，有助于相关资源的优化配置以及对策措施的科学制定。第二，发展路径创新是关键环节。新时代，新技术的迭代升级以及人民精神文化需求的不断提升，为博物馆旅游发展带来了新机遇的同时也提出了更高的要求，因此探索有效的博物馆旅游高质量发展路径，成为实现最终发展目标的关键一环。第三，对策措施完善是重中之重。从政府、行业、博物馆等多角度出发不断完善对策措施，为博物馆旅游高质量提供引导与支撑、整合行业资源、改进管理模式与服务水平，以更好满足人民美好精神文化生活需要与适应时代发展的要求。

随着物质生活条件的大幅提升，蕴含丰厚文化底蕴、有助于提升人民精神文化生活需要的博物馆旅游受到旅游者的青睐。我国博物馆旅游的发展已从解决"有没有"问题的阶段转向解决"好不好"问题的阶段。本章通过理顺国内外博物馆定义的演变过程以及相关学者对博物馆旅游的定义，将博物馆旅游界定为为满足人民美好的精神文化生活需要，以博物馆这一重要的旅游吸引物为核心所产生与衍生的旅游活动的总称。博物馆旅游以馆内藏品、蕴含的文化、设施设备以及所依托的自然与环境为基础，涉及 13 个行业门类及 7 个学科门类，以博物馆旅游者、博物馆旅游资源、博物馆旅游产品为重要组成。进而，从社会与经济两个角度剖析了博物馆旅游的功能与效益。然而现阶段的博物馆旅游存在诸多问题，须迈向高质量发展道路。何谓高质量？运用质性分析法梳理有关高质量发展内涵的文献，结果显示学者们主要围绕发展目标、发展理念与格局、发展内容、发展措施等方面对高质量发展进行内涵解读。基于以上研究，界定并阐释了博物馆旅游高质量发展的内涵、特征、功能以及形成机理，为后续研究奠定理论基础。

第二章 我国博物馆旅游发展状况与面临的问题

本章节以我国31个省份以及204个国家一级博物馆为研究对象，解析我国博物馆时空分布、旅游发展、数字媒体的情况，并分别基于需求侧与供给侧资料进行质性分析，揭示我国博物馆旅游高质量发展面临的问题，并针对性地探讨博物馆旅游高质量发展方向，为后续构建博物馆旅游高质量发展评价体系提供依据。

第一节 区域视角下我国博物馆旅游发展状况

区域发展现状主要以省级行政区为研究单元，由于港澳台地区数据缺失，因此选取全国除港澳台以外31个省份作为研究对象。数据来源主要为《中国文化文物和旅游统计年鉴》、《中国文化文物统计年鉴》、《中国文化文物统计年鉴》、《中国统计年鉴》、31个省份统计年鉴与统计公报，以及国家统计局等数据平台。

一、博物馆区域规模时空演变

（1）博物馆机构数量发展趋势

中华文明作为四大文明中唯一不曾间断的文明，历史与文化留存众多。根据《中国文化文物和旅游统计年鉴》数据，我国博物馆机构数量呈现稳步增长态势，不同省份发展速度存在差异。汇总整理1995—2019年我国31个省份博物馆机构数量变化情况（如附录1所示），为提升图表的可视化效果，将31个省份数据按照2019年博物馆存量排名划分为三组绘制图表。第一组（如图2-1a所示）为2019年博物馆数量达到200个以上的地区，包括山东、江苏、河南、浙江、陕西、四川、广东、甘肃、湖北、安徽10个省份，除湖北、广东外其余8个省份年均增长率皆高于全国平均水平，且除湖北省外其余9个省份的年增长率超过30%。第二组（如图2-1b所示）为2019年博物馆数量介于100至200个之间的地区，包括河北、山西、内蒙古、吉林、黑龙江、福建、江西、湖南、广西、重庆、云南11个省份，其中河北、内蒙古、吉林、黑龙江、重庆、云南的年均增长率高于全国平均水平。第三组（如图2-1c所示）为2019年博物馆数量小于100个的地区，包括北京、天津、辽宁、上海、海南、贵州、西藏、青海、宁夏、新疆10个省份，其中北京、天津、上海、贵州、宁夏、新疆年均增长率高于全国平均水平。各省份博物馆机构数量快速增长的时间大致出现于 2008、2012、2017 年。

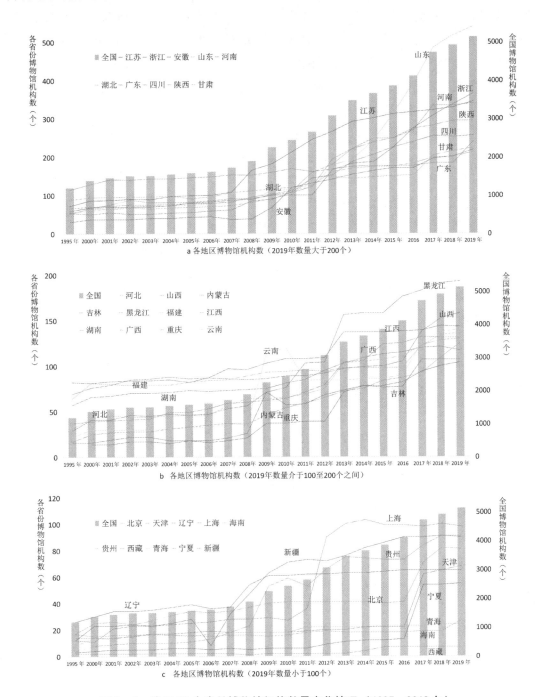

图 2－1　我国 31 个省份博物馆机构数量变化情况（1995—2019 年）

注：数据来源于《中国文化文物和旅游统计年鉴》（2019—2020）、《中国文化文物统计年鉴》（2001—2018）。

第一次快速增长阶段——2008年前后。此阶段以第三次文物普查工作以及博物馆免费开放为契机博物馆机构数量迅速提升。2008年江苏、辽宁、四川、河南、甘肃皆有显著增加，增长率分别为52.78%、45.95%、37.10%、15.85%、10.96%，2009年云南、吉林、贵州、安徽、重庆实现了飞速增长，增长率分别高达213.89%、173.08%、130.43%、78.95%、76.19%。拥有中国最早博物馆的江苏省，1995—2019年的年均增长率为6.76%，经过了2008年的迅猛发展，博物馆机构数量跃居全国第一且于2008年至2015年期间持续处在全国领先地位。

第二次快速增长阶段——2012年前后。此阶段随着党的十八大以来对文化建设的高度重视以及文化强国道路的提出，博物馆发展备受关注。2011年河南、四川、甘肃增长率均高于30%，分别为43.24%、42.16%、33.33%。作为中原文化核心地区的河南迎来了博物馆快速发展的阶段，2011—2014年河南省博物馆机构增长率皆超过10%。2012年浙江、陕西、山东、湖北增速明显，增长率分别达66.00%、59.02%、48.33%、28.80%。2013年重庆、黑龙江、河北、广西、江西增长率分别为82.05%、50.00%、37.33%、31.65%、25.69%。山东素有"文化大省"之称，博物馆机构数量从1995年的56家增加到2019年的541家，年均增长率为9.91%，其中2009年、2012年、2014年、2015年、2016年、2017年增长率均超过20%，2015年起超过其他省份位居全国首位。

第三次快速增长阶段——2017年前后。2016年山东、浙江、陕西分别实现了25.96%、22.77%、10.04%的快速发展。2017年发布的《国家文物事业发展"十三五"规划》也极大推动了博物馆的建设，宁夏、天津、北京、吉林、甘肃、山西分别实现了315.38%、181.82%、73.17%、38.96%、34.21%、31.43%的增长。广东省博物馆建设规模1995—2008年均居全国首位，近十多年来发展平缓，年均增长率为3.17%，2019年增长显著，增长率达30.98%。自2017年党的十九大提出高质量发展以来，我国博物馆建设增速有所减缓，基本呈现较为平稳的发展态势。

（2）博物馆覆盖率发展趋势

根据全国及31个省份2008—2019年博物馆机构数量与年末总人口，计算我国博物馆覆盖率（如表2-1所示）。纵观2008—2019年我国31个省份人口数量，基本处于较平稳的发展状态，31个省份人口年均增长率平均为0.62%，仅有广东省年均增长率超过2%，内蒙古、辽宁、吉林、黑龙江、安徽、甘肃六地人口出现小幅下降。2008—2019年31个省份博物馆的服务人群覆盖率不断优化，即不到20万人便可拥有一座博物馆。2011年起，甘肃省的博物馆覆盖率降至20万人/个以内，随后，陕西省自2012年、黑龙江省自2016年、宁夏回族自治区自2017年、浙江与山东两省自2018年、内蒙古自治区自2019年也陆续实现了20万人/个以内的博物馆覆盖率。山东、浙江的博物馆机构增长速度领跑全国（如图2-1a），因此在人口逐年增长（人口年均增长率分别为0.64%、1.85%）的同时依然实现了良好的博物馆覆盖率。甘肃、黑龙江、内蒙古在博物馆机构数量的增长以及人口数量微跌的双重促进下，加速了博物馆覆盖率的优化。我国博物馆综合覆盖率由 2008 年的 70.2 万人/个发展为 2019 年的 27.5 万人/个（如图 2-2），即每 27.5 万人拥有一座博物馆，与博物馆发达国家 10 万人/个左右的覆盖率还是存在一定的差距。在博物馆高质量发展的阶段，将原本"高速""快速"的发展速率适度减缓，立足优质化这一基本发展趋势，保持"中速""中高速"的发展，提升我国博物馆覆盖率的同时，坚持博物馆质量第一、"质"与"量"并重。

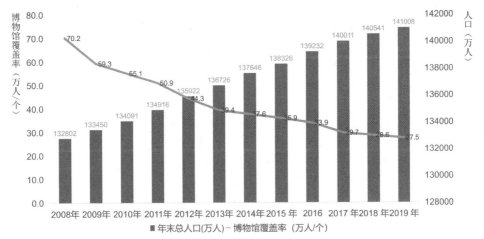

图 2-2 我国总人口与博物馆覆盖率发展趋势（2008—2019 年）

表 2-1 2008—2019 年我国博物馆覆盖率变化情况

单位：万人/个

地区	2008 年	2009 年	2010 年	2011 年	2012 年	2013 年	2014 年	2015 年	2016 年	2017 年	2018 年	2019 年
全国	70.2	59.3	55.1	50.9	44.3	39.4	37.6	35.9	33.9	29.7	28.6	27.5
北京	47.9	46.5	47.9	49.4	50.7	51.8	53.0	54.7	53.5	30.9	26.7	27.0
天津	65.3	68.2	72.2	70.6	68.9	70.5	65.0	65.4	65.6	22.7	21.3	20.4
河北	109.2	109.9	110.7	104.8	96.8	70.8	69.7	68.6	66.4	60.7	55.4	54.8
山西	40.1	39.8	40.2	40.0	38.6	36.4	35.6	35.2	33.5	25.4	23.0	22.1
内蒙古	67.9	53.4	45.8	41.9	37.9	34.1	32.7	29.0	28.0	26.2	22.2	19.3
辽宁	79.9	71.2	71.7	70.6	70.6	69.3	69.2	67.8	66.6	66.3	66.0	65.8
吉林	105.2	38.6	48.2	47.0	39.7	36.5	33.9	34.4	33.3	23.6	23.2	22.9
黑龙江	68.3	53.9	50.4	36.7	35.8	23.5	22.8	22.3	19.7	18.6	17.4	16.9
上海	76.5	76.2	85.3	65.4	26.7	24.5	24.0	24.8	24.9	25.2	24.8	25.3
江苏	47.0	42.9	36.9	32.7	30.5	28.1	27.5	26.7	26.4	26.2	25.7	24.5
浙江	58.6	52.8	54.5	55.7	34.2	31.6	31.5	26.7	22.1	20.0	18.6	17.4

（续表）

地区	2008年	2009年	2010年	2011年	2012年	2013年	2014年	2015年	2016年	2017年	2018年	2019年
安徽	161.4	90.2	49.6	45.6	42.4	38.9	36.6	35.2	35.3	30.9	30.2	27.8
福建	40.9	39.4	39.3	39.8	40.9	39.6	40.3	40.7	41.0	33.0	32.1	31.8
江西	45.8	43.0	41.3	41.4	41.1	32.7	32.7	32.7	32.6	32.5	31.3	31.6
山东	103.5	85.3	84.1	80.5	54.5	50.2	40.4	31.6	25.4	20.7	19.5	18.7
河南	99.3	92.1	84.7	59.5	53.0	43.1	38.9	39.1	36.2	29.4	29.5	29.1
湖北	51.5	49.3	47.7	46.1	35.9	34.1	33.4	33.4	32.2	29.7	29.6	27.8
湖南	86.2	85.4	81.1	77.4	69.4	64.1	60.7	58.5	57.6	55.3	54.8	56.8
广东	65.1	63.3	61.8	66.8	65.7	64.4	65.3	66.0	67.3	66.0	67.1	51.8
广西	80.3	78.3	72.0	65.6	59.4	45.5	45.0	38.8	38.9	37.7	37.8	38.0
海南	53.4	57.6	54.3	49.4	47.9	51.1	52.0	52.5	53.2	51.2	51.7	36.9
重庆	135.2	77.3	78.0	75.5	76.2	42.4	39.0	39.4	37.9	33.4	31.6	30.7
四川	95.7	92.0	74.5	56.0	53.2	43.1	39.5	36.4	34.5	32.5	33.0	32.6
贵州	156.3	66.7	59.0	66.6	54.3	48.4	49.7	50.8	51.5	45.3	42.0	42.3
云南	126.2	40.5	38.4	55.0	54.5	55.3	54.1	54.2	52.0	37.5	34.3	33.7
西藏	292.0	148.0	150.0	154.5	157.5	158.5	81.3	47.1	48.6	49.9	50.0	51.6
陕西	40.9	36.9	35.2	30.9	19.5	17.2	16.1	15.4	14.1	13.8	13.4	13.4
甘肃	31.5	28.1	25.1	17.6	17.1	17.7	17.2	16.8	16.6	12.4	11.7	11.2
青海	30.8	30.9	31.3	25.8	26.0	26.0	26.2	25.1	25.3	25.5	24.5	24.6
宁夏	123.6	104.2	105.5	108.0	73.2	60.5	56.5	57.0	53.5	13.1	13.1	13.0
新疆	45.3	34.3	30.8	30.5	31.3	30.1	28.4	27.7	27.0	27.6	27.7	28.4

注：数据来源于《中国文化文物和旅游统计年鉴》（2019—2020）、《中国文化文物统计年鉴》（2009—2018）、国家统计局网站年度数据。

（3）我国博物馆密度空间演变

为展示我国博物馆密度的空间格局及其演变，选择前文分析的博物馆机构数量增长率较快的三个年份——2008、2012、2019年各地区博物馆机构密度为指标数据（单位为个/万平方千米），依次绘制2008年、2012年以及2019年我国各地区的博物馆密度空间格局。如图2-3所示，我国东部地区博物馆机构密度明显高于西部地区，整体分布基本呈现从东南向西北逐渐减少的态势，且随着时间的推进区域间的差异逐渐扩大。2008年以来，上海市的博物馆机构密度一直稳居全国之首；2008年与2012年排名前五位的省份皆为上海、北京、江苏、天津、浙江；2019年天津市的博物馆机构密度跃居全国第二，山东省跻身前五行列，河南省、陕西省也有了明显提升。

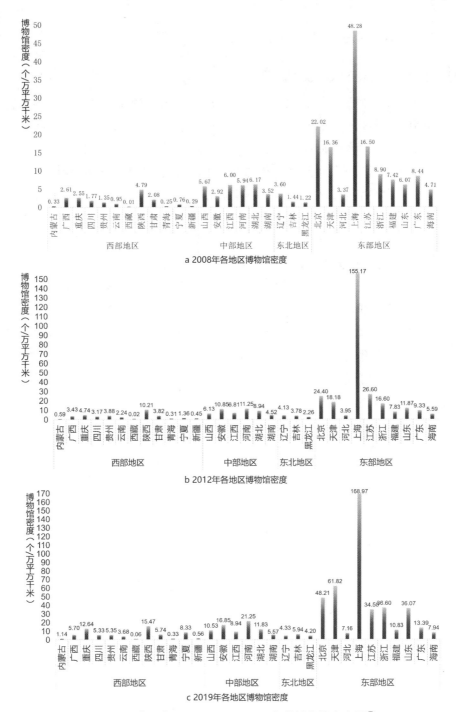

图 2-3　我国在 2008、2012、2019 年的博物馆密度图①

———————

①　根据国家统计局资料，我国东部、中部、西部和东北地区的具体划分为：东部地区包括北京、天津、河北、上海、江苏、浙江、福建、山东、广东和海南；中部地区包括山西、安徽、江西、河南、湖北和湖南；西部地区包括内蒙古、广西、重庆、四川、贵州、云南、西藏、陕西、甘肃、青海、宁夏和新疆；东北地区包括辽宁、吉林和黑龙江。

二、博物馆旅游人次时空演变

(1) 我国博物馆参观人次发展趋势

2008 年《关于全国博物馆、纪念馆免费开放的通知》的发布开启了我国博物馆免费开放时代，因此汇总整理《中国文化文物和旅游统计年鉴》中 2007—2019 年我国博物馆参观人次数据，分析博物馆旅游人次的发展趋势。统计数据显示，我国博物馆参观人次由 2007 年的 2.56 亿人次增加至 2019 年的 11.22 亿人次，年均增长率为 13.10% （如表 2 −2 所示）。文件发布后的 2009—2012 年间，我国博物馆参观人次的年增长率均保持在 15% 以上，2010 年达到这十二年间的最高值 24.34%，2012 年次之为 19.87%。2013—2019 年参观人次基本保持在 10% 左右的增长速度，其中 2017 年增速明显提升为 14.24%。自 2007 年国际博物馆协会将教育功能列于博物馆三大目的之首后，我国更加重视发挥博物馆对社会文化教育的促进作用，而青少年也成为我国博物馆旅游者的重要的组成，2007—2019 年间参观博物馆的未成年人次稳步提升，占参观总人次的比例每年皆超过 25%。计算我国博物馆参观人次与旅游总人数的比例，结果表明博物馆参观人次的占比情况呈波动上升趋势，2008 年占比超过 15%，自 2012 年以来基本维持在 20% 左右，可见博物馆旅游已成为一种重要的旅游类型，在促进区域旅游发展、提升人民精神文化生活中发挥着日益重要的作用。

表 2 −2　我国博物馆参观人次及在旅游总人次的占比情况

	博物馆参观人次（亿人次）	增长率	未成年人参观人次（亿人次）	未成年人参观人次占比	旅游总人次（亿人次）	博物馆参观人次在旅游总人次中的占比
2007 年	2.56		0.92	35.92%	17.42	14.71%
2008 年	2.83	10.55%	0.72	25.30%	18.42	15.38%
2009 年	3.27	15.49%	1.00	30.50%	20.28	16.13%
2010 年	4.07	24.34%	1.14	28.13%	22.37	18.19%
2011 年	4.71	15.66%	1.25	26.55%	27.76	16.95%
2012 年	5.64	19.87%	1.55	27.56%	30.89	18.26%
2013 年	6.38	13.08%	1.82	28.55%	33.91	18.81%
2014 年	7.18	12.54%	2.02	28.16%	37.39	19.19%
2015 年	7.81	8.83%	2.19	28.07%	41.24	18.94%
2016 年	8.51	8.90%	2.36	27.70%	45.73	18.60%
2017 年	9.72	14.24%	2.62	26.95%	51.40	18.90%
2018 年	10.44	7.44%	2.70	25.83%	51.40	20.31%
2019 年	11.22	7.49%	2.87	25.53%	56.80	19.76%

注：数据来源于《中国文化文物和旅游统计年鉴》（2019—2020）、《中国旅游统计年鉴》（2008—2018）、《中国文化文物统计年鉴》（2008—2018）。

　　将 31 个省份数据按照 2019 年博物馆参观人次排名划分为三组绘制图表。第一组（如图 2 - 4a 所示）为大于 4000 万人次的地区，包括江苏、浙江、福建、山东、河南、湖北、湖南、广东、四川、陕西 10 个省份；第二组（如图 2 - 4b 所示）为 2000 万—4000 万人次的地区，包括北京、河北、山西、辽宁、黑龙江、上海、安徽、江西、重庆、云南、甘肃 11 个省份；第三组（如图 2 - 4c 所示）为低于 2000 万人次的地区，包括天津、内蒙古、吉林、广西、海南、贵州、西藏、青海、宁夏、新疆 10 个省份。

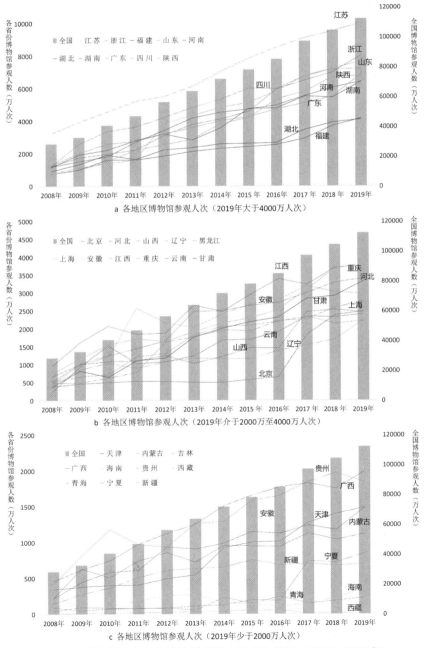

图 2 - 4　我国 31 个省份博物馆参观人次变化情况（2008—2019 年）

图 2 - 4 中显示的我国各地博物馆参观人次增长趋势与图 2 - 1 全国以及各省份博物馆机构数量增速高峰期（2009 年、2012 年、2017 年）基本一致，表明博物馆旅游资源的丰富程度与旅游人次有着较强的关联性，而国家相关的政策措施是它们的重要影响因素。2009 年，即博物馆实施免费开放后的第二年，云南、吉林、青海、甘肃、安徽、四川、内蒙古、辽宁 8 个省份的参观人次增长率超过了 100%，其中四川增长率为 113.91%，此后四川的博物馆参观人次连续八年居于全国第二位。2012 年山东、上海两地增长率高于 100%，山东博物馆参观人次从 2008 年的 774.5 万人次增加至 2019 年的 7858.29 万人次，年均增长率为 23.16%，2012 年伴随着博物馆机构数量的激增，山东博物馆参观人次增长率也高达 141.02%，自此进入全国三甲行列。2017 年党的十九大对文物保护利用的重视以及 2016 年开播的《我在故宫修文物》、2017 年开播的《国家宝藏》等节目，极大地提升了大众对博物馆的关注，2017 年北京博物馆参观人次增长率达 182.52%，宁夏达 295.05%。

计算我国各省份博物馆参观人次与旅游总人次的比例（如图 2 - 5 所示），占比排名前 15 的地区有宁夏、广东、江苏、浙江、黑龙江、陕西、四川、甘肃、山东、福建、北京、湖南、内蒙古、上海、河南，博物馆参观人次在旅游总人次的占比皆超过 7%。排名后 10 名的地区有河北、海南、安徽、辽宁、新疆、云南、山西、广西、贵州、西藏，占比皆低于 5%，还有较大的提升空间。

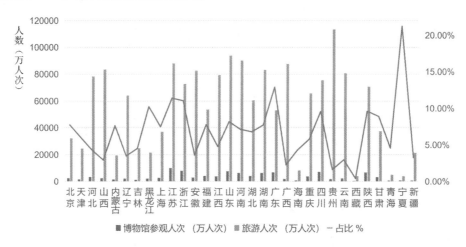

图 2 - 5　2019 年各地区博物馆参观人次在旅游总人次的占比情况

注：数据来源于《中国文化文物和旅游统计年鉴 2020》、31 个省份统计年鉴及统计公报。

（2）我国博物馆旅游人次空间演变

依次绘制 2008 年、2012 年以及 2019 年我国各地区的单位面积博物馆旅游人次空间分布图。对比分析图 2 - 6 与图 2 - 3 可知，我国单位面积博物馆旅游人次与博物馆机构密度空间分布及演变基本一致，亦呈现"东南高西北低"的状态。2008 年以来，上海市的单位面积博物馆旅游人次同样稳居第一，2008—2019 年间上海、北京、江苏、天津、浙江 5 个省份一直居于前五位，河南、广东、重庆 3 个省份一直位于前十位。增长较为明显的有：山东省由 2008 年的排名第 14 位提升至 2012 年和 2019 年的第 6 位，陕西省由 2008 年的第 16 位提升至 2019 年的第 10 位。

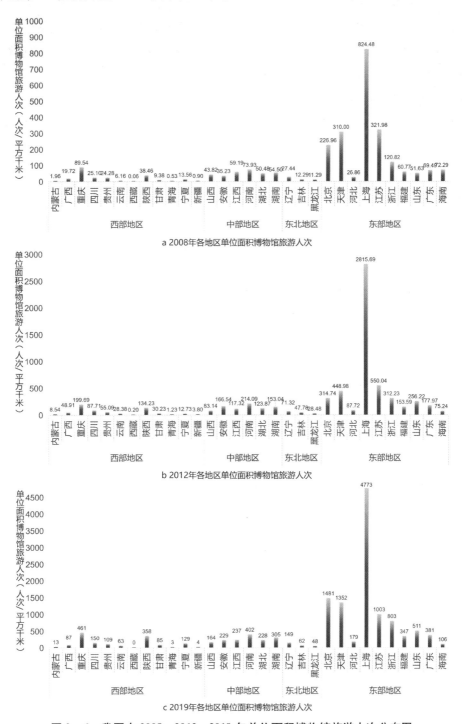

图 2-6　我国在 2008、2012、2019 年单位面积博物馆旅游人次分布图

三、博物馆数字媒体发展时空演变

（1）博物馆数字媒体发展时序变化

我们正处于数字经济时代，以互联网为核心的新兴技术已逐渐融入大众生活，改变着大众的生活方式与生活习惯，数字经济已成为各行各业发展都不能绕过的重要元素。2017年"数字经济"首次被写入政府工作报告，同年开始《中国文化文物统计年鉴》增加了有关博物馆举办网站、网站年访问量、举办微博与微信公众号等数字化信息的统计数据。按照不同机构类型以及系统类型统计2017—2019年我国博物馆数字化发展情况，如图2−7所示。①举办网站：2017年随着党的十九大的召开，文化自信的地位进一步提升，数字经济上升至国家战略高度，我国博物馆网站举办数量激增，特别是艺术类、非国有博物馆增速突出，2018—2019年增速较为平稳，综合类博物馆以及文物部门博物馆网站数量相对较多。②博物馆网站年访问量以及举办微信公众号与微博数量处于逐年递增的趋势，其中综合性、历史类博物馆以及文物部门博物馆占比较大。③我国博物馆微信公众号、微博关注人数以2018年增长最为显著。随着《国家宝藏》《上新了·故宫》等以博物馆为主题的综艺节目的开播，2018年也被认为是"古典文化综艺元年"，吸引了大批观众尤其是年轻观众的关注，而以中青年为主要用户群体的微信微博平台的关注量也出现了迅猛增加，综合类博物馆以及文物部门博物馆关注度较高。

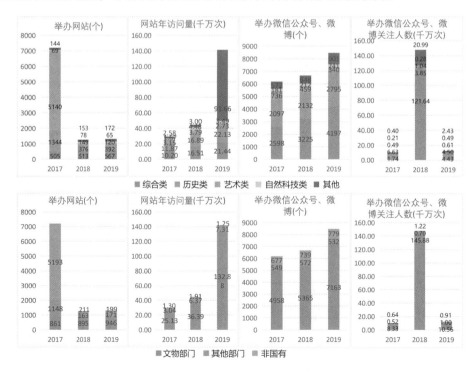

图2−7 我国博物馆数字化情况统计（2017—2019年）

（2）我国各地博物馆数字媒体发展空间分布

绘制 2019 年我国各地区博物馆举办网站，网站年访问量，以及举办微信公众号、微博数量，微信公众号、微博关注人数空间分布图。如图 2-8、图 2-9 所示，我国各地区博物馆数字化发展分布基本表现为东部与中部地区大、西部与东北地区小的特征，大致呈现东部、中部、西部、东北阶梯形分层发展格局。2019 年博物馆举办网站数量排名前十的地区是甘肃、江苏、山东、河南、广东、浙江、四川、陕西、福建、上海，数量最多的是甘肃、江苏，分别为 155、103 个。举办微信公众号、微博数量排名前十的是广东、四川、浙江、北京、陕西、甘肃、山东、上海、河北、内蒙古，位于前两位的广东与四川举办数量分别为 2354 个与 1523 个，分别是位于第三位的浙江省的 4.43 倍与 2.87 倍。博物馆网站年访问量排名前十的是北京、江苏、上海、广东、陕西、福建、河南、四川、安徽、浙江，微信公众号、微博关注人数排名前十的是北京、上海、四川、江苏、陕西、浙江、河北、河南、广东、江西。在以上两方面北京皆处于绝对领先地位，北京市的博物馆网站年访问量达 10.37 亿次，是居于第二位的江苏省的近 20 倍；微信公众号、微博关注 2328.59 万人，比第二位上海市多了 612.79 万人。

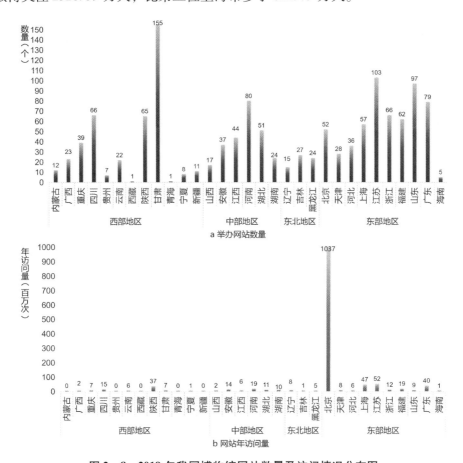

图 2-8　2019 年我国博物馆网站数量及访问情况分布图

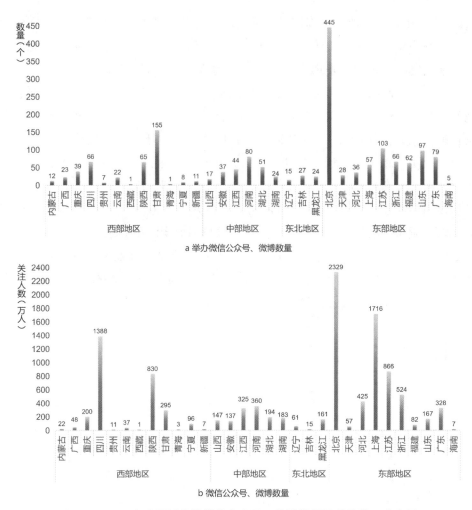

图 2 – 9　2019 年我国博物馆微信公众号、微博数量及关注情况分布图

第二节　微观视角下我国博物馆旅游发展状况

2020 年 12 月第四批国家级博物馆名单公布，至此国家一、二、三级博物馆数量分别为 204 家、455 家、565 家。本书选取旅游价值最高、最具代表性的 204 个国家一级博物馆为主要研究对象，分析我国单体博物馆旅游发展情况。中国博物馆协会分别于 2008、2012、2016、2020 年发布了四批国家级博物馆名单，一级博物馆数量分别为 83 家、17 家（新增）、34 家（新增）、74 家（新增），2013 年根据《国家一级博物馆运行评估规则》有 4 家博物馆评估不达标，退出国家一级博物馆行列。截至 2024 年 4 月共有国家一

级博物馆 204 家（如表 2-3 所示），分布于 31 个省份、101 个城市、163 个区县，包含文物系统国有博物馆、其他行业国有博物馆以及非国有博物馆，涉及历史、艺术、科学技术以及综合 4 种类型博物馆，还含有纪念馆、科技馆，能较好地体现我国各地各类单体博物馆的情况。

表 2-3 我国 31 个省份国家一级博物馆变化情况（截至 2024 年 4 月）

省份	第一批	第一批降级	第二批	第三批	第四批	合计	占比
北京	11	-1	2	2	4	18	8.82%
天津	3		0	0	1	4	1.96%
河北	2		0	1	0	3	1.47%
山西	3		0	0	3	6	2.94%
内蒙古	1		0	1	1	3	1.47%
辽宁	4	-1	0	2	1	6	2.94%
吉林	1		1	1	0	3	1.47%
黑龙江	3		1	1	1	6	2.94%
上海	3		1	1	2	7	3.43%
江苏	5		0	2	6	13	6.37%
浙江	1		3	2	7	13	6.37%
安徽	1		0	1	4	6	2.94%
福建	5	-1	0	1	0	5	2.45%
江西	4		0	1	6	11	5.39%
山东	4	-1	1	2	12	18	8.82%
河南	4		0	2	3	9	4.41%
湖北	3		0	2	4	9	4.41%
湖南	3		0	1	2	6	2.94%
广东	3		1	2	4	10	4.90%
广西	1		0	1	1	3	1.47%
海南	0		1	0	1	2	0.98%
重庆	1		1	1	2	5	2.45%
四川	5		2	1	4	12	5.88%
贵州	1		0	0	3	4	1.96%
云南	2		0	0	0	2	0.98%
西藏	1		0	0	0	1	0.49%
陕西	6		1	2	0	9	4.41%
甘肃	0		1	2	1	4	1.96%
青海	0		0	1	1	2	0.98%
宁夏	1		1	0	0	2	0.98%
新疆	1		0	1	0	2	0.98%
全国	83	-4	17	34	74	204	100%

一、单体博物馆区域与类型分布

（1）区域分布

根据《博物馆定级评估办法》（2020 年修订），国家一级博物馆是由国家文物局管理、中国博物馆协会负责，经定级评估确定的国家博物馆最高等级。截至 2024 年 4 月，我国一级博物馆各省份分布差异较大，数量超过 10 家的有北京、山东、江苏、浙江、四川、江西、广东 7 个省份，其中北京和山东并列第一，皆有 18 家，占比 8.82%；数量为 2 家及以下的省份有 6 个，分别为海南、云南、青海、宁夏、新疆、西藏，其中西藏仅有 1 家国家级博物馆，位列最末。据图 2 - 10 所示，我国公布的前四批名单中，第一批与第四批新增数量较多，第一批数量最多的省份为北京（11 家）与陕西（6 家），第四批新增最多的是山东（12 家）与浙江（7 家）。其中，山东省在第四批评级中表现亮眼，一级馆数量由 2008 年全国排名第六跃居至并列榜首；而陕西省自第一批评级后一级馆数量增速缓慢，由 2008 年的第二名滑落至 2020 年第八名。

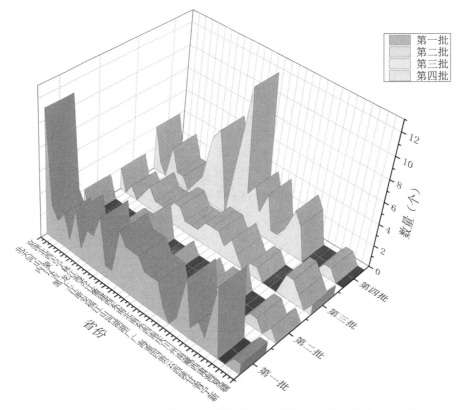

图 2 - 10　我国 31 个省份国家一级博物馆分布情况（截至 2024 年 4 月）

（2）类型分布

根据全国博物馆年度报告信息系统公布的数据，对国家一级博物馆题材类型、隶属层级、博物馆性质以及闭馆日等信息进行数理统计（如图 2－11 所示），我国 204 家一级博物馆，有 169 家实行免费开放，占比达 82.84%。从题材类型分布来看，历史文化类占比最多达 32.84%，其次为综合地志类与革命纪念类，分别占比 28.43%、15.69%，自然科技、考古遗址、艺术等类型相对较少。从隶属层级来看，近半数为地（市、州、盟）层级博物馆（47.55%），省（市、区）博物馆次之（36.27%），中央与县（区、旗）层级博物馆数量占比皆小于 10%。从博物馆性质看，主要为文物系统国有博物馆，占比高达 83.82%，其他行业国有博物馆占 15.20%，非国有博物馆仅有两家——西安大唐西市博物馆与四川省建川博物馆。从开放时间来看，74.02% 的一级博物馆有闭馆日，且绝大多数选择周一闭馆，共有 144 家，占有闭馆日博物馆的 95.36%，郑州博物馆、大庆市博物馆、西安博物院、成都武侯祠博物馆四家博物馆选择周二闭馆，中国丝绸博物馆与宁波市天一阁博物院选择周一上午闭馆半日，北京天文馆选择周一周二闭馆两日；无固定闭馆日的博物馆共有 53 家，占比 25.98%，其中非免费开放博物馆中无闭馆日比例更高，占其总量的 57.14%，免费开放的博物馆中有 19.53% 无固定闭馆日。

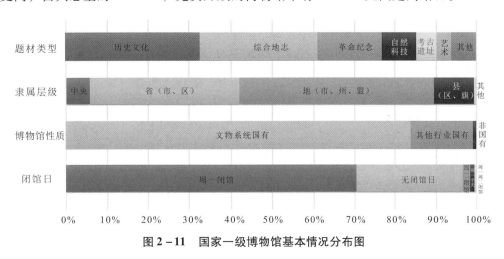

图 2－11 国家一级博物馆基本情况分布图

二、单体博物馆旅游发展状况

（1）旅游人次

博物馆是文化传播与传承的重要载体，近年来越来越多的人走进博物馆、走近藏品，了解历史、学习知识、寻根溯源，有助于树立正确的人生观、世界观与价值观，增强文化认同、坚定文化自信。根据全国博物馆年度报告信息系统 2020 年度数据，统计我国一级博物馆年度参观人次并排名（如图 2－12 所示）。我国国家一级博物馆旅游人次差异较大，分布基本呈"长尾"趋势，排名前 20% 的博物馆旅游人次占我国一级博物馆旅游总人次的 52.01%，即 204 个国家一级博物馆旅游总人次中超过半数的是由排名前 41 家博物馆贡献的。2020 年旅游人次排名前 12 名的博物馆为故宫博物院、秦始皇帝陵博物院、遵义会议纪念馆、重庆红岩革命历史博物馆、雨花台烈士纪念馆、东莞市鸦片战争博物馆、上海科技馆、成都武侯祠博物馆、中国国家博物馆、南京博物院、浙江自然博物院、陕西历史博物馆（如表 2-4 所示），该榜单中非免费博物馆有 4 家。北京市与陕西省历史文化资源丰富，分别有两家博物馆上榜。其中，故宫博物院以 3581378 人的年度观众总数位居榜首，秦始皇帝陵博物院紧随其后。另有 21 家博物馆年度观众总数不足 100000 人。

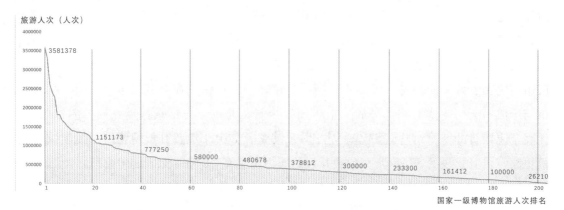

图 2-12　国家一级博物馆旅游人次分布

表 2-4　代表性国家一级博物馆旅游人次排名

序号	博物馆名称	省份	批次	性质	是否免费	年度观众总数（人）	全年开放天数（天）
1	故宫博物院	北京市	一	文物	否	3581378	232
2	秦始皇帝陵博物院（秦始皇兵马俑博物馆）	陕西省	二	文物	否	3303271	306
3	遵义会议纪念馆	贵州省	四	文物	是	2610000	365
4	重庆红岩革命历史博物馆	重庆市	四	文物	是	2398872	265
5	雨花台烈士纪念馆	江苏省	一	行业	是	2270000	245
6	东莞市鸦片战争博物馆	广东省	一	文物	是	1813553	309
7	上海科技馆	上海市	一	行业	否	1809418	274
8	成都武侯祠博物馆	四川省	一	文物	否	1659922	330
9	中国国家博物馆	北京市	一	文物	是	1601340	232
10	南京博物院	江苏省	四	文物	是	1515321	273
11	浙江自然博物院	浙江省	二	文物	是	1455298	313
12	陕西历史博物馆（陕西省文物交流中心）	陕西省	一	文物	是	1390000	265

注：数据来源于全国博物馆年度报告信息系统（2020）。

（2）社教活动

根据《博物馆信息公开指引》的释义，教育活动指博物馆策划举办的课程、讲座、研学活动、进校园活动等各类教育活动场次数。由绘制的我国一级博物馆社教活动排名曲线图（如图 2–13）可知，其分布的"长尾"趋势更加明显，两极分化情况突出，排名前 24% 的博物馆（49 家）社教活动数量占我国一级博物馆社教活动总数的 80.07%，该分布情况与管理学中的"二八法则"极为相似。2020 年社教活动数量排名前 12 名的博物馆为中国科学技术馆、上海科技馆、上海市龙华烈士纪念馆、上海中国航海博物馆、中共一大纪念馆、河南博物院、中国甲午战争博物院、上海博物馆、韶山毛泽东同志纪念馆、朱德同志故居纪念馆、浙江自然博物院、故宫博物院。其中，自然科技类与革命纪念类博物馆占比较大，可见这两类博物馆举办社教活动积极性更高、形式更多元。排名首位的中国科学技术馆社教活动高达 16829 次，占总数的 27.35%。

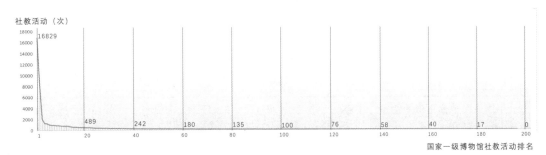

图 2–13　国家一级博物馆社教活动分布

表 2–5　代表性国家一级博物馆社教活动排名

序号	博物馆名称	省份	批次	性质	是否免费	社教活动场次（次）	教育空间面积（m²）
1	中国科学技术馆	北京市	一	行业	否	16829	1700
2	上海科技馆	陕西省	一	行业	否	8211	945
3	上海市龙华烈士纪念馆	贵州省	一	文物	是	1975	636
4	上海中国航海博物馆	重庆市	二	行业	是	1277	600
5	中共一大纪念馆	江苏省	四	文物	是	1220	3490
6	河南博物院	广东省	四	文物	是	987	1500
7	中国甲午战争博物院	上海市	二	文物	否	924	200
8	上海博物馆	四川省	一	文物	否	916	906
9	韶山毛泽东同志纪念馆	北京市	二	文物	是	855	1050
10	朱德同志故居纪念馆	江苏省	一	文物	是	851	320
11	浙江自然博物院	浙江省	二	文物	是	778	3200
12	故宫博物院	陕西省	一	文物	是	768	600

注：数据来源于全国博物馆年度报告信息系统（2020）。

（3）功能分区

博物馆内的功能空间通常包含展示区域、公共服务区域、教育区域、实验修复区域、库房等。根据《博物馆信息公开指引》：公共服务面积是指观众休息区、文创商店、餐饮服务区等区域；教育空间是指教室、报告厅、青少年活动室等区域。如表2-6所示，2020年馆舍建筑面积排名前12名博物馆为故宫博物院、中国国家博物馆、中国人民革命军事博物馆、郑州博物馆、侵华日军南京大屠杀遇难同胞纪念馆、中国农业博物馆、南京博物院、中国科学技术馆、中国煤炭博物馆、上海科技馆、辽宁省博物馆、秦始皇帝陵博物院。展示空间与公共服务空间通常为博物馆中的重点区域，但不同博物馆所侧重的功能分区有所差异，例如馆舍建筑面积排名第一的故宫博物院展厅面积更大，占比达78.70%，而中国农业博物馆更侧重公共服务，面积占比达73.60%，其展厅面积仅占7.94%。

表 2-6　部分国家一级博物馆馆舍面积排名

序号	博物馆名称	省份	是否免费	馆舍建筑面积（m²）	展厅面积占比	公共服务面积占比	教育空间占比	库房面积占比
1	故宫博物院	北京市	否	16829	78.70%	3.92%	0.26%	9.99%
2	中国国家博物馆	北京市	是	8211	30.39%	30.39%	0.09%	15.92%
3	中国人民革命军事博物馆	北京市	是	1975	42.54%	7.20%	1.44%	8.18%
4	郑州博物馆	河南省	是	1277	24.49%	51.02%	4.76%	17.01%
5	侵华日军南京大屠杀遇难同胞纪念馆	江苏省	是	1220	16.87%	0.39%	0.34%	1.43%
6	中国农业博物馆	北京市	是	987	7.94%	73.60%	0.17%	6.22%
7	南京博物院	江苏省	是	924	23.90%	14.71%	0.74%	14.71%
8	中国科学技术馆	北京市	否	916	39.11%	5.29%	1.66%	13.69%
9	中国煤炭博物馆	山西省	否	855	14.19%	14.19%	6.85%	2.35%
10	上海科技馆	上海市	否	851	27.93%	5.40%	0.94%	3.28%
11	辽宁省博物馆	辽宁省	是	778	24.00%	27.00%	3.00%	10.02%
12	秦始皇帝陵博物院（秦始皇兵马俑博物馆）	陕西省	否	768	51.00%	5.83%	4.24%	0.48%

注：数据来源于全国博物馆年度报告信息系统（2020）。

三、单体博物馆数字媒体发展状况

（1）博物馆官网国际排名

《博物馆定级评估办法》规定，国家一级博物馆需要"有专门网站，设计简洁大方，界面友好，互动性强，内容丰富，信息更新及时，支持两种（含）以上语言"。根据全国博物馆年度报告信息系统资料汇总国家一级博物馆网站信息，并通过 Alexa 网站查询各家博物馆网站的国际排名及网站链接数量，该数据反映了博物馆官网影响力水平。共查询到 60 家一级博物馆官网的国际排名及链接情况，表 2 – 7 为官网国际排名前十二位的博物馆，其中北京市数量最多，共有四家博物馆上榜。故宫博物院无论是国际排名还是网站链接皆处于明显的领先地位，作为明、清两代皇宫的故宫有着六百多年历史，其本身就是一件"文物"，它是世上现存规模最大、保存最完整的木结构古代宫殿建筑群①，故宫博物院也当之无愧在国家一级博物馆中具有最强的国际影响力。排名前十二的博物馆中包括故宫在内有三家非免费博物馆，同样有不错的表现，其中，三星堆博物馆继 2020 年 2 月邀请全体网友参加线上展馆开幕式后，其文物歌曲、动画频上热搜榜，2021 年 3 月三星堆遗址重启考古挖掘工作并全程在线直播，引全民围观，三星堆博物馆影响力日益提升。

表 2 – 7 部分国家一级博物馆官网国际排名情况

序号	博物馆名称	省份	批次	性质	是否免费	国际网站排名	网站链接数量（个）
1	故宫博物院	北京市	一	文物	否	34557	1101
2	中国国家博物馆	北京市	二	文物	是	157230	655
3	上海博物馆	上海市	一	文物	是	438532	465
4	河南博物院	河南省	一	文物	是	520122	166
5	北京自然博物馆	北京市	一	行业	是	704205	84
6	中央苏区（闽西）历史博物馆	福建省	三	文物	是	790905	224
7	中国人民革命军事博物馆	北京市	一	行业	是	820925	109
8	四川广汉三星堆博物馆	四川省	一	文物	否	1025267	54
9	山西博物院	山西省	一	文物	是	1100327	85
10	苏州博物馆	江苏省	一	文物	是	1150935	137
11	中国茶叶博物馆	浙江省	四	文物	是	1224971	62
12	青岛啤酒博物馆	山东省	四	行业	否	1292209	150

注：数据来源于 www.alexa.com，数据为 2022 年前三个月的平均趋势。

（2）博物馆新媒体平台运营

数字经济时代，博物馆传播推广的形式被不断重新定义，除官方网站外以微博、微信公众号、短视频平台等为主的新媒体类型成了传播推广的主阵地。全国博物馆年度报告信息系统资料显示，我国一级博物馆使用的新媒体平台主要包括微博、微信公众号、

① 单霁翔，毛颖. 从"故宫"到"故宫博物院"：单霁翔院长专访 [J]. 东南文化，2016 (5)：12 – 19，127 – 128.

抖音、快手、哔哩哔哩、喜马拉雅、知乎、绿洲、Twitter 及 Facebook 等（如表 2 - 8 所示）。其中，微博与微信公众号使用最多，均超过 160 家；其次，抖音、快手、哔哩哔哩等短视频平台也日益成为博物馆传播推广的主要渠道；音频分享平台喜马拉雅以及以知识分享为主的知乎也逐渐受到博物馆的关注。204 家一级博物馆中云南省博物馆新媒体使用类型最多，共涉及微博、微信、抖音、知乎、今日头条、大鱼号、绿洲、喜马拉雅、哔哩哔哩等 9 个平台；其次，天津博物馆、江西省博物馆、长江文明馆（武汉自然博物馆）、广东民间工艺博物馆、四川博物院、成都金沙遗址博物馆、陕西历史博物馆（陕西省文物交流中心）也使用超过 5 个新媒体平台进行传播推广；上海博物馆除使用国内新媒体平台外，还开通了 Twitter、Facebook 等国外新媒体平台账号，多渠道宣传推广博物馆，提升国际国内影响力。

表 2 - 8 国家一级博物馆主要新媒体平台使用情况

新媒体类型	数量	开设的博物馆
微博账号	166 家	故宫博物院、中国国家博物馆、北京自然博物馆、首都博物馆、中国人民抗日战争纪念馆、中国人民革命军事博物馆、文化和旅游部恭王府博物馆、中国电影博物馆、清华大学艺术博物馆、天津博物馆等
微信公众号	162 家	故宫博物院、中国国家博物馆、北京自然博物馆、中国地质博物馆、首都博物馆、中国人民抗日战争纪念馆、周口店北京人遗址博物馆、中国人民革命军事博物馆、文化和旅游部恭王府博物馆、中国印刷博物馆等
抖音账号	92 家	北京自然博物馆、天津博物馆、天津自然博物馆（北疆博物院）、平津战役纪念馆、河北博物院、山西博物院、中国煤炭博物馆、大同市博物馆、山西地质博物馆、鄂尔多斯博物馆等
快手账号	21 家	北京自然博物馆、天津博物馆、天津自然博物馆（北疆博物院）、山西博物院、鄂尔多斯博物馆、伪满皇宫博物院、江西省博物馆、武汉革命博物馆、长沙市博物馆、广东民间工艺博物馆等
哔哩哔哩账号	13 家	中国人民革命军事博物馆、上海博物馆、上海中国航海博物馆、中国丝绸博物馆、苏州博物馆、温州博物馆、江西省博物馆、山东博物馆、长江文明馆（武汉自然博物馆）、韶山毛泽东同志纪念馆、广东民间工艺博物馆、云南省博物馆、陕西历史博物馆
喜马拉雅	6 家	天津博物馆、福建博物院、青州市博物馆、济南市博物馆、广西壮族自治区博物馆、云南省博物馆
知乎账号	5 家	中国电影博物馆、长江文明馆（武汉自然博物馆）、四川博物院、成都金沙遗址博物馆、云南省博物馆
绿洲账号	4 家	天津博物馆、江西省博物馆、成都金沙遗址博物馆、云南省博物馆
Twitter、Facebook 账号	1 家	上海博物馆

注：数据来源于全国博物馆年度报告信息系统。

第三节　我国博物馆旅游发展问题与方向

一、我国博物馆旅游发展面临的问题

（1）需求侧角度博物馆旅游诉求与问题分析

感知是心理学的一个重要研究内容，即研究人们对外界环境的心理反应，本书通过研究网络游记分析旅游者在博物馆旅游过程中对环境的各种心理反应，进而分析其关注要点与诉求，从而基于需求侧角度分析我国博物馆旅游存在的问题。

①数据来源与研究方法

选取目前在我国旅行网站中用户数量最多的携程网作为样本来源网站，以"博物馆""博物院"为关键词在携程网的游记板块进行搜索，选取发布于 2018—2020 年的游记进行采集，采集内容包括游记正文、游记发布时间、旅游目的地、游玩天数、出行时间、同行人员等，共收集国内博物馆相关游记 1215 篇。秉承样本数据高质有效原则，首先对所采集的游记文本进行逐一阅读核查，剔除与博物馆旅游无关或仅提到博物馆名字的游记；进而删除每篇游记中与博物馆无关的其他记录内容仅保留对博物馆参观的描述，并选取其中字符数在 300 字以上的游记作为研究样本；最终获得有效网络游记 667 篇（平均字符数为 1157 字/篇），其中 2018—2020 年分别为 178 篇、303 篇、186 篇。从博物馆类型来看，游记中记录的历史类博物馆占比最多，达 58.62%，其后依次为文化艺术类、自然类、综合类。本书采用词频分析、社会网络分析、情感分析等文本挖掘方法，以博物馆旅游相关游记的文本内容为研究对象进行量化分析，从而获取旅游者对博物馆的感知与旅游需求等信息。选取 Python 的 TF-IDF 算法进行关键词提取与词频统计，使用 UCINET 对所得到的高频关键词进行社会网络分析，并选用 SnowNLP 工具库进行游记的情感分析。

②样本情况分析

对游记中博物馆所涉及的省份以及旅游者的游玩天数、出行时间、人均花费以及同行人员等信息进行梳理统计，结果如图 2-14 所示。从同行人员来看，与家人和朋友同游博物馆较为普遍，分别占比 44.85% 与 40.99%，其中与家人同游主要为夫妻同行或亲子游，分别占家人出行的 59.84% 与 31.97%。从出行时间看，博物馆旅游相关游记中各月份分布较为均匀，其中 8 月、10 月、9 月、5 月出行较多，分别占比 14.66%、12.41%、11.09%、10.71%，可见暑假以及十一、五一、中秋节假期都是博物馆旅游的高峰时间，室内的展馆受天气影响较小因此在严寒和酷暑时节受到旅游者的喜欢。从游玩天数看，行程在 1~3 天的占半数以上，达 55.87%，其中 1 天行程占比最多，为 24.91%，2~3 天占比 20.96%，可见博物馆的旅游者仍以本地居民与周边区域游客为主。此外，游记中多数旅游者只参观了一个博物馆；少数参观两个以上，大多也是因为博物馆距离较近，如东莞的古树博物馆、自然钱币博物馆；也有博物馆爱好者遍游某地所有博物馆，如"青岛博物馆深度游"的记录者一次性参观了青岛博物馆、啤酒博物馆、海军博物馆等众多博物馆。

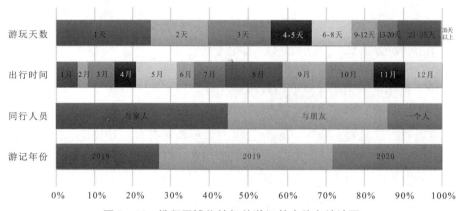

图2-14 携程网博物馆相关游记基本信息统计图

③内容分析

根据词频统计结果（如图2-15所示），2018—2020年博物馆相关网络游记中高频词汇前十位依次为：博物馆、文化、历史、中国、文物、展示、展厅、建筑、参观、陈列。可见博物馆中藏品所承载的历史文化渊源、展示内容、陈列方式等是旅游者的关注焦点。进而对2018—2020年游记分别进行词频统计并对比，分析旅游者对博物馆的关注要素随时间推移的变化情况。结果显示，"展示""体验"等关键词的频次逐年增加，反映了旅游者对博物馆展示手段以及体验活动设置的诉求。2020年"艺术""遗址""生活""时代"等关键词迅速上升，可见疫情后大众在博物馆旅游过程中更注重在对比古今生活的基础上反思当下生活以及对所处时代的重新审视。

图2-15 携程网博物馆相关游记高频词云图

在社会网络分析方面，为更好地了解高频词之间的内在联系，根据分词结果构建邻接矩阵，使用 VOSviewer 软件绘制高频词汇共现网络图。如图 2－16 所示，"博物馆""历史""文化""中国""文物"等词汇的圆圈最大即代表其频次最高，与图 2－15 词云图显示结果相一致。将高频词汇邻接矩阵导入 UCINET 之中进行凝聚子群分析得到八个凝聚子群，结合 VOSviewer 软件中的聚类结果，将高频关键词进行归类整理，得到博物馆馆藏展品、设施设备、展示方式、服务信息、所在区域以及思考与收获等六类主题（如表 2－9 所示）。

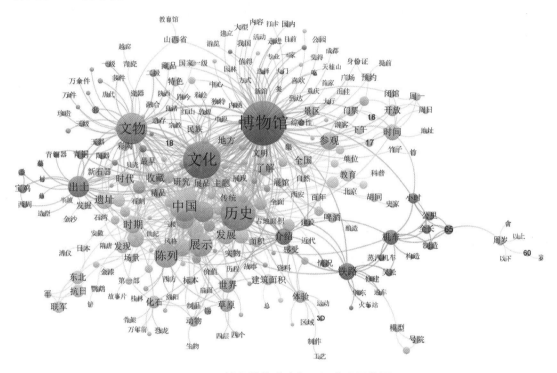

图 2－16　博物馆旅游高频词汇共现网络图

表 2－9　博物馆旅游网络游记文本内容分析统计表

主题		关键词（频次）	总频次	占比
馆藏展品	历史展品 12.55%	文物（1172）、青铜（394）、收藏（284）、馆藏（217）、陶瓷（213）、瓷器（211）、藏品（201）、镇馆之宝（197）、精品（192）、作品（173）、模型（164）、石刻（144）、实物（133）、兵马俑（130）、俑（128）、雕刻（128）、书画（126）、铜（123）、壶（119）、资料（113）、陶器（111）、玉器（107）		
	自然与文化展品 4.38%	自然（252）、化石（243）、标本（167）、电影（142）、动物（134）、胡同（133）、雕塑（132）、恐龙（127）、金砖（114）、铁路（112）、生命（111）		

（续表）

主题		关键词（频次）	总频次	占比
馆藏展品	展品外观 2.81%	造型（196）、厘米（147）、纹（137）、装饰（127）、独特（123）、彩绘（116）、风格（113）、图案（109）	17416	45.74%
	展示年代 6.95%	古代（580）、时期（500）、时代（330）、现代（178）、年代（175）、明代（162）、明（142）、唐代（140）、清代（132）、近代（108）、汉代（103）、新石器（97）		
	展示内容 19.05%	文化（1494）、历史（1484）、艺术（512）、遗址（410）、生活（349）、特色（252）、传统（218）、民族（216）、工艺（199）、文明（196）、考古（181）、生产（158）、墓（151）、价值（149）、社会（141）、技术（136）、人类（129）、知识（122）、经济（120）、佛教（111）、人物（107）、人民（107）、形象（105）、文字（105）、民间（102）		
设施设备		博物馆（3081）、展厅（762）、建筑（704）、平方米（440）、展馆（318）、设计（208）、中心（192）、面积（191）、新馆（148）、建筑面积（147）、展柜（131）、规模（127）、大厅（114）、基地（111）、博物院（108）、成立（108）、建设（107）	6997	18.37%
展示方式		展示（778）、陈列（636）、展览（494）、体验（318）、主题（236）、制作（231）、故事（220）、场景（207）、专题（143）、互动（136）、方式（132）、活动（120）、区域（112）、科技（77）、3D（29）、运动（26）	3895	10.23%
服务信息		参观（670）、时间（494）、介绍（360）、讲解（312）、游客（290）、景区（256）、开放（235）、门票（202）、免费（202）、下午（180）、广场（137）、公园（125）、游览（119）、吃（110）、闭馆（92）、周一（70）、周日（57）	3911	10.27%
所在区域		中国（1280）、世界（447）、上海（331）、北京（176）、景德镇（146）、东北（126）、宁波（110）、青岛（102）、敦煌（98）、江南（98）、西安（97）、苏州（96）	3107	8.16%
思考与收获		丰富（278）、感觉（250）、感受（250）、精美（201）、著名（181）、喜欢（180）、旅游（172）、唯一（164）、教育（154）、珍贵（149）、今天（134）、代表（125）、孩子（110）、记忆（109）、值得（104）、精致（100）、生动（93）	2754	7.23%

　　根据统计结果可知，"馆藏展品"相关词汇总频次占比达45.74%，远高于其余五类主题词汇，表明博物馆馆内藏品是旅游者最为关注和重视的要素，将馆藏展品相关词汇进一步归类整理又可大致分为历史展品、自然与文化展品、展品外观、展示年代以及展示内容五类次主题，其中展品所蕴含的内容是最为吸引旅游者的部分，占比达19.05%。

"设施设备"相关词汇总频次占比居于第二，博物馆建筑、规模、设计、展厅等都为旅游者关心的内容，例如作为世界建筑设计大师贝聿铭先生封笔之作的苏州博物馆就以其独具匠心的建筑风格吸引了众多旅游者来此鉴赏参观。博物馆的"展示方式"也是旅游者较为关注的内容，博物馆中的体验与互动项目最受旅游者的喜爱，诸多旅游者期待通过互动与体验活动领略馆藏展品所蕴含的文化与故事，例如中国铁道博物馆旅游者提到希望博物馆建造一个"互动的火车主题公园"，使旅游者可以在其中"体验各类铁路岗位的工作"，可见通过互动活动沉浸式体验是新时代博物馆旅游者的新需求。在博物馆的"服务信息"方面，旅游者主要关注博物馆的开放时间、讲解服务、门票信息、餐饮设施、预约方式等。此外，旅游者提及较多的词汇还有博物馆的"所在区域"以及参观博物馆之后的"思考与收获"，游记中诸多旅游者在游览博物馆之后表达了对祖国、对历史、对文化的骄傲与自豪之情。博物馆馆藏展品是以实物为载体的文化印记，博物馆旅游增强了民众的文化自信与文化认同，让人们停下忙碌的脚步认真审视我们当下成长与生活的环境。

在情感分析方面，通过分析旅游者在游览博物馆过程中所产生的积极或消极情感，从而研究影响博物馆旅游者满意度的主要因素。运用 SnowNLP 工具库对网络游记文本逐篇进行情感分析，获得取值在 $0 \sim 1$ 之间的情感得分，得分越高所表现出的情感越积极。由分析结果可知，667 篇网络游记情感分析结果非常高，平均值达 0.965，且展示解说精彩、有互动体验活动的博物馆普遍情感得分高，可见游记中表达的多为对博物馆的溢美之词。据游记中的描述，体验感较好的有鼓浪屿贝壳博物馆的"以海洋和贝壳为主题的洞穴式探险乐园"、正佳自然科学博物馆的"AR、声光电视觉体感及 3D 场景互动等高科技展示手段与珍品化石原件相结合"等。从情感分析结果可以看出，影响博物馆旅游者情绪的关键因素主要包括：展品诠释方式、现场服务与信息发布、博物馆设施设备等，与高频词汇主题统计结果相吻合。

④基于需求侧的博物馆旅游问题分析

根据网络游记中旅游者对博物馆的感知情况以及情感分析结果，从需求侧视角出发，我国博物馆旅游存在的问题主要体现在展品诠释方式、服务质量、设施设备等方面。首先，在展品诠释方式方面，由表 2-9 博物馆旅游高频词汇主题统计可知，博物馆馆藏展品及其展示方式是旅游者较为关注的内容，相关词汇词频合计占比 55.97%。而根据网络游记中的表述，不少旅游者是由于路过或临时起意前往参观，表明目前博物馆宣传还存在较大的提升空间，未对旅游者形成强有力的吸引力；且游览形式较单一，未能将馆藏展品故事讲透，导致部分游客仅为走马观花式的"打卡"之旅，未能深刻感受展品内涵以及其中蕴藏的历史与文化。因此，博物馆应考虑创新展品展出与解说形式、举办相关主题活动等，真正发挥博物馆的文化价值使旅游者不虚此行，通过博物馆了解当地的历史与文化。其次，在服务质量方面，"未提前通知临时闭馆维修无法参观""一些博物馆午休时间较长"等问题增加了旅游者的等待时间从而产生了负面情绪。最后，在设施设备方面，"排队时间长""人流拥挤""没有餐厅"等问题也是导致旅游者产生消极情感倾向的重要因素。

（2）供给侧角度博物馆旅游问题分析

在知网北大核心与 CSSCI 数据库中，以"博物馆 and 问题"为主题词进行搜索，共有 570 篇相关文献，最早的文献发表年份是 1992 年，但其中大多是以博物馆内藏品为研究对象进行的问题分析。通过标题初筛有 101 篇着眼于博物馆旅游相关问题研究，继而根据全文信息再次筛选，最终选取 54 篇关联度最高的文献作为研究对象，并借助 NVivo11.0 软件展开质性研究。

①开放式编码：使用 NVivo11.0 质性分析软件基于扎根理论的归纳程序，对 54 篇有关博物馆旅游问题的核心期刊文献进行逐字编码，得到博物馆旅游问题的直接组成，完成开放式编码的加工过程，共有 97 个三级节点。

②轴心式编码：将 97 个三级节点进一步归纳整合，得到博物馆旅游问题的中间层，共有 28 个二级节点，即轴心式编码过程。

③选择式编码：在博物馆旅游问题轴心式编码的基础上继续归纳提炼，将 28 个二级节点归纳整合为 9 个一级节点，即区域发展不平衡、支持与合作不足、知识产权问题、专业人才问题、技术应用问题、教育与传播问题、内容创新问题、市场定位问题、运行管理问题，位于最顶层的一级节点即是对博物馆旅游问题的质性分析结果。综上，通过对 54 篇核心文献的信息提取与编码，构建了博物馆旅游问题的各级节点结构表（如表 2-10）。

表 2-10 博物馆旅游发展问题节点结构表

一级节点	参考点	二级节点	参考点	三级节点
1 区域发展不平衡	6	1.1 发展不均衡	5	发展不均衡（3）、数字资源建设发展不均衡、文创产业发展不均衡
		1.2 缺乏全国总体布局	1	缺乏全国总体布局
2 支持与合作不足	23	2.1 交流合作问题	9	产业缺乏多元化市场投资、馆际交流不够、社会参与问题（7）
		2.2 政策支持问题	14	管理机构重叠（2）、缺乏统一规范（2）、管理体制问题（4）、激励机制问题（2）、政策立法缺失、支持力度不够（2）、效能低下
3 知识产权问题	10	3.1 文创产品知识产权	5	共享平台、联合开发确权、商标权和著作权、域名被抢注、授权和评估
		3.2 数字资源知识产权	3	数字化过程中知识产权、数字资源版权、著作权
		3.3 其他法律问题	2	再创作侵权、非国有博物馆法律问题

（续表）

一级节点	参考点	二级节点	参考点	三级节点
4 专业人才问题	9	4.1 策展人才缺失	2	专业策展人员、活动策划人员
		4.2 技术应用人才缺失	2	数字资源建设人才、整合人才
		4.3 文创人才缺失	2	文创人才缺乏（2）
		4.4 专业复合型人才缺失	3	专业复合型人才缺失（3）
5 技术应用问题	24	5.1 技术利用程度不足	5	利用不足（2）、缺乏信息数据库、数字资源建设范围窄、信息公开共享不足
		5.2 技术与设备问题	6	技术问题（4）、设备问题（2）
		5.3 交互问题	4	互动不足（2）、交互体验差、交互效果差
		5.4 应用效果问题	9	形式单一（6）、真实感差、美感欠佳、过度娱乐化
6 教育与传播问题	25	6.1 博物馆教育问题	12	相关教育活动薄弱不足（6）、反馈不足、馆外资源利用缺乏、馆校结合不够深入（2）、需求未被充分满足、研究成果共享脱节
		6.2 博物馆文创问题	8	平台单一（2）、购物环境不理想、质量不佳、缺乏合作、研发不够（2）、商品化程度不高
		6.3 传播宣传问题	5	传播力度不足（2）、媒体宣传不足（2）、营销理解片面
7 内容创新问题	35	7.1 藏品利用不均衡	3	藏品利用不均衡、利用面窄、传播利用方式无突破
		7.2 开发能力与创新意识不足	9	创新意识不足（3）、观念陈旧、经营理念落后（2）、开发与保护对立（2）、内涵重视不足
		7.3 内容同质化	10	商品同质化（4）、缺乏特色（3）、节目同质化、活动内容单一、旅游开发模式单一
		7.4 展品阐释问题	9	展示手段单一（3）、展览吸引力不强（3）、讲解形式单调、缺乏互动、展览阐释不够
		7.5 主题提炼不够	4	主题提炼不够、IP内容选择问题、与博物馆主题不符、资源转化脱离文博范畴
8 市场定位问题	9	8.1 观众研究不足	4	对观众研究不足（2）、目标观众不清晰、市场认知度不够
		8.2 定位不准确	5	定位不准、覆盖人群单一、不符合市场化要求、与观众需求脱节（2）
9 运行管理问题	17	9.1 管理制度问题	6	管理体制、运行方式、事后总结评估缺失、组织协调问题、人员安排问题、文物安全
		9.2 配套设施与服务问题	6	服务水平问题（4）、配套设施滞后（2）
		9.3 资金短缺问题	5	资金不足（4）、成本增加

注：三级节点括号中为参考点数量，无括号即参考点为1。

（3）我国博物馆旅游高质量发展面临的问题

博物馆旅游高质量发展需要厘清与破解制约其质量提升的问题与困境，从"馆舍天地"走向"大千世界"，从不平衡不充分转向协调发展。① 本书通过梳理旅游者游记与核心文献，分别对相关内容进行文本分析，将我国博物馆旅游存在的问题，即表 2 - 10 中显示的 9 类问题归纳为博物馆行业发展问题以及博物馆自身发展问题两大类（结构关系如图 2 - 17 所示）。立足中宏观视角的博物馆行业发展的问题主要包括区域发展不平衡、支持与合作不足、知识产权问题、专业人才问题四个方面；立足微观视角的博物馆自身发展的问题主要包括技术应用问题、教育与传播问题、内容创新问题、市场定位问题、运行管理问题五个方面。

①博物馆行业发展问题

a. 区域发展不平衡

根据博物馆旅游问题质性分析结果可知，我国博物馆旅游存在发展不平衡的问题。从宏观视角看存在发展水平良莠不齐②、发展不平衡③、布局不合理④等问题，该结论与本书博物馆旅游现状分析结果相吻合。我国博物馆分布密度以及旅游人次基本呈"东南高西北低"的分布态势，各地区由于发展观念、资源禀赋、经济基础等方面差异，博物馆旅游发展基础与发展速度差别明显，发展水平参差不齐，主要体现于全国不同区域博物馆之间、城乡博物馆之间、国有与非国有博物馆之间的发展不平衡，表现在展示手段、设施与服务、活动组织、文创发展、智慧化发展⑤等多方面的显著差异。

b. 支持与合作不足

目前我国博物馆旅游政策支持与规范不足，交流合作不充分。在政策支持与规范方面，管理机构体制僵化活力不足、全局意识欠缺、相关配套政策不完善、标准与规范缺乏统一、激励机制不足且难以落实⑥等问题突出。在交流与合作方面，馆际交流不够⑦、行业融合与社会参与不足⑧。一方面，各地博物馆发展多呈现"单打独斗、各自为战"的状态，合作联动效应不足，未依托同源文化、同类藏品或共同背景等形成有效的区域联动发展。另一方面，由于机制不成熟、认知观念局限、参与能力薄弱等原因，博物馆旅游社会参与度不高。总体来看，馆际之间交流合作欠缺、博物馆与相关行业之间交流合作存在短板，未立足实践构建起切实可行的合作网络。

① 魏峻. 中国博物馆的发展新导向 [J]. 东南文化，2019（2）：107 - 112.

② 李耀申，李晨. 博物馆改革发展焦点问题及对策建议 [J]. 东南文化，2020（4）：133 - 138，190 - 192.

③ 郑奕. 长三角博物馆协同发展机制研究 [J]. 东南文化，2022（2）：6 - 14，191 - 192.

④ 何晓雷. 博物馆文化创意产品开发的特征、问题及对策 [J]. 学习与实践，2016（12）：128 - 133.

⑤ 王春法. 智慧博物馆建设中的机遇和挑战 [J]. 中国国家博物馆刊，2019（1）：6 - 9.

⑥ 刘栋. 博物馆文创产品开发经营体制机制问题研究 [J]. 中国博物馆，2020（3）：57 - 62.

⑦ 刘容. 抱团、跨界与融合：博物馆文创联盟的当下与未来 [J]. 东南文化，2021（6）：157 - 163.

⑧ 张伟明. 社会力量参与文物保护的现状、问题与长效机制研究 [J]. 东南文化，2020（2）：21 - 26.

c. 知识产权问题

博物馆旅游知识产权问题主要涉及文创产品、数字资源①的知识产权问题以及非国有博物馆法律保护②等其他法律问题。全民创作的时代，有助于博物馆所蕴含文化的传播与推广，但也滋生了侵犯著作权③、商标权以及知识产权确权不明晰④等知识产权纠纷行为，应及时普及知识产权等法律知识，使创作者把控好创作边界。此外，著作权侵权问题也是在博物馆数字资源的建设和整合过程中亟待解决的难题。

d. 专业人才问题

由博物馆旅游问题质性分析结果可知，我国博物馆旅游人才问题主要体现在策展⑤、文创、技术应用以及复合型人才的匮乏。首先，在策展人才方面，博物馆旅游高质量发展需要以高品质的主题展览以及配套活动为根本支撑，它们是传播博物馆藏品知识、展示博物馆承载文化的重要载体，而现阶段专业策展人才⑥以及活动策划人才的缺失与不足不利于博物馆旅游高质量发展。其次，在技术应用人才方面，数字经济时代高新技术快速发展并广泛影响着人们的生产生活，博物馆旅游高质量发展离不开技术的支撑。目前国内外博物馆数字资源建设与整合等工作皆在快速推进，而此类人才的缺乏制约了博物馆旅游的升级与发展。最后，在文创人才方面，文创产品在博物馆创收以及传播推广方面发挥着重要的作用，而文创设计与开发人才的匮乏迟滞了其发展步伐。

②博物馆自身发展问题

a. 内容创新问题

根据博物馆旅游问题质性分析结果，有关内容创新问题最为集中，参考点共有35个，主要包括藏品利用不均衡、开发能力与创新意识不足、内容同质化与主题提炼不够以及展品阐释等问题。在藏品利用方面，存在利用不均衡、传播利用方式无重大突破⑦的问题；在开发能力与创新意识方面，开发理念与创新意识不足、文创开发体制机制存在问题；在内容设计方面，博物馆旅游产品缺乏特色⑧、同质化现象严重，如博物馆纪念品方面，多地博物馆商店中的商品大多雷同，多为书籍、卡片以及文物复制品等；在

① 韦景竹，李秋月. 公共文化机构数字资源建设版权管理策略研究：以广州市的图书馆、博物馆和文化馆为例［J］. 图书馆论坛，2015，35（11）：19－26.

② 刘勇. 非国有博物馆的法律保护：现状、困境与出路［J］. 中国博物馆，2019（3）：119－124.

③ 刘鑫. 博物馆藏品再创作的著作权问题探析［J］. 中国版权，2016（3）：51－54.

④ 吕昌霖，庄松燕. 博物馆文创产品开发中的知识产权保护研究：以中山舰博物馆为例［J］. 中国博物馆，2018（1）：22－28.

⑤ 陈理娟，何川. 浅谈博物馆教育活动的地域文化彰显：以秦始皇帝陵博物院为例［J］. 文博，2018（4）：105－110.

⑥ 彭文. 中国语境下的"策展人"［J］. 故宫博物院院刊，2021（5）：14－19，107.

⑦ 陆建松. 加强"四位一体"的博物馆传播利用体系建设［J］. 东南文化，2022（3）：6－12，191－192.

⑧ 刘辉，朱晓云，李峰，等. "文旅融合下博物馆文创的探索与实践"学人笔谈［J］. 东南文化，2021（6）：135－149，190－192.

展品阐释方面，展示手段效用不足、阐释不够充分①，导致吸引力不足、传播目的无法实现。

b. 教育与传播问题

博物馆的社会教育功能推动了经典文化在现代社会中的传播与传承，而目前我国诸多博物馆未能很好地发挥其教育与传播的功能，在博物馆教育、文创以及传播渠道方面存在短板。从博物馆教育的问题来看，目前馆校结合还不够深入、研究成果共享脱节，馆外资源利用缺乏，教育相关活动较为薄弱②，互动体验活动匮乏、品质不高且反馈不足。从博物馆文创的问题来看，主要表现为文创产品设计与研发不足、购物环境不理想、宣传平台单一等。从博物馆传播渠道来看，主要包括传播渠道选择不恰当、传播力度不足③等问题。

c. 技术应用问题

目前我国博物馆界重视技术应用，在博物馆旅游发展中积极拥抱先进技术，但信息化、现代化程度还不够完善，内容缺乏创意、交互体验差、与博物馆主题不符、设计粗糙真实感差、技术与设备问题、能源浪费、设备闲置率高与故障④等一系列问题凸显。且各地博物馆出现的问题也多有不同，部分博物馆高新技术利用不足，服务方式未能适应数字时代需求，标准体系缺乏且投入不足，信息公开共享平台不完善⑤；而部分博物馆出现过度或未适当使用高新技术的问题，在实际操作中存在"技术主义"，未能认识到技术仅为内容呈现的辅助手段，而文化、知识等内容才是内核。

d. 市场定位问题

在市场定位方面主要存在两方面问题：一方面是我国博物馆旅游对观众研究不足，另一方面是自身定位不准确。市场定位需要建立在对目标观众深入了解以及详细分析的基础之上，而目前我国博物馆旅游未充分重视对观众的调查与研究，定位不准确⑥、市场认知度不够、覆盖人群单一等问题，导致所设计与提供的产品和服务与观众需求脱节⑦，不利于博物馆旅游持续发展。

---

① 周婧景，林咏能. 国际比较视野下中国博物馆观众研究的若干问题：基于文献分析与实证调研的三角互证 [J]. 东南文化，2020（1）：169－180，190，192.

② 季晨，周裕兴. 馆校合作与我国农村博物馆发展 [J]. 学术探索，2017（4）：121－125.

③ 高卫华，梁春晴. 新媒体时代土家族文化数字化传承问题管窥：以湖北省恩施州巴东县为例 [J]. 新闻爱好者，2016（2）：51－54.

④ 孙芮英. 博物馆虚拟现实技术应用问题的研究 [J]. 东南文化，2017（S1）：93－96.

⑤ 曹兵武. 生态文明视角下历史文物在现代社会的再脉络化：兼论符合国情的文物保护利用之路的有关问题 [J]. 东南文化，2020（3）：13－22，189，191.

⑥ 龚良. 从社会教育到社会服务：南京博物院提升公共服务的实践与启示 [J]. 东南文化，2017（3）：107－112，127－128.

⑦ 庞雅妮. 以策展人制度的实施推进博物馆的可持续发展：以陕西历史博物馆为例 [J]. 文博，2018（5）：103－112.

e. 运行管理问题

在博物馆运行管理方面的问题主要包括管理制度、配套设施与服务以及资金短缺[1]等。首先，在管理制度方面，主要表现为组织协同、人员配置[2]、安全管理、评估总结等制度不完善不健全。其次，博物馆旅游的配套设施与服务质量有待提升[3]，在增强博物馆吸引力的同时要提高接待能力，快速增加的客流量为博物馆旅游带来积极效应的同时也造成了"人满为患"的巨大接待压力，极大降低了旅游者的参观体验，如何均衡博物馆旅游淡旺季"旱涝不均"的问题，需要不断思考与探索。此外，目前我国博物馆旅游还存在资金不足、成本增加等问题。

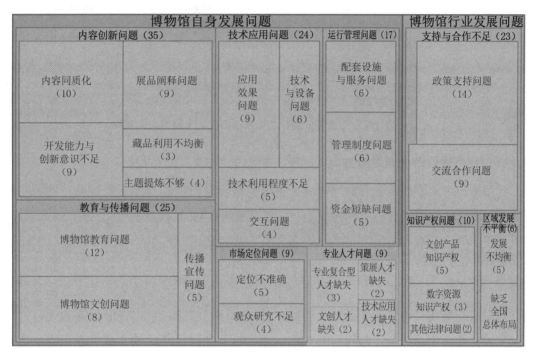

图 2-17　博物馆旅游发展问题结构模型图

二、我国博物馆旅游高质量发展方向

综上所述，我国博物馆行业发展以及自身发展存在的问题制约了其发展的进程，为推进我国博物馆旅游高质量发展，应立足现实情况、破除障碍、追溯根源。通过对现阶段问题的梳理与归纳，发现基于新发展理念五个方面的高质量发展是破解我国博物馆旅游发展瓶颈、补齐发展短板的有效方式，以此分析我国博物馆旅游高质量发展方向（如

①　刘容．免费开放博物馆文创产品开发的现状与观念困扰［J］．东南文化，2019（5）：115-120，127-128.
②　黄洋，廖一洁．国内博物馆夜间开放的实践、问题及思考［J］．东南文化，2017（1）：121-126.
③　郑奕．博物馆强化"观众服务"能力的路径探析［J］．行政管理改革，2021（5）：54-63.

图 2 – 18 所示），并作为后续博物馆旅游高质量发展评价指标体系建立的基础与依据。

图 2 – 18　博物馆旅游发展存在问题与高质量发展方向关系图

（1）博物馆旅游创新发展方向

我国博物馆旅游高质量发展是以满足美好生活需要为根本目标，如何提升发展的创新性是我国博物馆旅游发展重要挑战之一。针对目前存在的内容创新不充分、运营不佳、技术利用欠缺、教育与传播不足、专业人才匮乏等问题，通过创新资源的挖掘与创新人才的培育，进行展陈、产品开发以及服务等方面创新，进一步提升博物馆叙事能力。基于深入细化的观众调查与研究，明确博物馆旅游特色定位，在展览陈列、展品阐释、文创开发与活动策划、技术融合、服务供给等方面强化创新意识，增强博物馆的吸引力以及文化的传播力度。例如，在博物馆旅游纪念品的设计与生产时应扎根于博物馆馆藏文物的内容与文化内涵，设计更具针对性、艺术性与吸引力，摒弃千篇一律的纪念品类型，赋予其独特性特征的同时宣传了博物馆及其所承载的文化。此外旅游纪念品还应考虑实用性与纪念价值，满足旅游者留住美好回忆的需求。故宫博物院在对调研数据分析的基础上设计满足旅游者需求的文创产品且广受好评，《上新了·故宫》综艺节目邀请知名设计师与设计专业的学生，以故宫建筑、藏品、园林等为基础，立足故宫文化进行文创产品设计，兼具实用与艺术性，极具年轻时尚气息。该节目的成功推出，既传播了故宫的文化知识又设计了独特的产品。

（2）博物馆旅游协调发展方向

协调共赢是博物馆旅游高质量发展的理想状态，然而现阶段我国博物馆旅游发展不平衡、支持不到位、合作不充分等问题突出，因此须进一步加强区域协调、行业协调，以实现博物馆旅游包容性发展。一方面，基于各博物馆的有利发展条件进行区域合作、馆际合作，促进优质资源的高效配置与有效利用，增强我国博物馆整体发展势能。馆际合作可打破单一博物馆藏品资源的限制，通过建立合作共享机制，使各类藏品以及人员在博物馆之间互通交流，充分发挥藏品资源与人力资源配置的最佳效益，实现博物馆藏品资源及人力资源共享。另一方面，博物馆与各行业领域的联合，可极大拓展博物馆的辐射范围，如今各地各级博物馆皆在突破固有局限，求新求变，拓展业务范围、寻求行业合作，然而博物馆的改革方向应如何设定、可与哪些行业融合是博物馆旅游研究人员以及运营管理人员急需解答的问题。

（3）博物馆旅游共享发展方向

博物馆旅游的共享发展是以博物馆旅游无形产品支撑社会大众高品质精神文化生活，以博物馆旅游有形产品支撑高品质物质生活，从而实现满足美好生活需要的目标。针对目前我国博物馆旅游存在的内容创新不充分、技术利用欠缺、教育与传播效果不理想、合作深度不够等问题，亦可通过成果共享、活动共享、志愿服务共享、网络共享等方式，敞开互联互通的大门。充分利用博物馆内外资源，丰富教育活动，提升旅游者对相关领域学习的积极性与主动性，增强责任感与使命感，营造积极向上的社会文化环境。在传播渠道方面，打通文化传承与开放发展的最后一公里，实现渠道优化畅通。例如，故宫博物院凭借热门综艺与精美文创快速走进大众视野吸粉无数，其在传播推广方面的成功可谓博物馆行业华丽转变的标杆。在大众参与方面，目前诸多博物馆依然具有较强的距离感，社会公众参与意愿较强，但除参观外缺乏多元的参与渠道，因此博物馆应开放更多公众参与路径，如志愿服务、会员服务等，真正走入大众生活。例如，湖南博物院通过"会员制"连接了博物馆与观众，沟通更顺畅、发展更亲民。此外，现如今海量数据和应用场景为博物馆旅游共享发展提供了可能也带来了挑战。如何促进技术的有效融合与利用以实现数字技术赋能，通过网络共享渠道使大众更高效便捷地获取信息、共享发展成果，也是未来我国博物馆旅游发展应关注的重点。

（4）博物馆旅游开放发展方向

博物馆的国际交流互鉴推动了多元文化交融与价值观传递，是我国对外文化交流的重要方式，也是推动多方合作、促进博物馆文化交流与传播的主要途径。因此针对目前我国博物馆旅游存在的教育与传播效果不佳、合作不足等问题，开放发展亦是有效应对之路。在经济与文化全球化的背景下，应以更包容的姿态，通过国际合作、海外引流等方式进一步加深我国博物馆旅游国际化开放程度，并思考如何妥善处理同一性发展和差异性表达的关系。

（5）博物馆旅游绿色发展方向

近年来，传统文化热逐渐兴起，越来越多的人走进博物馆感受历史文化、学习科学知识，而随着旅游人数的快速增长，也造成了环境压力以及安全运营管理等问题，不绿色不环保行为频发，各类技术的应用提升了体验效果的同时也增加了能源的消耗。因此，在未来我国博物馆旅游的发展中，应秉承低碳环保理念，以保护为前提，探索高品质供给与低碳节能的有机协调，同时对博物馆服务提出更高要求，以应对观众激增而带来的环境与安全的影响。

我国博物馆旅游资源丰富，但博物馆旅游发展仍有着较强的发展潜力与提升空间。本章选取我国 31 个省份作为研究对象，从博物馆机构数量、覆盖率、参观人次等方面分析了我国博物馆旅游发展的时序特征。基于微观视角开展了单体博物馆分析，选择其中旅游价值最高、最具代表性的 204 家一级博物馆进行重点研究。并分别从需求侧与供给侧两方面分析，将我国博物馆旅游问题归纳为博物馆行业发展问题以及博物馆自身发展问题两大类，其中博物馆行业发展问题主要包括区域发展不平衡、支持与合作不足、知识产权问题、专业人才问题四个方面；博物馆自身发展问题主要包括技术应用问题、教育与传播问题、内容创新问题、市场定位问题、运行管理问题五个方面。由此可见，以新发展理念为宗旨的高质量发展成为博物馆旅游的必然选择，将九类问题进一步梳理，从创新、协调、绿色、开放、共享五个方面分析我国博物馆旅游高质量发展的方向。

第三章　我国博物馆旅游高质量
发展水平定量测度分析

　　高质量发展是我国向博物馆强国迈进的着力点与必然选择。对我国博物馆旅游高质量发展水平进行定量测度，有助于客观认识各地区发展成效，进而为后续影响因素研究与发展路径选择奠定数据基础。本章基于第一章博物馆旅游高质量发展的内涵与第二章发展方向的研究，从创新、协调、绿色、开放、共享五个维度，分别基于区域视角与微观视角构建评价指标体系，使用层次分析法、熵值法与 CRITIC 法三种主客观相结合的赋权方法，获得最终的权重赋值。一方面，从区域视角来看，以我国 31 个省份为研究对象，根据构建的区域指标体系，深入系统地评价各省级区域博物馆旅游高质量发展水平及其地域结构；另一方面，为了提出更具针对性的发展对策，选取我国国家一级博物馆204 个样本为研究对象，根据基于微观视角构建的单体指标体系，进一步评价各博物馆旅游高质量发展水平及其类型差异。鉴于 2020—2022 年期间我国疫情管控的特殊情况，各地博物馆突发性、非规律性闭馆现象频发，因此，为确保研究的准确性和科学性，本书主要选取 2019 年前的数据进行深入探究。

第一节　博物馆旅游高质量发展指标体系的构建原则

　　科学评价我国博物馆旅游高质量发展水平为影响因素分析、发展路径探寻奠定了基础，而如何全面科学地展现测评对象的发展状况，是构建博物馆旅游高质量发展指标体系的现实命题。在综合测评指标体系构建过程中，应遵循科学客观原则、切实可行原则、整体全面原则、动静结合原则。

　　第一，科学客观原则。在博物馆旅游高质量发展指标体系的构建中，科学客观原则主要是指在对博物馆旅游高质量发展内涵、特征、功能等清晰界定的基础上，注重指标体系构建、指标选取设定、指标权重确定等工作的准确性、科学性与适应性。其中在指标选取设定方面，选取能够科学准确反映博物馆旅游高质量发展水平的指标，且指标数据来源应具有权威性以确保数据资料的有效可靠，使所选指标能真实准确地展现博物馆旅游高质量发展的各评价层的状态特征，从而保证综合测评结果符合博物馆旅游高质量发展的实际状况，为后续动力机制构建以及路径探寻等研究提供可靠基础以及客观依据。

第二，切实可行原则。在博物馆旅游高质量发展指标体系的构建中，切实可行原则主要是指博物馆旅游高质量发展综合测评所选指标具有可获取以及可量化特征，所选指标数据便于查询、统计与测算，这是综合评价研究得以顺利开展的基础与前提，避免出现因数据获取不畅而导致的测评偏差以及研究的不可持续。故而，本书所选指标测量数据主要源自博物馆相关统计年鉴及统计资料，各省份统计年鉴，博物馆官网、微信、微博官方运营平台等较为权威且公开可得的信息渠道，以确保综合测评研究的切实可行。

第三，整体全面原则。博物馆旅游高质量发展的内涵丰富、覆盖范围较广，因此在构建指标体系时应多角度、系统综合考虑博物馆旅游高质量发展的不同侧面，全面覆盖高质量发展的新发展理念，使所构建的指标体系成为一个相互联系的有机整体，尽可能全方位、立体化地测评博物馆旅游高质量发展的状态，力图能够全面展现博物馆旅游高质量发展的现实状况与动态变化。同时坚持整体性与代表性相结合的原则，不能因片面追求全面导致过于宽泛从而失去重要信息表达的意义，因此，还应注重所选指标的代表性与主导性。

第四，动静结合原则。博物馆旅游高质量发展是一个不断发展变化的动态演进过程，因此在指标体系的构建中应遵循静态性与动态性相结合的原则。即在指标选取过程中，一方面应包含反映博物馆旅游高质量发展状态特征的静态指标，另一方面还应将反映博物馆旅游高质量发展动态变化的动态指标纳入考虑范围，以确保所构建综合测评指标体系的可持续利用。

本书参考已有高质量发展综合测评的研究，同时结合本书具体情况与需要进行调整与选择，以博物馆旅游高质量发展内涵为前提和基础设定具有适应性的评价指标。第一章对博物馆旅游高质量发展内涵进行界定，即秉承创新、协调、绿色、开放、共享新发展理念，为满足人民美好生活特别是美好的精神文化生活需要，面向经济运行、产业发展、产品与服务的质量及效率等宏中微观层面的发展内容，通过完善政策制度、优化产业结构、依托技术进步、激发发展动力等措施，以实现博物馆旅游更加高水平、高效率、高价值、更健康、可持续的发展。新发展理念是贯穿高质量发展目标、内容以及措施的主线，故而本书结合博物馆旅游高质量发展内涵，将指标体系归纳为创新、协调、绿色、开放、共享五个维度。

第二节　区域视角下我国博物馆旅游高质量发展评价

博物馆作为近年来悄然兴起的旅游吸引物，其产品开发或经营，深受资源供给和市场需求等影响。为了客观掌握和认识我国博物馆旅游高质量发展水平及其地域结构，这里以我国 31 个省份为考察对象，构建博物馆旅游的区域指标体系，并进行系统分析。

一、指标体系的构建

通过构建指标体系，多视角评价高质量发展水平，改善了运用单一指标表征质量水平的局限性。经济高质量发展中的"高"字强调了新时代经济发展的新理念与新要求，体现了经济建设过程中质量水平的高级程度，表明高质量逐渐成为推动经济发展的基础性、关键性要素。我国高质量发展是在新发展理念指引下稳步推进的，充分体现了时代背景下的具有多元思维的五个关键词。纵观现有研究成果，学者们多将新发展理念作为构建高质量发展评价体系的理论框架，李金昌、魏敏、李梦欣、任保平、张震、王伟等以新发展理念五个维度为基本框架构建了指标体系，基于全国数据、省域数据、城市数据等从宏观视角开展了我国经济高质量发展测度，曲立等从创新、绿色、开放、共享等维度进行了制造业高质量发展测度。而我国博物馆旅游高质量发展亦是在新发展理念的引领下循序实现的，鉴于此，本书基于科学客观、切实可行、整体全面、动静结合的指标体系构建原则，在对博物馆旅游高质量发展内涵深入理解的基础上，参考相关学者有关高质量发展评价的研究以及《博物馆定级评分细则计分表》相关内容，初步构建指标体系，并邀请博物馆与旅游相关专家进行评判筛选，最终确定基于区域视角的博物馆旅游高质量发展测度指标体系（如表 3-1 所示）。

系统梳理高质量发展内涵以及其内在逻辑是构建指标体系的基本出发点和理性选择，已成为学术界的普遍共识，本书在博物馆旅游高质量发展内涵的基础上建立综合测评指标体系，与理论内涵相匹配。博物馆旅游优质的内容、服务等，需要通过创新实现；高效、公平、均衡等，需要通过协调、共享实现；有竞争力、全球化、自由化、秩序化等，需要通过开放实现；健康、可持续，需要通过绿色实现。新发展理念不仅是博物馆旅游高质量发展的指导原则，更是其路径与措施的依据，博物馆旅游高质量状态的实现，需要遵循新发展理念，依据这五方面来探索路径，而它们也是最终检验是否高质量的标准。因此，本书基于新发展理念的五个维度理顺博物馆旅游高质量发展的逻辑主线，构建博物馆旅游高质量发展评价指标体系，综合测度分析我国博物馆旅游高质量发展水平。[①]在博物馆旅游创新发展维度，从创新基础与创新产出两个方面加以考察，具体使用创新优质资源、创新资源动态变化、博物馆覆盖率、创新人才基础四个指标来描述创新基础，使用创新展览产出、创新经济总产出、创新产品数量、创新产品收入四个指标来展现创新产出情况；②在博物馆旅游协调发展维度，从区域协调和行业协调两个方面加以说明，具体以空间协调（区域引力值）、产业协调、文旅协调支持三个指标来表征；③在博物馆旅游共享发展维度，从线下共享与线上共享两个方面加以考察，具体使用志愿服务共享、成果共享、活动共享三个指标来描述线下共享，使用网站共享、新媒体共享两个指标来展现线上共享情况；④在博物馆旅游开放发展维度，使用境外观众、国际出版物、国际合作项目三个指标来揭示；⑤在博物馆旅游绿色发展维度，使用能源消耗以及电力使用两个指标来揭示。

表 3 - 1　区域视角下的博物馆旅游高质量发展测度指标体系

一级指标	二级指标	三级指标	指标测算	指标属性
博物馆旅游高质量发展 A	创新 B_1	创新优质资源 C_1	区域内一级藏品数量/区域内博物馆总数	正指标
		创新资源动态变化 C_2	（本年度藏品数－上年度藏品数）/本年度藏品数×100%	正指标
		博物馆覆盖率 C_3	区域年末常住人口/区域内博物馆总数（区域每座博物馆需要服务的人群数量）	逆指标
		创新人才基础 C_4	区域内博物馆从业人员总数/区域内博物馆总数	正指标
		创新展览产出 C_5	（区域内博物馆基本陈列＋临时展览）/区域博物馆总数	正指标
		创新经济总产出 C_6	（事业收入＋经营收入＋其他收入）/本年收入合计	正指标
		创新产品数量 C_7	区域内文物商店数量/区域内博物馆总数	正指标
		创新产品收入 C_8	区域内文物商店收入/文物商店个数	正指标
	协调 B_2	空间协调 C_9	区域引力值 $R_{ij} = \dfrac{\sqrt{N_i V_i} \times \sqrt{N_j V_j}}{D_{ij}^2}$	正指标
		产业协调 C_10	博物馆数量区位商 $L = \dfrac{x_{ij}/x_j}{x_i/x}$	正指标
		文旅协调支持 C_11	区域内文化和旅游事业费/区域内人口总量	正指标
	共享 B_3	志愿服务共享 C_12	区域内博物馆登记注册志愿者人数/博物馆从业人数	正指标
		成果共享 C_13	区域内博物馆参观人次/区域内博物馆总数	正指标
		活动共享 C_14	区域内博物馆举办社教活动次数/区域内博物馆总数	正指标
		网站共享 C_15	区域内博物馆网站年访问量/区域内博物馆举办网站数	正指标
		新媒体共享 C_16	区域内博物馆举办微信公众号、微博关注人数/区域内博物馆举办微信公众号、微博数量	正指标

（续表）

一级指标	二级指标	三级指标	指标测算	指标属性
博物馆旅游高质量发展A	开放 B₄	境外观众 C_{17}	区域内博物馆境外观众参观人次/博物馆观众参观总人次	正指标
		国际出版物 C_{18}	区域内博物馆主办刊物数量/区域内博物馆总数	正指标
		国际合作项目 C_{19}	区域内博物馆国际合作项目数量/区域内博物馆总数	正指标
	绿色 B₅	能源消耗 C_{20}	区域能源总消耗量×（博物馆财政补贴/区域财政支出）/区域内博物馆总数	逆指标
		电力使用 C_{21}	区域总用电量×（博物馆财政补贴/区域财政支出）/区域内博物馆总数	逆指标

评价指标体系主要有以下特点：第一，能够较好地展现博物馆旅游高质量发展的内涵，基于满足人民美好生活需要的终极目标围绕新发展理念来设计评价指标。第二，指标数量虽不多，但能够较全面地涉及新发展理念的五个方面，既有创新资源动态变化（藏品增长率）等动态指标，也有创新展览产出（展陈数量）、成果共享（参观人次）等静态指标；既有创新人才基础（馆均从业人员）、新媒体共享（平均微信微博关注度）等直接测算指标，也有空间协调（区域引力值）、产业协调（博物馆数量区位商）等间接测算指标；既有活动共享（馆均社教活动）、国际合作项目等正向指标，又有能源消耗量、电力使用等逆向指标，同时它们大多为测算后的结果指标，能够较为客观、全面地体现博物馆旅游高质量发展的状况。第三，各指标之间未出现相互重叠现象，既相互区别又相互补充与支撑，每个指标内涵皆具有独到与不可替代性。第四，指标数据主要源于各类统计年鉴以及国家统计局、文物局、能源局等官方网站数据，具有良好的切实可操作性。本评价体系沿用了经济高质量发展测评中多采用的新发展理念五个维度为基本框架，基于区域与微观等多视角，以博物馆旅游为主要研究内容，充分考虑不同地区面积、人口等差异，评价指标采用计算后的结果数据，力求更客观、全面地反映评价对象的发展状况。

（1）创新发展指标

目前，我国面临着如何保障人民日益增长的精神文化需求，如何推动博物馆旅游产品与服务的优质转变等诸多挑战。创新发展是多项问题的解决方案，是博物馆旅游高质量发展的动力，立足新发展背景、顺应新时代特征与需求，在博物馆旅游发展各领域全方位创新。三级评价指标选取理由及来源如下：

①创新基础指标

C_1创新优质资源：即馆均一级藏品数量，藏品是博物馆中的主角，是每个博物馆赖以生存与发展基础。文化传播是将"无形"的文化以"有形"的方式加以推广，而博物馆中的藏品正是最好的有形依存。2001 年颁布实施的《文物藏品定级标准》，将珍贵文物分为一、二、三级，其中一级文物为具有特别重要历史、艺术、科学价值的代表性文物。创新优质资源是衡量该地区各博物馆中一级藏品的占比情况，该指标越高表明区域内各博物馆高价值藏品越多，创新基础越好。计算公式为：创新优质资源（C_1）＝区域内一级藏品数量/区域内博物馆总数。数据来源于《中国文化文物和旅游统计年鉴》。

C_2创新资源动态变化：在博物馆旅游高质量发展阶段，已不再片面地追求高速增长，但亦不等于低速增长，适度的数量增长为创新与发展提供了基础与支撑。我国博物馆藏品的主要来源是考古发掘以及收购、捐赠、调拨、移交、馆际交换等社会搜集①，新增藏品为博物馆带来了新的生机与活力。创新资源动态变化，即藏品数增长率是一个动态指标，衡量区域博物馆藏品数量增长速度，该指标越高表明该区域馆藏规模增长快，创新基础越好。计算公式为：创新资源动态变化（C_2）＝（本年度藏品数－上年度藏品数）/本年度藏品数×100%。数据来源于《中国文化文物和旅游统计年鉴》。

C_3博物馆覆盖率：博物馆覆盖率是衡量区域一定数量人群所拥有的博物馆情况，博物馆发达国家的覆盖率约为 10 万人/个，即每 10 万人拥有一座博物馆。博物馆覆盖率是一个逆向指标，该指标值越大表明该区域每座博物馆需要服务的人群越多，即单位人群享受的博物馆资源与服务越少，创新基础越薄弱。计算公式为：博物馆覆盖率（C_3）＝区域年末常住人口/区域内博物馆总数，单位为万人/个。数据来源于《中国文化文物和旅游统计年鉴》及国家统计局网站数据。

C_4创新人才基础：从业人员是博物馆运营与发展的人才基础，其规模与素质对博物馆旅游高质量发展具有重要作用，现阶段博物馆注重对专业人员的培养、对从业人员进行职业化建设，其最终目的是为社会服务，以满足人民美好生活的需要。创新人才基础是衡量区域内博物馆从业人员的平均数量，该指标越高表明该区域博物馆从业人员规模越大，创新基础越好。计算公式为：创新人才基础（C_4）＝区域内博物馆从业人员总数/区域内博物馆总数，单位为人/个。数据来源于《中国文化文物和旅游统计年鉴》。

②创新产出指标

C_5创新展览产出：陈列展览是博物馆的核心产品，近年来我国多地博物馆在展览策划方面更加精细多元、贴近大众，在展览设计方面加强表达创新、增加互动体验，同时

---

① 何志文. 中国国家博物馆一级近现代藏品来源研究：以 1982 年评定的原中国革命博物馆一级近现代藏品为例［J］. 中国国家博物馆刊，2015（8）：131－144.

注重多方合作、拓展教育活动等，促进了博物馆旅游服务品质的提升以及高质量发展的推进。创新展览产出即馆均陈列展览，是衡量区域内博物馆陈列展览的平均数量，该指标越高表明该区域博物馆举办的陈列规模越大，创新产出程度越高。计算公式为：创新展览产出（C_5）＝（区域内博物馆基本陈列＋临时展览）/区域内博物馆总数。数据来源于《中国文化文物和旅游统计年鉴》。

C_6创新经济总产出：根据统计年鉴，博物馆年度收入包括财政补助收入、上级补助收入、事业收入、经营收入、附属单位上缴收入以及其他收入。2021年发布的《关于推进博物馆改革发展的指导意见》中指出，博物馆开展陈列展览策划、教育项目设计、文创产品研发取得的事业收入、经营收入和其他收入等，按规定纳入本单位预算统一管理，可用于藏品征集、事业发展和对符合规定的人员予以绩效奖励等，为博物馆创新发展提供了支持与保障。创新经济总产出即博物馆营收占比，是衡量与创新发展相关性收入在总收入中的占比情况，该指标越高表明该区域博物馆创新产出程度越高，对后续营造的创新保障越好。计算公式为：创新经济总产出（C_6）＝（事业收入＋经营收入＋其他收入[1]）/本年收入合计。数据来源于《中国文化文物和旅游统计年鉴》。

C_7创新产品数量、C_8创新产品收入：创新产品数量即馆均文物商店，是衡量区域内文物商店的规模，该指标越高表明该区域文物产品经营规模越大，创新产出程度越高。计算公式为：创新产品数量（C_7）＝区域内文物商店数量/区域内博物馆总数。数据来源于《中国文化文物和旅游统计年鉴》。创新产品收入即文物商店平均收入，是衡量区域内博物馆基于文创产品的创收情况，该指标越高表明该区域推出的文物相关产品收入市场吸引力越强、获利能力越强，创新产出程度越高。计算公式为：创新产品收入（C_8）＝区域内文物商店收入/文物商店个数，单位为千元/个。数据来源于《中国文化文物和旅游统计年鉴》。

（2）协调发展指标

博物馆旅游协调发展是指与博物馆相关的各产业内部及产业之间相互合作、区域间相互协同，形成发展合力，实现"1＋1＞2"的效果，因此包括空间协调与产业协调。三级评价指标选取理由及来源如下：

C_9空间协调：即区域空间联系度，是衡量区域内博物馆间的空间联系的紧密程度，该指标越高表明该区域博物馆相互间的联系度越高，区域协调度越好。空间协调使用区域引力值R_{ij}表示，计算公式为：

---

① 事业收入指事业单位开展专业业务活动及辅助活动所取得的收入；经营收入指事业单位在专业业务活动及辅助活动之外开展非独立核算经营活动取得的收入；其他收入指除财政补助收入、事业收入、经营收入等以外的收入。

$$R_{ij} = \frac{\sqrt{N_i V_i} \times \sqrt{N_j V_j}}{D_{ij}^2} \qquad (3-1)$$

其中 N_i 与 N_j 分别为区域 i 与区域 j 的博物馆数量（单位为个），V_i 与 V_j 分别为区域 i 与区域 j 的博物馆参观人次（单位为万人次），D_{ij} 为两个区域省会城市间的最短公路距离（单位为公里）。数据来源于《中国文化文物和旅游统计年鉴》、高德地图等网站数据（以 2019 年数据为例，计算结果如附录 2 所示）。

为更清晰地展示区域博物馆旅游高质量发展空间联系情况，选取平均值、变异系数两个测量指标进一步进行处理分析。$\bar{X}_i$ 表示平均值，即第 i 个区域与其他各区域联系度的平均水平；CV 表示变异系数，又称离散系数，计算公式为 $CV = \dfrac{S_i}{\bar{X}_i}$，即标准差与平均值的比值，变异系数可以消除单位等不同对变异程度比较的影响。此处用变异系数来衡量某一区域与其他各区域间是否有均匀的联系度。变异系数大表明该区域与其他区域间的联系不均匀（计算结果如表 3 – 2 所示）。

依据表 3 – 2 的排名情况以及图 3 – 1 等级分布可以看出，我国博物馆旅游空间联系最好的区域是江苏省，根据自然间断点分级法将 31 个省份联系度分为四个层级：第一层级（2.15 ~ 4.54）包括江苏、浙江、安徽、山东、河南五省。江苏、浙江、山东、河南四省博物馆数量与参观人次均居于全国领先地位，安徽省凭借邻近江苏省、浙江省的地理优势，联系度跻身第一层级。江苏省除自身发展强劲外，与之相邻的浙江、安徽、山东、上海四省份均实力突出，故而其联系度排名全国第一，其中与安徽、浙江联系最为紧密，联系度高达 46.90、41.27，但江苏省关联度标准差和变异系数也相对较高，分别为 10.73（排名第 1）、2.36（排名第 8），表明江苏省与各区域之间联系非常不均匀，除了上海、浙江、安徽、江西、山东、河南、湖北七省份外，与其他区域联系不紧密，联系度均低于 2.18。山东与河南彼此之间联系最为紧密，联系度为 15.06，两地区域联系相对较为均衡，变异系数分别为 1.44、1.49。第二层级（1.08 ~ 2.14）包括上海、湖北、河北、陕西四省份。上海区位优势明显，与江苏、浙江联系紧密，联系度为 10.84、26.96，区域联系不均衡现象显著（变异系数 3.31），从全国来看仅略好于青海省。陕西省博物馆旅游自身发展较好，但邻近区域缺乏实力盟友（与河南联系度最高为 8.96，与其他区域联系度皆小于 3.5），但区域联系较为均衡（变异系数 1.35）。第三层级（0.46 ~ 1.07）包括江西、湖南、山西、四川、北京、天津、重庆、广东、甘肃、福建十省份。这些区域多位于我国中部地区，本层级特点为区域间博物馆旅游联系水平普遍不高，联系均衡程度基本处于中等水平。四川与重庆（联系度 9.24）、北京与天津（联系度 7.83）互为最好联系区域。第四层级（0.00 ~ 0.45）包括贵州、内蒙古、广西、黑龙江、吉林、云南、辽宁、宁夏、青海、海南、新疆、西藏十二省份。我国的边境省份皆在本层级，由于区域较为偏远，与其他区域的关联度也相对较弱，变异系数大多也相对较低。

表 3－2　2019 年区域博物馆旅游空间联系度排序情况

	平均值	排名		标准差	变异系数	无量纲化	排名
江苏	4.54	1	新疆	0.02	0.80	0.00	1
浙江	3.35	2	西藏	0.00	0.85	0.02	2
安徽	2.60	3	广东	0.63	1.05	0.09	3
山东	2.56	4	内蒙古	0.35	1.24	0.17	4
河南	2.15	5	云南	0.26	1.28	0.18	5
上海	1.52	6	甘肃	0.61	1.33	0.20	6
湖北	1.48	7	陕西	1.73	1.35	0.21	7
河北	1.37	8	湖北	2.06	1.39	0.23	8
陕西	1.28	9	贵州	0.41	1.40	0.23	9
江西	1.07	10	山东	3.70	1.44	0.25	10
湖南	0.99	11	福建	0.68	1.47	0.26	11
山西	0.92	12	河南	3.21	1.49	0.26	12
四川	0.88	13	江西	1.59	1.49	0.27	13
北京	0.80	14	辽宁	0.29	1.52	0.28	14
天津	0.69	15	广西	0.38	1.53	0.28	15
重庆	0.65	16	宁夏	0.21	1.56	0.29	16
广东	0.60	17	湖南	1.57	1.57	0.30	17
甘肃	0.46	18	海南	0.07	1.80	0.38	18
福建	0.46	19	山西	1.75	1.90	0.42	19
贵州	0.29	20	四川	1.67	1.91	0.42	20
内蒙古	0.28	21	河北	2.77	2.02	0.47	21
广西	0.25	22	北京	1.69	2.11	0.50	22
黑龙江	0.22	23	黑龙江	0.52	2.35	0.59	23
吉林	0.21	24	江苏	10.73	2.36	0.60	24
云南	0.20	25	重庆	1.62	2.48	0.64	25
辽宁	0.19	26	天津	1.70	2.48	0.65	26
宁夏	0.13	27	浙江	8.43	2.52	0.66	27
青海	0.07	28	吉林	0.56	2.60	0.69	28
海南	0.04	29	安徽	8.26	3.17	0.91	29
新疆	0.02	30	上海	5.01	3.31	0.96	30
西藏	0.00	31	青海	0.23	3.41	1.00	31

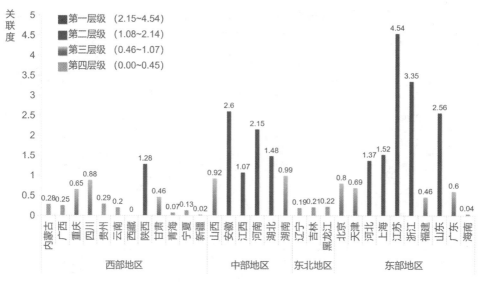

图 3 - 1　2019 年区域博物馆旅游高质量发展空间联系分层图

C_{10} 产业协调：使用博物馆数量区位商来衡量区域内博物馆相对集中程度，该指标越高表明该区域博物馆发展在文化机构中优势明显。计算公式为：博物馆数量区位商 $L = \dfrac{x_{ij}/x_j}{x_i/x}$，其中 x_{ij} 表示第 j 个区域博物馆机构数量，x_j 表示 j 区域主要文化机构数，x_i 表示全国博物馆机构数量，x 表示全国主要文化机构数。数据来源于《中国文化文物和旅游统计年鉴》，主要文化机构包含公共图书馆、群众艺术馆、文化馆、文化站、艺术表演团体、艺术表演场馆。计算结果如表 3 - 3 所示。

表 3 - 3　2017—2019 年区域博物馆数量区位商

地区	2017 年	2018 年	2019 年
北京	1.06	1.26	1.31
天津	1.73	1.70	1.66
河北	0.49	0.58	0.54
山西	0.76	0.79	0.82
内蒙古	0.79	0.90	1.01
辽宁	0.44	0.44	0.44
吉林	1.20	1.17	1.15
黑龙江	1.28	1.30	1.45
上海	2.30	2.16	1.93
江苏	1.70	1.71	1.81
浙江	1.20	1.25	1.36

（续表）

地区	2017 年	2018 年	2019 年
安徽	0.61	0.59	0.67
福建	0.91	0.93	0.94
江西	0.76	0.80	0.80
山东	1.99	2.05	1.87
河南	0.97	0.90	0.87
湖北	1.26	1.25	1.38
湖南	0.50	0.50	0.48
广东	1.03	1.00	1.30
广西	1.11	1.08	1.09
海南	0.72	0.70	0.88
重庆	0.53	0.51	0.51
四川	0.60	0.58	0.62
贵州	0.59	0.63	0.63
云南	0.80	0.89	0.88
西藏	0.10	0.10	0.10
陕西	1.60	1.64	1.65
甘肃	1.39	1.39	1.44
青海	0.59	0.56	0.51
宁夏	1.93	1.75	2.00
新疆	0.78	0.77	0.77

C_{11}文旅协调支持：使用各地区人均文化和旅游事业费比来衡量区域内文化和旅游事业的财政支持程度，该指标越高表明该区域得到的支持力度越大，行业协调支撑条件越好。计算公式为：文旅协调支持（C_{11}）＝区域内文化和旅游事业费/区域内人口总量。数据来源于《中国文化文物和旅游统计年鉴》及国家统计局网站数据。

（3）共享发展指标

博物馆旅游共享发展是指社会大众对博物馆发展成果的共有共享与共同受益，博物馆旅游以满足旅游者需求，实现人民美好生活愿望为终极目标。三级评价指标选取理由及来源如下：

①线下共享指标

C_{12}志愿服务共享：随着博物馆间竞争增加等环境因素的改变，志愿者在其发展过程中扮演着越来越重要的角色，博物馆志愿者既是博物馆旅游的服务者又是博物馆旅游的消费者，大众通过志愿者工作共享博物馆发展成果。志愿服务共享使用志愿者人数比来衡量区域内博物馆志愿者数量，该指标越高表明该区域博物馆志愿者队伍越壮大，参与传播共享的基础越好。计算公式为：志愿服务共享（C_{12}）＝区域内博物馆登记注册志愿者人数/博物馆从业人数。数据来源于《中国文化文物和旅游统计年鉴》。

C_{13}成果共享：使用馆均参观人次来衡量区域内博物馆旅游者数量，该指标越高表明该区域博物馆受欢迎程度越高，博物馆服务人群越广，成果共享程度越高。计算公式为：成果共享（C_{13}）＝区域内博物馆参观人次/区域内博物馆总数，单位为万人次/个。数据来源于《中国文化文物和旅游统计年鉴》。

C_{14}活动共享：使用馆均举办社会教育活动来衡量区域内博物馆举办社会教育活动的数量，该指标越高表明该区域博物馆面向大众举办活动数量越多，成果共享程度越高。计算公式为：活动共享（C_{14}）＝区域内博物馆举办社教活动次数/区域内博物馆总数，单位为次/个。数据来源于《中国文化文物和旅游统计年鉴》。

②线上共享指标

C_{15}网站共享：使用平均网站访问量来衡量区域内博物馆官方网站影响力状况，该指标越高表明该区域博物馆受关注度越高，信息对大众开放程度越高。计算公式为：网站共享（C_{15}）＝区域内博物馆网站年访问量/区域内博物馆举办网站数，单位次/个。数据来源于《中国文化文物和旅游统计年鉴》及相关博物馆网站数据。

C_{16}新媒体共享：使用平均微信微博关注度来衡量区域内博物馆微信公众号以及微博受关注程度，该指标越高表明该区域博物馆新媒体影响力越大，信息对大众开放程度越高。计算公式为：新媒体共享（C_{16}）＝区域内博物馆举办微信公众号、微博关注人数/区域内博物馆举办微信公众号、微博数量，单位人/个。数据来源于《中国文化文物和旅游统计年鉴》及相关博物馆自媒体平台数据。

（4）开放发展指标

博物馆旅游开放发展是秉承开放共赢的发展理念，通过各种渠道敞开博物馆大门，积极融入各领域互联互通，其内涵更加侧重对外开放、与世界联通。三级评价指标选取理由及来源如下：C_{17}境外观众体现了区域博物馆旅游国际化开放程度，境外观众比例越高说明国际化程度越高，计算公式为：境外观众（C_{17}）＝区域内博物馆境外观众参观人次/博物馆观众参观总人次；C_{18}国际出版物是衡量区域内博物馆创办专业出版物的数量，该指标越高表明该区域博物馆在专业范围内影响力越大，专业信息开放程度越高，计算公式为：国际出版物（C_{18}）＝区域内博物馆主办刊物数量/区域内博物馆总数；C_{19}国际合作项目是衡量区域内博物馆国际合作项目的数量，该指标越高表明该区域博物馆国际化水平越高，信息开放程度越好，计算公式为：国际合作项目（C_{19}）＝区域内博物馆国际合作项目数量/区域内博物馆总数。C_{17}～C_{19}指标数据来源于《中国文化文物和旅游统计年鉴》。

（5）绿色发展指标

我国承诺力争 2030 年前实现碳达峰，2060 年前实现碳中和，因此未来节能与环保将会是各行各业都须高度重视的问题，而博物馆旅游的绿色发展即将资源节约集约、污染消耗降低等绿色发展方式应用于博物馆旅游生产消费的全过程之中，具体使用能源消耗量这一指标进行考察。能源消耗与电力使用是绿色发展中的重要体现，能源消耗量是衡量区域内博物馆相关产业能源消耗量，该指标越高表明该区域博物馆相关产业能源消耗越高，绿色发展水平越低。根据数据的可获取性，使用 2017—2019 年全国 31 个省份数据测算能源消耗量（EC）与财政支出（FE）以及用电量（PC）与财政支出的关系，从而得到各地区博物馆能源消耗量与用电量。使用豪斯曼检验来对固定效应和随机效应模型进行选择，结果 p 值分别为 0.5933 与 0.5344，皆大于 0.1，不能拒绝原假设，因此认为使用随机效应模型更合适，因此计算了可行性广义最小二乘法 FGLS 估计（re），同时对比分析进行稳健的组内估计（fe_ r）以及混合回归（ols）（如表 3–4 所示）。三种估计方法皆显示能源消耗量以及用电量与财政支出有着显著的正向影响，因此将能源消耗量与用电量计算公式确定为：能源消耗（C_{20}）＝区域能源总消耗量×（博物馆财政补贴/区域财政支出）/区域内博物馆总数；电力使用（C_{21}）＝区域总用电量×（博物馆财政补贴/区域财政支出）/区域内博物馆总数。数据来源于各省份统计年鉴数据、国家统计局、国家能源局网站数据。

表 3–4 面板数据估计结果汇总

变量	fe_ r	re	ols
EC-FE	17.472184*** (0.000)	19.234209*** (0.000)	23.598701*** (0.000)
_ cons	10179.569*** (0.000)	9612.1683*** (0.000)	8206.7301*** (0.000)
PC-FE	38.390902*** (0.000)	36.019077*** (0.000)	32.357446*** (0.000)
_ cons	1200.5035 (0.363)	1941.2599** (0.018)	3084.8422*** (0.009)

注：*、**、*** 分别表示在 10%、5%、1% 水平上显著，括号内为 p 值。

二、指标权重的确定

博物馆旅游高质量发展测度涉及多项指标，各指标赋权方法的选择对评价结果的准确性具有重要影响。目前常用的指标赋权方法有等权重加权平均、层次分析法、熵值法、CRITIC、TOPSIS、主成分分析等以及多方法组合的形式。本书使用层次分析法、熵值法与 CRITIC 三种主客观相结合的赋权方法，最终的权重赋值取三种方法所得结果的均值，为科学评价我国博物馆旅游高质量发展水平奠定基础。

（1）层次分析法（AHP）

该方法是在征集相关领域专家打分的基础上，运用层次分析法计算得到指标权重。

具体步骤为：首先根据对博物馆旅游高质量发展的了解情况，邀请 10 位分别来自 985 高校以及博物馆的文化、旅游、博物馆等领域的专家学者对同一层级指标相对于上一层级指标重要性，采用 1~9 的标度方法给出判断意见，对每位专家打分进行一致性检验，进而再取各位专家打分的几何平均数构建判断矩阵，即 A—B、B_1—C、B_2—C、B_3—C、B_4—C、B_5—C 判断矩阵（其中 A 为目标层即最高层，B 为准则层即中间层，C 为方案层即最底层），使用层次分析法计算得出指标权重；对于同级指标个数小于 3 的，根据专家打分均值的占比计算权重值，最终得到博物馆旅游高质量发展区域性评价指标权重。层次分析法计算步骤如下：

首先，将判断矩阵的各元素按列进行归一化处理：

$$\bar{x}_{ij} = \frac{x_{ij}}{\sum\limits_{i=1}^{n} x_{ij}} \quad (i,j = 1,2,\cdots,n) \tag{3-2}$$

其次，将处理后的判断矩阵按行相加：

$$\bar{w}_i^1 = \sum\limits_{j=1}^{n} \bar{x}_{ij} \quad (i = 1,2,\cdots,n) \tag{3-3}$$

最后，作归一化处理 $\bar{w}_i^1 = (\bar{w}_1^1, \bar{w}_2^1 \cdots, \bar{w}_n^1)^t$：

$$w_i^1 = \frac{\bar{w}_i^1}{\sum\limits_{i=1}^{n} \bar{w}_i^1} \quad (i = 1,2,\cdots,n) \tag{3-4}$$

所得近似解 $w^1 = (w_1^1, w_2^1 \cdots, w_n^1)^t$ 即为使用层次分析法计算得到的博物馆旅游高质量发展区域性评价指标的权重值(如表 3-6 所示)。

为确保 AHP 所得结果的合理性，对判断矩阵的计算结果进行一致性检验，计算公式为：

$$CI = \frac{\lambda_{max} - n}{n - 1}; CR = \frac{CI}{RI} \tag{3-5}$$

其中，CI 为判断矩阵的偏差一致性指标，CR 为随机一致性比率，λ_{max} 为判断矩阵的最大特征根，RI 为平均随机一致性指标。计算结果如表 3-5 所示，判断矩阵的 CR 均小于 0.1，表明判断矩阵具有满意的一致性，检验通过。

表 3-5 指标权重判断矩阵一致性检验结果

矩阵	检验指标				是否具有一致性
	λ_{max}	CI	RI	CR	
A—B	5.0731	0.0183	1.11	0.0165	是
B_1—C	8.525	0.075	1.404	0.05345	是
B_2—C	3.0002	0.0001	0.525	0.0002	是
B_3—C	5.091	0.0227	1.11	0.0205	是
B_4—C	3.0149	0.0075	0.525	0.0142	是

（2）熵值法

熵值法是一种客观赋权法，通过对各指标数值之间差异程度的评价来确定权重值。某项指标不用样本数值间差别较大即离散性较大，则信息熵值较小，表达的信息量的信息效用值较大，对应的权重越大，反之越小。熵值法具体操作步骤如下：

首先，为消除指标单位不一致对计算结果的影响，需要对 2017—2019 年博物馆旅游原始数据进行无量纲化处理，采用 min – max 标准化方法，正向指标计算公式为：

$$x'_{ij} = \frac{x_{ij} - x_{\min}}{x_{\max} - x_{\min}} \tag{3 – 6}$$

负向指标计算公式为：

$$x'_{ij} = \frac{x_{\max} - x_{ij}}{x_{\max} - x_{\min}} \tag{3 – 7}$$

其中，x'_{ij} 为标准化后数据，x_{ij} 为原始样本数据，$x_{\min}$ 为原始数据最小值，$x_{\max}$ 为原始数据最大值。

然后，将标准化后的数据换算为比重值，公式为：

$$y_{ij} = \frac{x'_{ij}}{\sum\limits_{j=1}^{n} x'_{ij}} \tag{3 – 8}$$

进而，计算出指标的信息熵值 e_i、信息效用值 d_i 以及权重 w_i^2，计算结果如附录 4 所示，公式为：

$$e_i = -k \times \sum_{j=1}^{n} P_{ij} \ln P_{ij}，一般 k = \frac{1}{\ln n} \tag{3 – 9}$$

$$d_i = 1 - e_i \tag{3 – 10}$$

$$w_i^2 = \frac{d_i}{\sum\limits_{i=1}^{n} d_i}，i = 12，\cdots，n \tag{3 – 11}$$

对 21 项三级指标权重 w_i^2 按照所在层级进行加权后，计算各指标在其中所占的比例得到调整后的指标权重 w^2，即为使用熵值法计算得到的博物馆旅游高质量发展区域性评价指标的权重值（如表 3 – 6 所示）。

（3）CRITIC

CRITIC 也是一种客观赋权法，通过将评价指标两两对比，根据对比强度与冲突性来确定权重值。对比强度表示各指标数据之间的波动性，以标准差来衡量，标准差越大则波动越大，权重越高；冲突性表示各指标数据之间的相关关系，以相关系数来衡量，相关系数越大则冲突越小，权重越小。CRITIC 法具体操作步骤如下（计算结果如附录 4 所示）：

首先，对原始数据进行无量纲化处理（处理方法同熵值法）。

然后，计算指标变异性（标准差 S_i、冲突性（相关系数 R_i 以及信息量 C_i，计算公式为：

$$S_i = \sqrt{\frac{\sum_{j=1}^{n}(x_{ij} - \bar{x}_i)^2}{n}}; R_i = \sum_{i=1}^{n}(1 - r_{ij}); C_i = S_i \times R_i \qquad (3-12)$$

其中 $\bar{x}_i$ 为平均值，r_{ij} 为指标 i 与指标 j 之间的相关系数（使用 SPSS 软件计算得到）。

最后，根据信息量计算结果，得到指标权重 w_i^3，即为使用 CRITIC 计算得到的博物馆旅游高质量发展区域性评价指标的权重值（如表 3-6 所示）。公式为：

$$w_i^3 = \frac{C_i}{\sum_{i=1}^{n} C_i} \qquad (3-13)$$

（4）主客观综合赋权

根据层次分析法、熵值法以及 CRITIC 分别计算得到指标权重 w_i^1、w_i^2、w_i^3，根据专家意见征询以及博物馆旅游高质量发展测度需要，本书认为主观层次分析法确定的权重系数略高于熵值法以及 CRITIC 两个客观赋权法得到的权重系数，权重系数分别赋值为 0.4、0.3、0.3，即最终权重值 $W_i = 0.4w_i^1 + 0.3w_i^2 + 0.3w_i^3$，得到博物馆旅游高质量发展区域性测度各层次评价指标的综合权重，如表 3-6 所示。

表 3-6　博物馆旅游高质量发展区域性测度指标综合权重

一级指标	二级指标	AHP	熵值法	CRITIC	综合权重	三级指标	AHP	熵值法	CRITIC	综合权重
博物馆旅游高质量发展 A	创新 B_1	0.28	0.36	0.41	0.34	创新优质资源 C_1	0.12	0.08	0.15	0.12
						创新资源动态变化 C_2	0.16	0.19	0.15	0.17
						博物馆覆盖率 C_3	0.27	0.11	0.10	0.15
						创新人才基础 C_4	0.05	0.11	0.15	0.1
						创新展览产出 C_5	0.05	0.11	0.10	0.09
						创新经济总产出 C_6	0.15	0.08	0.12	0.12
						创新产品数量 C_7	0.09	0.11	0.15	0.11
						创新产品收入 C_8	0.11	0.19	0.10	0.14
	协调 B_2	0.32	0.15	0.12	0.21	空间协调 C_9	0.3	0.27	0.33	0.29
						产业协调 C_{10}	0.27	0.40	0.33	0.31
						文旅协调支持 C_{11}	0.43	0.33	0.33	0.4

一级指标	二级指标	AHP	熵值法	CRITIC	综合权重	三级指标	AHP	熵值法	CRITIC	综合权重
博物馆旅游高质量发展 A	共享 B₃	0.18	0.31	0.23	0.23	志愿服务共享 C₁₂	0.07	0.13	0.17	0.13
						成果共享 C₁₃	0.41	0.13	0.17	0.22
						活动共享 C₁₄	0.14	0.29	0.26	0.24
						网站共享 C₁₅	0.2	0.16	0.17	0.17
						新媒体共享 C₁₆	0.18	0.29	0.22	0.24
	开放 B₄	0.08	0.11	0.15	0.11	境外观众 C₁₇	0.33	0.27	0.27	0.31
						国际出版物 C₁₈	0.2	0.36	0.40	0.32
						国际合作项目 C₁₉	0.47	0.36	0.33	0.37
	绿色 B₅	0.14	0.07	0.09	0.11	能源消耗 C₂₀	0.59	0.57	0.44	0.53
						电力使用 C₂₁	0.41	0.43	0.56	0.47

三、测度结果分析

基于 2017—2019 年 31 个省份博物馆旅游原始数据的 min-max 标准化结果以及表 3 - 6 综合权重值,使用公式 $B_l = \sum_{i=1}^{n} C_i \times W_i$, $A = \sum_{l=1}^{n} B_l \times W_l$(其中 A 为区域博物馆旅游高质量发展一级指标分值, B 为二级指标分值, C 为三级指标分值, W 为指标综合权重值),计算我国区域博物馆旅游高质量发展测度得分及排名情况。如表 3 - 7 所示,2017—2019 年我国区域博物馆旅游高质量发展总体呈现平稳上升态势。根据测度结果分布情况(表 3 - 8) 可知,2017—2019 年我国区域博物馆旅游高质量发展水平得分均值约为 0.27,标准差约为 0.08。如图 3 - 2 所示,近 2/3 的地区博物馆旅游高质量发展测度得分介于 0.2 ~ 0.3 区间,参考国家统计局对经济带的划分,东部地区 2017—2019 年发展测度得分均值高于其他区域,说明我国东部沿海各省份博物馆旅游高质量发展水平较高,其中历年得分最高的地区皆为上海与北京,超出全国平均水平近一倍。2017—2019 年我国区域博物馆旅游高质量发展水平得分峰度分别为 2.368、2.049、1.443,偏度均大于 0。偏度与峰度描述了测度值的分布形态,峰度值低于 3 表明测度得分的分布曲线与标准正态分布曲线相比略为陡峭,偏度值为正表明分布曲线右侧尾部更长(如图 3 - 3 所示),意味着较多评价对象得分位于平均值左侧,即超过半数的地区得分低于全国平均水平。这说明目前我国博物馆旅游高质量发展处于中低水平的地区较多,高水平较少,因此未来须加大开发力度,促进我国博物馆旅游高质量发展水平整体提升。

为进一步揭示我国不同区域博物馆旅游高质量发展水平的分异规律,从绝对差异与相对差异两方面进行探讨。绝对差异可反映总体发展水平的差异,但通常受到量纲等方面的影响,而绝对差异为比值的形式,可以消除单位等不同对变异程度比较的影响,为更准确全面分析不同区域间博物馆旅游高质量发展水平的差异,考虑同时使用绝对差异与相对差异进行分析。本书采用标准差(S_i)测算区域博物馆旅游高质量发展水平的绝对差异,采用变异系数(CV)与基尼系数(GI)测算相对差异的总体变化。

标准差的计算公式为:

$$S_i = \sqrt{\frac{\sum_{j=1}^{n}(X_{ij} - \bar{X}_i)^2}{n}} \tag{3-14}$$

变异系数的计算公式为:

$$CV = \frac{S_i}{\bar{X}_i} \tag{3-15}$$

其中,$\bar{X}_i$为第 i 年博物馆旅游高质量发展的平均水平。

基尼系数计算公式为:

$$GI = \frac{(\sum X_i Y_{i+1}) - (\sum X_{i+1} Y_i)}{\sum X_i Y_{i+1}} \tag{3-16}$$

其中,X_i为第 i 年区域数据的累积百分比分布,Y_i为测度得分累积百分比分布。如表 3-8 所示,我国不同区域博物馆旅游高质量发展水平的标准差、变异系数、基尼系数的变化呈逐步下降趋势,标准差从 2017 年的 0.085 下降到 2019 年的 0.076,变异系数由 2017 年的 0.321 下降为 2019 年的 0.284,基尼系数由 2017 年的 0.161 下降为 2019 年的 0.147,表明绝对差异与相对差异均在逐渐缩小,意味着我国不同区域间博物馆旅游高质量发展的均衡性正在稳步提升。

表 3-7 博物馆旅游高质量发展区域性测度得分及排名

地区	2017 年		2018 年		2019 年	
	得分	排名	得分	排名	得分	排名
北京	0.512	1	0.464	2	0.460	2
天津	0.393	3	0.383	4	0.381	4
河北	0.189	28	0.195	29	0.194	28
山西	0.230	23	0.228	22	0.232	22
内蒙古	0.215	24	0.227	23	0.233	20
辽宁	0.170	29	0.165	30	0.175	30
吉林	0.239	19	0.242	18	0.233	21
黑龙江	0.247	17	0.243	17	0.249	17
上海	0.479	2	0.512	1	0.468	1
江苏	0.366	4	0.422	3	0.383	3

（续表）

地区	2017 年		2018 年		2019 年	
	得分	排名	得分	排名	得分	排名
浙江	0.338	5	0.337	5	0.351	5
安徽	0.252	14	0.253	11	0.256	15
福建	0.294	7	0.336	6	0.272	11
江西	0.238	20	0.239	21	0.245	18
山东	0.294	8	0.309	7	0.303	7
河南	0.234	21	0.245	15	0.259	13
湖北	0.262	10	0.258	10	0.277	10
湖南	0.234	22	0.241	19	0.212	25
广东	0.249	16	0.244	16	0.291	8
广西	0.212	26	0.220	26	0.228	23
海南	0.116	31	0.226	24	0.195	27
重庆	0.253	13	0.280	9	0.284	9
四川	0.259	11	0.249	13	0.252	16
贵州	0.243	18	0.197	27	0.206	26
云南	0.212	25	0.221	25	0.237	19
西藏	0.252	15	0.240	20	0.223	24
陕西	0.332	6	0.308	8	0.316	6
甘肃	0.257	12	0.251	12	0.259	14
青海	0.151	30	0.134	31	0.147	31
宁夏	0.268	9	0.247	14	0.263	12
新疆	0.189	27	0.195	28	0.184	29

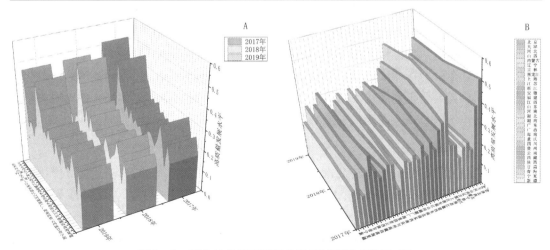

图 3 - 2 博物馆旅游高质量发展区域性测度结果对比

表 3 - 8 博物馆旅游高质量发展区域性测度结果分布情况

年份	最大值	最小值	均值	中位数	峰度	偏度	绝对差异	相对差异	
							标准差	变异系数	基尼系数
2017	0.512	0.116	0.264	0.249	2.368	1.312	0.085	0.321	0.161
2018	0.512	0.134	0.268	0.244	2.049	1.402	0.083	0.311	0.155
2019	0.468	0.147	0.267	0.252	1.443	1.207	0.076	0.284	0.147

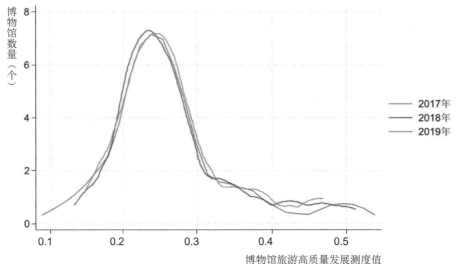

图 3 - 3 博物馆旅游高质量发展区域性测度结果核密度估计图

四、我国博物馆旅游地域结构分析

为更清晰地区分各地区博物馆旅游高质量发展水平差异情况，使用 SPSS 对 2017—2019 年评价结果平均值进行聚类分析，将我国 31 个省份按照测度结果从高到低划分为四个层级（如表 3 - 9 所示）：Ⅰ级发展区域 2 个、Ⅱ级发展区域 6 个、Ⅲ级发展区域 18 个、Ⅳ级发展区域 5 个。根据划分结果来看，Ⅰ级与Ⅱ级发展区域除陕西省外皆位于我国东部地区，东部地区博物馆旅游高质量发展的各项指标得分基本处于领先地位，我国区域博物馆旅游高质量发展水平与博物馆机构密度以及单位面积博物馆旅游人次的空间分布相似，也大致呈现东高西低的态势。

（1）Ⅰ级发展区域

处于Ⅰ级发展区域的上海与北京领先优势尤为明显。2017—2019 年上海市博物馆旅游在协调发展方面得分均居于全国首位，创新、开放发展得分位列前三，共享发展得分也排名前五。上海作为我国最国际化城市之一，在经济与文化等领域开放水平较高，2008 年以来上海市的博物馆机构密度一直稳居全国之首，其通过优化博物馆设施布局、强化功能配置并凸显特色，显著地推动了博物馆旅游高质量发展水平的进一步提升。

2017—2019 年北京市博物馆创新、共享、开放发展方面得分皆排名前两位，协调发展也位列前六名。北京作为我国的文化中心，拥有着故宫博物院等诸多世界闻名的文化遗产，珍稀藏品丰富，博物馆硬件设施、运营管理水平以及文化资源利用方式皆居于全国领先地位。数字经济时代，北京市在数字媒体发展方面的实力亦是领跑全国，如图 2 - 8 所示，北京市的博物馆网站访问量达 10.37 亿次，是第二名的近 20 倍；如图 2 - 9 所示，微信公众号、微博关注 2328.59 万人，比第二名多了 612.79 万人。综上所述，上海与北京在博物馆旅游高质量发展方面综合实力突出，且发展较为均衡。

（2）Ⅱ级发展区域

处于Ⅱ级发展区域的省份除陕西省外皆位于我国东部沿海地区，拥有较好的经济基础与浓厚的文化底蕴，博物馆旅游发展基础优势明显。Ⅱ级发展区域的各省份在五个二级评价指标方面大多排名全国前列，且各有侧重。江苏与浙江在协调发展方面连续三年均排名第二和第三位（仅次于上海市），可见江浙沪显著的区位优势以及强劲的经济与社会联系对三地博物馆旅游高质量发展具有明显的支撑作用。其中，江苏省拥有中国最早的博物馆——建于 1905 年的南通博物苑，2008 年博物馆机构数量跃居全国第一，且于2008—2015 年期间持续处在全国领先地位，2008—2019 年间江苏省的博物馆参观人次持续平稳增长，一直居于全国首位。山东省素有"文化大省"之称，2012 年中共山东省委提出加快建设文化强省的意见，如附录 1 所示山东省博物馆机构数量自 2012 年起呈现激增趋势，2012 年增长率高达 48.33%，2015 年起超过其他省份位居全国首位。天津市作为京津冀城市群的中心城市之一，创新、协调、开放发展方面均居于前列。福建省创新、共享、开放方面得分较高，其中 2018 年共享发展得分更是居于全国第二位。陕西省作为多朝古都以及重要的革命根据地，是Ⅰ级与Ⅱ级发展区域中唯一一个位于西部地区的省份，其历史资源丰富，当地政府与主管部门重视省内博物馆资源整合，集合全省博物馆之力在展示、数字化、信息化、文创开发等方面共同创新发展。

（3）Ⅲ、Ⅳ级发展区域

处于Ⅲ、Ⅳ级发展区域的省份多位于我国中西部地区以及东北地区，其博物馆旅游大多存在结构性发展问题。湖南省、广东省、重庆市、辽宁省在共享发展方面三年均排名全国前十位。广东省博物馆建设规模起点较高，1995 至 2008 年间均居全国首位，近二十多年来发展速度相对放缓。甘肃省在创新发展方面位列全国前八，如甘肃省敦煌研究院近年来在文化创新、数字化融合、开放合作等方面不断探索尝试，高质量发展各方面皆取得亮眼成绩，成为区域博物馆旅游高质量发展的典范。但在Ⅲ、Ⅳ级发展区域的博物馆旅游多存在各维度发展不均衡问题，高质量发展某些维度表现平平或存在明显短板，如处于Ⅳ级发展区域的辽宁省在协调与绿色发展方面排名居于尾部，2021 年中央生态环保督察组发现，辽宁省自 2018 年起存在对高耗能、高排放项目管控不到位的问题，协调与绿色方面的发展不足迟滞了该区域博物馆旅游高质量发展的整体步伐。

表 3 – 9　区域博物馆旅游高质量发展水平分类

类型	得分	省份
Ⅰ级发展区域	0.45 ~ 1	北京、上海
Ⅱ级发展区域	0.30 ~ 0.449	天津、江苏、浙江、山东、陕西、福建
Ⅲ级发展区域	0.20 ~ 0.299	山西、内蒙古、吉林、黑龙江、安徽、江西、河南、湖北、湖南、广东、广西、重庆、四川、贵州、云南、西藏、甘肃、宁夏
Ⅳ级发展区域	0 ~ 0.199	河北、辽宁、海南、青海、新疆

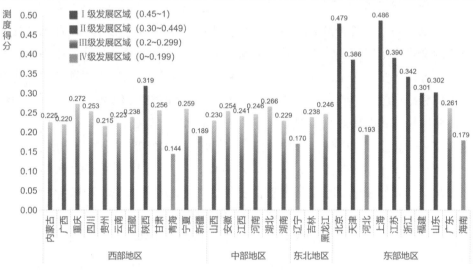

图 3 – 4　我国博物馆旅游高质量发展分布图

第三节　微观视角下我国博物馆旅游高质量发展评价

为了全面掌握我国博物馆旅游具体发展特征，在明确我国博物馆旅游高质量地域结构的基础上，再选取我国国家一级博物馆 204 个样本为研究对象，从微观视角提炼和构建评价指标体系，深入研究我国博物馆旅游高质量发展水平及其类型差异。

一、指标体系的构建

参考博物馆旅游高质量发展区域性评价指标体系并结合数据获取切实可行原则，同样从创新、协调、共享、开放、绿色五个方面初步构建评价指标体系，并邀请博物馆与旅游相关专家进行评判筛选，最终确定微观视角下我国博物馆旅游高质量发展评价指标体系，如表 3 – 10 所示。

表 3 - 10　微观视角下我国博物馆旅游高质量发展测度指标体系

一级指标	二级指标	三级指标	指标测算	指标属性
博物馆旅游高质量发展 A	创新 B₁	创新资源基础 C_1	博物馆内全部藏品总数/博物馆占地面积	正指标
		优质资源比例 C_2	博物馆馆藏珍贵文物/馆内全部藏品总数×100%	正指标
		创新资源动态变化 C_3	（本年度藏品数 - 上年度藏品数）/本年度藏品数×100%	正指标
		创新展览产出 C_4	博物馆年陈列展览数量	正指标
	协调 B₂	空间协调 C_5	各博物馆引力值 $R_{ij} = \dfrac{\sqrt{N_i V_i} \times \sqrt{N_j V_j}}{D_{ij}^2}$	正指标
		馆企融合数量 C_6	博物馆投资企业个数	正指标
		馆企融合投资 C_7	博物馆投资企业注册资本×投资比例	正指标
		馆企融合类型 C_8	博物馆投资企业所属行业类型统计	正指标
	共享 B₃	成果共享 C_9	博物馆年参观量	正指标
		活动共享 C_{10}	开展社教活动次数	正指标
		网络共享 C_{11}	博物馆微信公众号发文量 + 博物馆微博发文量	正指标
		大众反馈数量 C_{12}	（携程网点评数量 + 大众点评网评价数量）/2	正指标
		大众满意度 C_{13}	（携程网评价分值 + 大众点评网评价分值）/2	正指标
	开放 B₄	国际关注度 C_{14}	博物馆官网在全网流量/国家一级博物馆全网总流量	正指标
		官网权威值 C_{15}	（博物馆官网百度权重 + 移动权重）/2	正指标
		开放渠道 C_{16}	博物馆官网的网站入链数/国家一级博物馆总入链数	正指标
	绿色 B₅	能源消耗量 C_{17}	区域能源总消耗量×（博物馆财政补贴/区域财政支出）×（单体博物馆参观人次/区域博物馆参观人次）	逆指标
		电力使用 C_{18}	区域总用电量×（博物馆财政补贴/区域财政支出）×（单体博物馆参观人次/区域博物馆参观人次）	逆指标
		环保相关资讯 C_{19}	百度资讯搜索"博物馆名称"& 环保	正指标
		节能相关资讯 C_{20}	百度资讯搜索"博物馆名称"& 节能	正指标

（1）创新发展指标

创新发展指标在区域博物馆创新发展指标基础上，根据单体博物馆实际情况以及数据可获取状况加以调整，亦分为创新基础与创新产出两个方面，选定创新资源基础、优质资源比例、创新资源动态变化以及创新展览产出作为三级评价指标。指标测算及来源如下：创新资源基础（C_1）＝博物馆内全部藏品总数/博物馆占地面积，单位为件（套）/平方米；优质资源比例（C_2）＝博物馆馆藏珍贵文物/馆内全部藏品总数 ×100%；创新资源动态变化（C_3）＝（本年度藏品数 － 上年度藏品数）/本年度藏品数 ×100%；创新展览产出（C_4）＝博物馆年陈列展览数量，单位为个。数据来源于国家文物局全国博物馆年度报告信息系统、《全国博物馆名录》及各博物馆官网数据。

（2）协调发展指标

博物馆旅游高质量发展单体性评价中的协调发展指标同样包含区域协调与行业协调两个层面，三级指标选定为空间协调、馆企融合数量、馆企融合投资、馆企融合类型。其中，空间协调（C_5）以各博物馆之间引力值表示，数据来源为国家文物局全国博物馆年度报告信息系统、《全国博物馆名录》以及高德地图博物馆间驾车距离测量。馆企融合数量（C_6）为博物馆投资企业个数，单位为个；馆企融合投资（C_7）＝博物馆投资企业注册资本×投资比例，单位为万元；馆企融合类型（C_8）为博物馆投资企业所属行业类型统计，单位为个。$C_5 \sim C_8$数据来源于天眼查与企查查网站中各博物馆的相关数据信息。

①区域协调指标

空间协调部分以博物馆空间联系度即博物馆间引力值来表征，计算公式为：空间协调（引力值）$R_{ij} = \dfrac{\sqrt{N_i V_i} \times \sqrt{N_j V_j}}{D_{ij}^2}$，其中 N_i 与 N_j 分别为博物馆 i 与博物馆 j 的藏品数量（单位为万个），V_i 与 V_j 分别为博物馆 i 与博物馆 j 的参观人次（单位为万人次），D_{ij} 为两个博物馆间的最短公路距离（单位为公里）。数据来源于国家文物局全国博物馆年度报告信息系统、高德地图等网站数据（部分计算结果如表 3 – 11 所示）。联系度排名前 20 位的一级博物馆主要坐落于北京、上海、陕西、天津、山西、江苏等地，其中近半数位于北京市，北京的国家一级博物馆数量居全国之首，且知名度高、馆藏品众多、分布集中，极易形成发展合力。一级博物馆数量较多、馆藏资源丰富且多处于区域经济圈的中心层级，区位优势明显。前 20 名的博物馆根据题材类型有 6 家历史文化类题材、5 家综合地志类、4 家自然科技类。近年来科技的快速发展使联系更加多元与便利，但对于以"人的移动"为核心内容的旅游活动，空间距离仍是旅游联系的重要影响和制约因素。如山西省的山西博物院与中国煤炭博物馆联系度较高，排名第 14、15 位，两家博物馆距离仅约为 1.3 公里，步行约 17 分钟便可到达，极大增加了两家博物馆的联系度。

表 3 – 11 204 个国家一级博物馆空间联系度排名（部分）

排名	博物馆名称	联系度	省份	博物馆性质	题材类型	免费
1	故宫博物院	140.30	北京市	文物系统国有博物馆	历史文化	否
2	中国国家博物馆	118.06	北京市	文物系统国有博物馆	其他	是
3	上海博物馆	25.24	上海市	文物系统国有博物馆	艺术	是
4	中共一大会址纪念馆	23.78	上海市	文物系统国有博物馆	革命纪念	是
5	北京自然博物馆	15.85	北京市	其他行业国有博物馆	自然科技	是
6	文化和旅游部恭王府博物馆	13.73	北京市	文物系统国有博物馆	历史文化	否
7	陕西历史博物馆	10.18	陕西省	文物系统国有博物馆	历史文化	是
8	中国人民革命军事博物馆	9.68	北京市	其他行业国有博物馆	综合地志	是
9	西安博物院	9.48	陕西省	文物系统国有博物馆	综合地志	是
10	天津自然博物馆	8.06	天津市	文物系统国有博物馆	自然科技	是
11	天津博物馆	7.94	天津市	文物系统国有博物馆	历史文化	是
12	中国地质博物馆	7.46	北京市	其他行业国有博物馆	自然科技	否
13	首都博物馆	7.13	北京市	文物系统国有博物馆	综合地志	是
14	山西博物院	5.26	山西省	文物系统国有博物馆	综合地志	是
15	中国煤炭博物馆	3.89	山西省	其他行业国有博物馆	自然科技	否
16	北京鲁迅博物馆	3.73	北京市	文物系统国有博物馆	历史文化	是
17	侵华日军南京大屠杀遇难同胞纪念馆	3.59	江苏省	其他行业国有博物馆	革命纪念	是
18	南京市博物总馆	3.57	江苏省	文物系统国有博物馆	综合地志	否
19	中国农业博物馆	3.46	北京市	其他行业国有博物馆	其他	是
20	南京博物院	2.64	江苏省	文物系统国有博物馆	历史文化	是
…			…			
204	西藏博物馆	0.00	西藏自治区	文物系统国有博物馆	历史文化	是

②行业协调指标

行业协调部分使用各博物馆相关投资企业情况加以考察。以 204 个国家一级博物馆为研究对象，通过企查查、天眼查网站搜索博物馆对外投资企业的详细信息，采集信息包括企业名称、注册资本、投资比例、投资数额等（如表 3 – 12 所示）。经统计整理 204 个国家一级博物馆对外投资企业目前依然存续的有 110 家，涉及博物馆 70 家，仅占一级博物馆总数的 34.31%。涉及国内外旅游业务、旅游信息咨询、导游服务、旅游纪念品设计研发销售、旅游项目开发、旅游规划设计、旅游景点开发等旅游直接相关的经营项目的企业有 36 家。涉及《国民经济行业分类》（GB/T 4754—2017）中 11 个行业门类，19

个行业大类。

表 3 – 12 31 个省份国家一级博物馆投资企业情况

省份	一级博物馆数量（家）	投资企业数量（家）	投资额（万元）	涉及行业数量
北京	18	23	3701.5785	21
天津	4	5	130	5
河北	3	2	370	2
山西	6	1	100	1
内蒙古	3	1	146	1
辽宁	6	2	170	2
吉林	3	1	10	1
黑龙江	6	1	105	1
上海	7	4	3213	4
江苏	13	8	287.6	8
浙江	13	8	282	8
安徽	6	3	130	3
福建	5	1	20	1
江西	11	5	220	5
山东	18	2	73	2
河南	9	3	110	3
湖北	9	1	0.2	1
湖南	6	3	1250	3
广东	10	1	3	1
广西	3	0	0	0
海南	2	0	0	0
重庆	5	3	1526.8	3
四川	12	14	2323	14
贵州	4	1	10	1
云南	2	0	0	0
西藏	1	0	0	0
陕西	9	9	860.824	9
甘肃	4	7	1602.8	5
青海	2	0	0	0
宁夏	2	0	0	0
新疆	2	0	0	0

表 3 - 13　国家一级博物馆投资涉及行业情况

序号	门类	行业大类名称	行业代码	投资企业数量(家)	投资额(万元)	投资的博物馆名称
1	L	商务服务业	72	26	8052.0969	中国国家博物馆、首都博物馆、中国农业博物馆、西柏坡纪念馆、山西博物院、内蒙古博物院、沈阳故宫博物院、上海科技馆、南京市博物总馆、中国丝绸博物馆、安徽博物院、安徽中国徽州文化博物馆、福建博物院、韶山毛泽东同志纪念馆、重庆中国三峡博物馆、重庆红岩革命历史博物馆、大足石刻博物馆、成都杜甫草堂博物馆、成都武侯祠博物馆、成都金沙遗址博物馆、邓小平故居陈列馆、成都博物馆(成都中国皮影博物馆)、陕西历史博物馆、秦始皇帝陵博物院、敦煌研究院
2	R	广播、电视、电影和录音制作业	87	20	2798.3	故宫博物院、中国国家博物馆、首都博物馆、中国农业博物馆、周恩来邓颖超纪念馆、侵华日军南京大屠杀遇难同胞纪念馆、南京中国科举博物馆、杭州博物馆、浙江自然博物院、八大山人纪念馆、山东博物馆、洛阳博物馆、湖南博物院、四川广汉三星堆博物馆、成都金沙遗址博物馆、天水市博物馆、敦煌研究院
3	F	零售业	52	15	1034	中国国家博物馆、周口店北京人遗址博物馆、文化和旅游部恭王府博物馆、平津战役纪念馆、黑龙江省博物馆、上海博物馆、镇江博物馆、宁波博物馆、中国茶叶博物馆、景德镇中国陶瓷博物馆、成都武侯祠博物馆、遵义会议纪念馆、西安半坡博物馆、陕西历史博物馆、秦始皇帝陵博物院
4	J	资本市场服务	67	1	1000	湖南博物院
5	R	体育	89	4	948.3	首都博物馆、北京鲁迅博物馆(北京新文化运动纪念馆)、安源路矿工人运动纪念馆、中国文字博物馆

（续表）

序号	门类	行业大类名称	行业代码	投资企业数量（家）	投资额（万元）	投资的博物馆名称
6	F	批发业	51	15	911.6	中国电影博物馆、沈阳故宫博物院、伪满皇宫博物院、上海博物馆、南京博物院、南京市博物总馆、常熟博物馆、浙江省博物馆、中国丝绸博物馆、南昌八一起义纪念馆、淄博市陶瓷博物馆、四川博物院、成都杜甫草堂博物馆、陕西历史博物馆、敦煌研究院
7	R	娱乐业	90	1	550	敦煌研究院
8	H	餐饮业	62	6	484	中国国家博物馆、文化和旅游部恭王府博物馆、成都武侯祠博物馆、西安半坡博物馆、秦始皇帝陵博物院、汉阳陵博物馆
9	G	道路运输业	54	1	238.7069	中国国家博物馆
10	N	公共设施管理业	78	1	180	胡耀邦同志纪念馆
11	O	其他服务业	82	4	177	周口店北京人遗址博物馆、南湖革命纪念馆、安徽省地质博物馆、四川博物院
12	R	文化艺术业	88	4	140.2	中国国家博物馆、武汉市中山舰博物馆、成都杜甫草堂博物馆、成都武侯祠博物馆
13	H	住宿业	61	2	138	中国农业博物馆、西柏坡纪念馆
14	C	文教、工美、体育和娱乐用品制造业	24	3	125	天津博物馆、天津自然博物馆、瑞金中央革命根据地
15	M	科技推广和应用服务业	75	2	60	北京自然博物馆、北京天文馆
16	E	建筑装饰、装修和其他建筑业	50	1	50	南京博物院
17	J	货币金融服务	66	1	25	天津博物馆
18	M	研究和试验发展	73	1	10	洛阳博物馆
19	R	新闻和出版业	86	2	6	上海科技馆、广东中国客家博物馆

如表 3-13 所示，从博物馆方面来看，中国国家博物馆、上海科技馆、湖南博物院、首都博物馆、秦始皇帝陵博物院、成都武侯祠博物馆等博物馆对外投资企业数量和投资金额较多；从投资情况来看，商务服务业，广播、电视、电影和录音制作业，零售业等行业被投资数量及金额较多，涉及资本市场服务行业的企业仅有湖南博物院一家，但投资金额较大，达 1000 万元；从行业分布来看，产业融合还处于发展初级阶段，仅与部分产业融合，未形成多元产业链融合的发展态势，金融、教育等产业融合度较少，未来有

较大提升空间。

（3）共享发展指标

博物馆旅游高质量发展单体性评价中的共享发展指标依然分为线下共享与线上共享两方面，具体使用成果共享、活动共享这两个指标来反映博物馆线下共享状况，使用网络共享、大众反馈数量、大众满意度三个指标来揭示博物馆线上共享状况。指标测算及来源如下：成果共享（C_9）为各博物馆年参观量，单位为万人次；活动共享（C_{10}）为各博物馆开展社教活动次数，单位为次。C_9 与 C_{10} 数据来源于国家文物局全国博物馆年度报告信息系统、《全国博物馆名录》。网络共享（C_{11}）＝博物馆微信公众号发文量＋博物馆微博发文量，单位为篇；大众反馈数量（C_{12}）＝（携程网点评数量＋大众点评网评价数量）/2，单位为篇；大众满意度（C_{13}）＝（携程网评价分值＋大众点评网评价分值）/2，单位为分。C_{11} ~ C_{13} 数据来源于博物馆微博与微信公众号以及携程网、大众点评网等平台中各博物馆的数据信息。

（4）开放发展指标

根据科学客观以及切实可行原则，博物馆旅游高质量发展单体性评价开放发展指标主要以博物馆官方网站为研究对象。博物馆官网是承载博物馆信息的新载体，不仅提供基本服务信息，更是对外开放展示与学习的平台。此处选用博物馆国际关注度、官网权威值、开放渠道三个能够较客观反映博物馆对外开放情况以及影响力的指标，皆为正向指标。其中，国际关注度（C_{14}）选用官网访问量来衡量博物馆官网的平均被浏览次数（以访问 IP 计算），该指标数值越大反映了博物馆官网的受关注程度越高；官网权威值（C_{15}）使用博物馆官网的百度权重与移动权重表示，是根据各博物馆官网关键词排名情况对其欢迎度进行评级（数值范围为 0 ~ 10），数值越大表明博物馆官网欢迎度越高；开放渠道（C_{16}）使用官网反链数来衡量博物馆官网的网站导入链接数量，该指标数值越高代表博物馆官网开放渠道越多，影响力越大。C_{14} ~ C_{16} 数据来源于全国博物馆年度报告信息系统以及爱站、站长工具等网站。

（5）绿色发展指标

在区域性评价的基础上，博物馆旅游高质量发展单体性评价的绿色发展指标选取能源消耗量与电力使用以及环保和节能相关资讯情况。通常认为博物馆接待游客量越多则博物馆消耗的能源越多，因此在区域博物馆绿色指标基础上进一步换算，计算公式为：能源消耗量（C_{17}）＝区域能源总消耗量 ×（博物馆财政补贴/区域财政支出）×（单体博物馆参观人次/区域博物馆参观人次）；电力使用（C_{18}）＝区域总用电量 ×（博物馆财政补贴/区域财政支出）×（单体博物馆参观人次/区域博物馆参观人次），数据来源于各省份统计年鉴数据，国家统计局、能源局网站数据，全国博物馆年度报告信息系统，《全国博物馆名录》。

节能与环保指标主要选用百度资讯中相关内容的搜索数据，百度资讯是对新闻事件、热点资讯的搜索平台，能够较客观地反映博物馆相关活动的信息。环保相关资讯（C_{19}）即各博物馆有关环保内容的百度资讯搜索条数，搜索关键词为"博物馆名称" & 环保（博物馆名称加双引号以使搜索精准匹配）；节能相关资讯（C_{20}）即各博物馆有关节能内容的百度资讯搜索条数，搜索关键词为"博物馆名称" & 节能。数据来源于百度资讯网站、全国博物馆年度报告信息系统。

二、指标权重的确定

博物馆旅游高质量发展单体性评价指标权重确定与区域性评价一致，亦使用层次分析法、熵值法、CRITIC 三种方法分别确定权重 w_i^1，w_i^2，w_i^3，并根据公式 $W_i = 0.4w_i^1 + 0.3w_i^2 + 0.3w_i^3$ 得到博物馆旅游高质量发展单体性评价的综合权重，结果如表 3 – 14 所示。

表 3 – 14　博物馆旅游高质量发展单体性评价测度指标权重

一级指标	二级指标	AHP	熵值法	CRITIC	综合权重	三级指标	AHP	熵值法	CRITIC	综合权重
博物馆旅游高质量发展 A	创新 B_1	0.276	0.167	0.245	0.234	创新资源基础 C_1	0.577	0.322	0.298	0.417
						优质资源比例 C_2	0.061	0.488	0.163	0.220
						创新资源动态变化 C_3	0.123	0.045	0.241	0.135
						创新展览产出 C_4	0.239	0.145	0.298	0.228
	协调 B_2	0.326	0.368	0.201	0.301	空间协调 C_5	0.446	0.456	0.184	0.370
						馆企融合数量 C_6	0.136	0.132	0.269	0.174
						馆企融合投资 C_7	0.074	0.281	0.229	0.183
						馆企融合类型 C_8	0.344	0.131	0.318	0.273
	共享 B_3	0.177	0.230	0.216	0.204	成果共享 C_9	0.414	0.050	0.227	0.250
						活动共享 C_{10}	0.148	0.376	0.199	0.231
						网络共享 C_{11}	0.131	0.221	0.269	0.199
						大众反馈数量 C_{12}	0.265	0.333	0.171	0.258
						大众满意度 C_{13}	0.042	0.020	0.134	0.062
	开放 B_4	0.111	0.185	0.145	0.143	国际关注度 C_{14}	0.664	0.495	0.220	0.477
						官网权威值 C_{15}	0.238	0.007	0.438	0.230
						开放渠道 C_{16}	0.098	0.498	0.342	0.293
	绿色 B_5	0.110	0.052	0.193	0.118	能源消耗量 C_{17}	0.268	0.247	0.313	0.275
						电力使用 C_{18}	0.232	0.258	0.272	0.252
						环保相关资讯 C_{19}	0.268	0.227	0.216	0.240
						节能相关资讯 C_{20}	0.232	0.268	0.199	0.233

三、测度结果分析

基于2019年204个国家一级博物馆原始数据的min-max标准化结果以及表3-14综合权重值,使用公式 $B_l = \sum_{i=1}^{n} C_i \times W_i$, $A = \sum_{l=1}^{n} B_l \times W_l$(其中 A 为一级指标分值,B 为二级指标分值,C 为三级指标分值,W 为指标综合权重值),得到我国一级博物馆旅游高质量发展评价得分及排名情况(如附录5所示,因西藏博物馆2017—2021年闭馆改扩建,此处未作评价)。如表3-15所示,我国一级博物馆旅游高质量发展测度结果整体分布不均,最高得分0.525,最低0.046,平均得分0.136,中位数为0.122,标准差为0.053,偏度为3.98呈右偏分布(如图3-5所示),有87.68%的一级博物馆(178家)得分介于0.1~0.3,65.02%博物馆(132家)介于0.1~0.15。

表3-15　一级博物馆旅游高质量发展测度结果分布情况

变量名	最大值	最小值	平均值	标准差	中位数	峰度	偏度	变异系数
A	0.525	0.046	0.136	0.053	0.122	23.503	3.98	0.391
B_1	0.55	0.089	0.175	0.071	0.154	7.418	2.411	0.404
B_2	0.85	0	0.046	0.094	0	28.214	4.344	2.042
B_3	0.583	0.007	0.054	0.071	0.034	26.187	4.52	1.299
B_4	0.999	0	0.07	0.086	0.048	68.139	6.919	1.224
B_5	0.788	0.011	0.513	0.082	0.528	8.667	-1.555	0.160

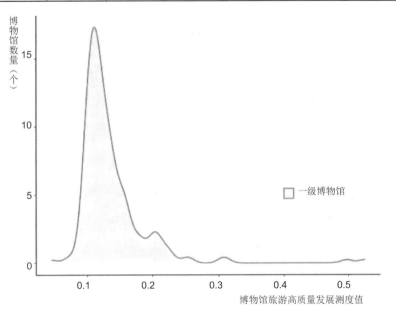

图3-5　一级博物馆旅游高质量发展测度结果核密度估计图

　　将一级博物馆按所在省份进行统计并依据平均得分排序（如表 3 – 16 所示），所得结果与博物馆旅游高质量发展区域性测度排名基本一致，处于Ⅰ级发展区域的仍为北京与上海，发展水平全国领先。如附录 5 所示，全国排名前三十席位中北京有 8 家（占北京总数 44.4%），上海有 3 家（占上海总数 42.9%）。204 家一级博物馆中得分排名前四位的博物馆分别为中国国家博物馆（0.525）、故宫博物院（0.497）、陕西历史博物馆（0.311）、上海博物馆（0.305），得分远高于平均水平，处于明显的领先地位。Ⅱ、Ⅲ层级发展区域略有变动，其中四川省排名提升幅度较大，四川省成都杜甫草堂博物馆、成都武侯祠博物馆、四川博物院、成都金沙遗址博物馆、四川广汉三星堆博物馆等一级博物馆均表现亮眼。天津、陕西、江苏、浙江等区域地位依旧稳固，区域内陕西历史博物馆（排名第 3）、天津博物馆（第 7 位）、南京市博物总馆（第 11 位）、侵华日军南京大屠杀遇难同胞纪念馆（第 14 位）、秦始皇帝陵博物院（第 17 位）、南京博物院（第 21位）、中国丝绸博物馆（第 26 位）、苏州博物馆（第 28 位）等博物馆旅游发展水平均处于全国前列。

表 3 – 16　我国 31 个省份一级博物馆旅游高质量发展测度结果分布情况

排序	省份	总得分	一级馆数量	平均得分	排序	省份	总得分	一级馆数量	平均得分
1	北京	3.591	18	0.199	17	山东	2.187	18	0.122
2	上海	1.280	7	0.183	18	湖北	1.087	9	0.121
3	天津	0.651	4	0.163	19	吉林	0.359	3	0.120
4	陕西	1.383	9	0.154	20	江西	1.280	11	0.116
5	四川	1.833	12	0.153	21	广西	0.335	3	0.112
6	江苏	1.923	13	0.148	22	山西	0.667	6	0.111
7	甘肃	0.581	4	0.145	23	贵州	0.444	4	0.111
8	重庆	0.702	5	0.140	24	宁夏	0.219	2	0.110
9	浙江	1.792	13	0.138	25	云南	0.217	2	0.109
10	湖南	0.809	6	0.135	26	内蒙古	0.325	3	0.108
11	河北	0.403	3	0.134	27	黑龙江	0.716	7	0.102
12	福建	0.644	5	0.129	28	海南	0.201	2	0.100
13	安徽	0.757	6	0.126	29	新疆	0.164	2	0.082
14	辽宁	0.744	6	0.124	30	青海	0.115	2	0.058
15	河南	1.108	9	0.123	31	西藏	未评价	1	未评价
16	广东	1.226	10	0.123					

注：因西藏博物馆 2017—2021 年闭馆改扩建，未作评价。

四、不同类型博物馆发展差异分析

考虑不同类别博物馆发展基础与发展路径存在差异，因此将我国一级博物馆进行分类别统计比较。博物馆分类依据为国家文物局公布的全国博物馆年度报告信息系统中登记的题材类型信息，并在此基础上根据博物馆官网介绍，将个别被归为其他类型的博物馆进行类型微调，将中国国家博物馆、常熟博物馆从其他类型调整为综合地志类，将中国科学技术馆与中国农业博物馆从其他类型调整为自然科技类。进而将一级博物馆按所属类型进行统计并依据平均得分排序（如表3-17所示），考古遗址类与自然科技类博物馆数量不多但整体实力较好，平均分排名全国前两位；历史文化与综合地志类博物馆数量最多，存在两极分化现象，高质量发展平均值排名处于各类型的中部。

表3-17　我国不同类型一级博物馆旅游高质量发展测度结果分布情况

排序	类型	数量	总分	平均分
1	考古遗址	10	1.537	0.154
2	自然科技	19	2.817	0.148
3	艺术	7	1.024	0.146
4	历史文化	66	9.151	0.139
5	综合地志	60	8.145	0.136
6	革命纪念	32	4.034	0.126
7	其他	9	1.037	0.115

注：历史文化类型中未加西藏博物馆。

（1）考古遗址类

习近平总书记高度重视考古工作并指出，考古延伸了历史轴线，增强了历史信度，展示了中华文明起源发展的历史脉络。近年来，我国考古工作受到大众的广泛关注，对考古遗址类博物馆的热情日益高涨。如表3-18所示，我国考古遗址类博物馆旅游高质量发展水平全国领先的有敦煌研究院、秦始皇帝陵博物院、成都金沙遗址博物馆、周口店北京人遗址博物馆、四川广汉三星堆博物馆等。其中，敦煌研究院在协调发展方面表现突出，在产业融合方面，投资企业6家，投资额达1592.8万元，涉及商务服务业，广播、电视、电影和录音制作业，批发业，娱乐业四个行业，均排名全国第2。三星堆博物馆在共享发展方面取得了较好的成果，微信微博发文量、官网流量、官网权威值分别排名全国第8、第10、第7位。2021年3月三星堆遗址重启考古挖掘工作并全程在线直播，吸引广大网友围观，也极大地引发了大家对古蜀文明的关注，直播后的第一个周末三星堆博物馆门票预订比前一周末暴增12倍，三星堆文物的歌曲、动画等登上热搜榜，可见优秀的历史文化对国民有着巨大的吸引力，只是缺少深入了解文物故事、历史文化的渠道，三星堆考古直播的全民围观也为我国博物馆发展提供了参考。

表 3-18　考古遗址类一级博物馆旅游高质量发展排名（前十位）

本类排名	省份	博物馆名称	得分	综合排名
1	甘肃省	敦煌研究院	0.222	10
2	陕西省	秦始皇帝陵博物院	0.203	17
3	四川省	成都金沙遗址博物馆	0.185	23
4	北京市	周口店北京人遗址博物馆	0.162	33
5	四川省	四川广汉三星堆博物馆	0.154	46
6	陕西省	西安半坡博物馆	0.137	69
7	陕西省	汉景帝阳陵博物院	0.124	95
8	重庆市	大足石刻博物馆	0.121	107
9	广东省	广东海上丝绸之路博物馆	0.115	119
10	广东省	西汉南越王博物馆	0.114	128

（2）自然科技类

自然科技类博物馆更积极拥抱高新技术，将其应用于博物馆的运营与管理之中。2022 年 3 月，50 家博物馆联合高校、学者发布《关于博物馆积极参与建构元宇宙的倡议》，原创推出"元宇宙"版科普展览，深化了博物馆在虚拟空间领域的探索。如表 3-19 所示，自然科技类排名前十位博物馆中北京市占据半数，上海科技馆居于榜首。上海科技馆在创新与共享发展测评排名分别位列全国第 4 位和第 5 位，2019 年参观人次 483.8 万人次（全国排名第 13），举办社教活动 11033 次（全国排名第 3），投资企业 2 家，涉及商务服务业与新闻和出版业 2 个行业，携程网与大众点评网综合点评数量 55541 条（全国排名第 3）。上海科技馆有着"上海最大科普教育殿堂"的美誉，打造了"一平米博物馆"品牌，开发了可移动、趣味性强的独特教育资源，曾在疫情防控期间云上科普防疫知识，助力抗疫工作。

表 3-19　自然科技类一级博物馆旅游高质量发展排名（前十位）

本类排名	省份	博物馆名称	得分	综合排名
1	上海市	上海科技馆	0.256	5
2	北京市	北京自然博物馆	0.211	12
3	北京市	中国科学技术馆	0.204	15
4	北京市	中国地质博物馆	0.182	24
5	北京市	中国农业博物馆	0.179	27
6	浙江省	浙江自然博物院	0.156	42
7	天津市	天津自然博物馆	0.155	45
8	北京市	北京天文馆	0.151	48
9	山东省	青岛啤酒博物馆	0.141	58
10	辽宁省	大连自然博物馆	0.135	73

（3）艺术类

我国艺术类博物馆旅游高质量发展水平排名第一的是定位为"中国古代艺术博物馆"的上海博物馆。其综合测评居于全国第 4，创新发展与开放发展方面皆处于全国领先地位。在影响力塑造以及博物馆传播方面，2019 年与东方网签署战略合作获得宣传与技术支持，与媒体联合推出系列节目传播"江南文化"，组织为期半年的馆标全球征集及获奖作品的衍生品开发；2020 年现身纽约时代广场大屏等一系列创新传播方式，使上海博物馆在国内外具有极高的知名度，空间协调（第 3 名）、官网流量（第 2 名）、官网权威值（第 2 名）皆位居全国三甲之列。在开放交流方面，成立"一带一路"研究发展中心、举办"一带一路"博物馆管理高级研修班等，任上海博物馆协会会长单位。

表 3 - 20　艺术类一级博物馆旅游高质量发展排名

本类排名	省份	博物馆名称	得分	综合排名
1	上海市	上海博物馆	0.305	4
2	北京市	中国电影博物馆	0.132	76
3	北京市	清华大学艺术博物馆	0.124	96
4	江西省	八大山人纪念馆	0.122	105
5	广东省	广州艺术博物院	0.115	122
6	广东省	广东民间工艺博物馆	0.115	123
7	浙江省	杭州工艺美术博物馆	0.113	131

（4）历史文化类

我国历史文化类博物馆旅游高质量发展水平排名第一的故宫博物院，空间联系度、参观人次、点评数量、官网流量、官网权威值等指标皆排名全国首位。在文创方面，故宫 2008 年便成立故宫文化创意中心，上线淘宝店铺，开启了文创发展的道路探索。故宫博物院在对调研数据分析的基础上设计满足旅游者需求的文创产品且广受好评，例如《上新了·故宫》综艺节目邀请知名设计师与设计专业的学生，以故宫建筑、藏品、园林等为基础，立足故宫文化进行文创产品设计，兼具实用与艺术性又极具年轻时尚气息。该节目的成功推出，既传播了故宫的文化知识又设计了独特的产品。故宫与诸多品牌商合作，文创涵盖服饰、美妆、食品、文具、书画、陶瓷等与大众生活密切相关的数千种产品。在社会活动方面，深挖藏品多元价值，融入生活惠及大众，推行每周二中小学生团体免票，举办"腾讯创新大赛"等[①]，推进中华传统文化传播，更好发挥社会教育功能。在开放交流方面，自 2005 年起，先后与世界著名博物馆签订合作协议，联合办展与人才交流。2015 年、2016 年举办紫禁城论坛与世界古代文明保护论坛，很大程度上增强了国际影响力与号召力。2019 年与世界旅游博物馆（杭州）深度合作，与国内博物馆联合办展，提升文化吸引力与认同感。在科技融合方面，将 5G、AR、VR、大数据、物联网、人工智能

---

① 王旭东. 使命与担当：故宫博物院 95 年的回顾与展望 [J]. 故宫博物院院刊，2020（10）：5 - 16，342.

等技术综合应用于博物馆的运营管理以及社会服务之中。2016 年开启与腾讯的战略合作，开展深度数字化合作，打造"数字故宫"小程序、数字体验展等诸多成功项目。

表 3－21　历史文化类一级博物馆旅游高质量发展排名（前十位）

本类排名	省份	博物馆名称	得分	综合排名
1	北京市	故宫博物院	0.497	2
2	陕西省	陕西历史博物馆	0.311	3
3	天津市	天津博物馆	0.230	7
4	四川省	成都杜甫草堂博物馆	0.223	8
5	四川省	成都武侯祠博物馆	0.222	9
6	湖南省	湖南博物院	0.208	13
7	重庆市	重庆中国三峡博物馆	0.200	19
8	北京市	文化和旅游部恭王府博物馆	0.197	20
9	江苏省	南京博物院	0.195	21
10	辽宁省	沈阳故宫博物院	0.181	25

（5）综合地志类

综合地志类博物馆是某一地区历史与现状的实物记载，"游览综合地志类博物馆可以快速了解一个地区"是旅游者的普遍认知。如表 3－22 所示，我国综合地志类博物馆旅游高质量发展水平全国领先的有中国国家博物馆、首都博物馆、南京市博物总馆、黑龙江省博物馆、四川博物院、河南博物院、山西博物院、山东博物馆、洛阳博物馆等。其中，中国国家博物馆综合测评排名全国第 1，协调发展测评排名第 1，共享与开放排名皆为全国第 3；2019 年参观人次 739 万人次（全国排名第 5），举办社教活动 13150 次（全国第 2），携程网与大众点评网综合评分全国第 1，点评数量、官网流量、官网权威值均居全国前五。在产业融合方面，投资企业 8 家（全国排名第 1），投资额 1490.8 万元，共涉及广播、电视、电影和录音制作业，商务服务业，零售业，餐饮业，道路运输业，文化艺术业六个行业。

表 3－22　综合地志类一级博物馆旅游高质量发展排名（前十位）

本类排名	省份	博物馆名称	得分	综合排名
1	北京市	中国国家博物馆	0.525	1
2	北京市	首都博物馆	0.249	6
3	江苏省	南京市博物总馆	0.212	11
4	黑龙江省	黑龙江省博物馆	0.202	18
5	四川省	四川博物院	0.188	22
6	河南省	河南博物院	0.173	29
7	山西省	山西博物院	0.170	30
8	山东省	山东博物馆	0.167	31
9	河南省	洛阳博物馆	0.160	35
10	浙江省	舟山博物馆	0.160	36

（6）革命纪念类

侵华日军南京大屠杀遇难同胞纪念馆在我国革命纪念类博物馆旅游高质量发展水平排名第1，博物馆参观人次、微信微博发文量、官网入链数等指标数据皆排名全国前十位。在展览与服务方面，基于观众需求调研进行展陈改造，将藏品数据化，在现场展览中综合运用 AR、交互感应、声音震动转化、骨传导等技术，使观众沉浸式感受战争场景，珍惜和平的美好；重视观众互动，如自 2018 年起每日邀请参观者参与"江东门的钟声"仪式教育（12 名观众撞钟 13 声），警钟长鸣，铭记历史。在教育方面，成立了汇聚国内外研究学者的智库（国内文博单位首家），针对即将出国留学的学生打造教育项目"行前一课"，馆校联合推出青少年夏令营、沉浸式演出等项目。在社会活动方面，每年举行线上线下国家公祭仪式，联合侨联组织海外公祭。在开放交流方面，在世界各地举办巡展，全球范围内征集展品举办"历史的印记"专题摄影展，聘请海内外和平人士为"紫金草和平宣传大使"，招募来自世界各国的国际志愿者以促进国际传播，使纪念馆成为极具国际影响力的教研基地。在传播方面，2016 年建立行业首家融媒体中心"紫金草工作室"，综合运用传统媒体与新媒体进行传播推广，利用网络平台打造"云游纪念馆""紫金草和平云讲堂""云祭"等品牌活动，很好地发挥了教育民众、传播和平的作用。

表 3-23　革命纪念类一级博物馆旅游高质量发展排名（前十位）

本类排名	省份	博物馆名称	得分	综合排名
1	江苏省	侵华日军南京大屠杀遇难同胞纪念馆	0.206	14
2	上海市	中共一大纪念馆	0.204	16
3	上海市	上海鲁迅纪念馆	0.158	39
4	天津市	周恩来邓颖超纪念馆	0.143	55
5	江西省	安源路矿工人运动纪念馆	0.141	60
6	河北省	西柏坡纪念馆	0.141	61
7	浙江省	嘉兴南湖革命纪念馆	0.137	68
8	湖北省	武汉市中山舰博物馆	0.132	75
9	江西省	瑞金中央革命根据地纪念馆	0.132	79
10	湖北省	辛亥革命武昌起义纪念馆	0.131	80

（7）其他

其他类博物馆旅游高质量发展水平排名第一的中国丝绸博物馆可谓我国博物馆中的时尚先锋，在展陈活动、文创产品、社会教育、传播推广等各方面皆具有时尚气息。在展览与活动组织方面，2011 年起开展的全球征集活动丰富了藏品数量及种类，使其真正成为跨越古今、连接中外的博物馆；2016 年新馆建成后有了更高层次的提升，立足自身特色推出多个对中外观众极具吸引力、文化与时尚并存的国际性专题展，举办丝绸之路周、丝路之夜、国丝汉服节等活动，巴黎世家品牌展也落户于此；2021年上线了联合国内外40余家博物馆共建的丝绸之路数字博物馆平台并组织云上策展大赛，吸引了行业从业人员的参与，并获得了认同；2022年在杭州大厦设置小型分馆更好地服务大众。在社会教育方面，馆校合作举办丝绸、丝路文化进校园等活动，并面向不同年龄人群打造多个学习教育平台，有注重知识互动与游玩体验的儿童馆、培养兴趣与培育实用人才并重的女红传习馆以及作为国丝社教品牌的经纶讲堂。在文创方面，投资公司2家，涉及批发业、商务服务业两个行业，馆企联合打造服饰、家居、日用品等多种品类的具有丝绸元素的文创产品，屡获大奖。在开放交流方面，与大英博物馆等世界著名博物馆合作，牵头搭建国际丝路之绸研究联盟、丝绸之路国际博物馆联盟等诸多国际合作平台，赴数十个国家巡展，在世界范围内全方位展示丝绸文化。国内注重馆际联合，与甘肃省博物馆、云南省博物馆、首都博物馆等国内知名博物馆联合办展，2021年与敦煌研究院签订战略合作协议，在文化研究与传播、文物数字化等方面联手合作。在科技融合方面，2018年与亚洲微软研究院合作尝试人工智能与丝绸文化传承的有益结合。中国丝绸博物馆积极利用国内外各类媒体渠道传播与推广，知名度与影响力迅速提升，立足丝绸文化进行的创新与探索，更好地发挥了服务社区、服务大众、服务行业的社会功能。

表3-24 其他类一级博物馆旅游高质量发展排名

本类排名	省份	博物馆名称	得分	综合排名
1	浙江省	中国丝绸博物馆	0.179	26
2	上海市	上海中国航海博物馆	0.123	97
3	山东省	淄博市陶瓷博物馆	0.122	103
4	四川省	5·12汶川特大地震纪念馆	0.122	104
5	广西壮族自治区	广西民族博物馆	0.113	134
6	福建省	中国闽台缘博物馆	0.109	152
7	贵州省	贵州省民族博物馆	0.104	171
8	云南省	云南民族博物馆	0.096	196
9	青海省	青海藏医药文化博物馆	0.070	203

我国在迈向博物馆强国的进程中亟须寻求破解之道，本章选取我国31个省份以及204个国家一级博物馆为研究对象，进行博物馆旅游高质量发展的区域视角评价与微观视角评价，评价结果作为后续高质量发展影响因素、典型案例选择、路径分析等一系列问题的研究基础与依据。

第四章　我国博物馆旅游高质量发展
影响因素与动力机制

　　根据第三章定量测度结果可知，我国博物馆旅游高质量发展存在明显的不平衡现象，因此须进一步研究不同区域发展条件与环境差异对博物馆旅游高质量发展的影响。本章首先基于文献梳理进行影响因素的初步判别，进而以我国博物馆旅游高质量发展水平测度结果为被解释变量，使用 31 个省份面板数据，运用分位数回归模型与空间自回归模型，考察各影响因素与博物馆旅游高质量发展之间的逻辑联系。在此基础上，为进一步揭示影响因素对博物馆旅游高质量发展的作用机理，运用系统动力学 Vensim PLE 软件，绘制影响因素与博物馆旅游高质量发展关系流图，并进行 SD 模型仿真检验，通过调整各类影响因素，求解博物馆旅游高质量五个维度的变化趋势。本章影响因素的分析为后续组态路径研究中条件变量的选择提供了依据。

第一节　博物馆旅游高质量发展影响因素分析

　　经济地理学中，马歇尔提出市场规模扩大、劳动力市场供应、信息交换和技术扩散三种类型的外部经济;[①] 区域经济学中将区域发展条件概括为自然条件（自然环境、自然资源）和社会经济条件（劳动力条件、科技条件、制度条件）。目前有关博物馆旅游影响因素的研究多采用问卷调查与深度访谈等方式，以参观者为主要研究对象展开研究。[②] 通过梳理高质量发展影响相关文献发现，学者们主要围绕政府、经济、社会、人口、技术、环境等方面展开研究。政府层面影响因素包括政府投入、政府治理、政府干预[③]等；经济层面包括宏观环境、投资水平、开放程度[④]、产业结构[⑤]、市场化程度[⑥]等；社会层面包括城镇化水

①　李小建. 经济地理学 [M]. 北京：高等教育出版社，2018.
②　成汝霞，黄安民. 时光博物馆游客旅游动机的影响因素与生成路径 [J]. 资源开发与市场，2021，37（7）：877－882.
③　汪芳，石鑫. 中国制造业高质量发展水平的测度及影响因素研究 [J]. 中国软科学，2022，374（2）：22－31.
④　任保平，巩羽浩. 黄河流域城镇化与高质量发展的耦合研究 [J]. 经济问题，2022，511（3）：1－12.
⑤　孙欣，蒋坷，段东. 长江经济带高质量发展效率测度 [J]. 统计与决策，2022，38（1）：118－121.
⑥　刘英基，韩元军. 要素结构变动、制度环境与旅游经济高质量发展 [J]. 旅游学刊，2020，35（3）：28－38.

平、基础设施、绿化水平等；① 人口层面包括社会人口、居民消费结构、居民收入水平、受教育程度、民生保障水平②等；技术层面包括劳动生产率、研发投入、新型基础设施③等；环境层面包括环境基础设施建设、环境规制等。我国博物馆旅游在经济、政策、需求、技术等综合因素的作用下快速发展，因此，本书在现有研究成果的基础上，基于PEST分析模型（即政治politics、经济economy、社会society、技术technology）并结合新发展理念五个维度提出影响博物馆旅游高质量发展的PESTE分析框架，即将政府、经济、社会、技术、环境等方面的影响。

（1）技术因素——数字技术

"数字经济"于2017年首次被写入政府工作报告，此后又于2019—2021年报告中频繁出现。数字经济包含了数字产业化以及产业数字化两层含义，数字技术已成为我国各行各业发展都不可忽视的重要推动力。数字经济时代，数字技术成了破解博物馆供需矛盾，促进博物馆旅游高质量发展的核心驱动力，数字赋能博物馆数字化、网络化、智能化升级，将极大推动博物馆旅游向广度与纵深拓展。博物馆行业通过改进运营模式、创新服务理念，与以互联网为核心的新兴技术与传统经济深度融合已成为行业发展趋势。因此，选取数字技术（Digital Technology，DT）作为影响博物馆旅游高质量发展技术方面的因素。目前，各类数字展馆、线上展厅极大地拓展了博物馆的传播力与影响力，学者们也关注到了元宇宙④、VR、AR等数字技术对博物馆展示、教育、传播等方面的积极作用，数字技术为博物馆旅游高质量发展提供了技术动力。基于此，本书提出如下假设：

H1：数字技术对博物馆旅游高质量发展具有显著正面影响。

有关数字技术发展水平测度，学者们从基础与应用、数字金融、技术创新⑤、数字产业化、产业数字化等方面进行探讨，将数字技术和数字基础设施视为技术维度的核心要素。⑥基于现有研究并结合我国发展实际，遵循科学客观、切实可行等原则，构建涵盖基础设施、数字金融、信息产业、技术投入4个二级指标，17个三级指标的数字技术

① 李强，魏建飞，徐斌，等.2000—2018年中国区域经济发展多尺度格局演进及驱动机理［J］.经济地理，2021，41（12）：12－21.

② 邓淇中，张玲.长江经济带水资源绿色效率时空演变特征及其影响因素［J］.资源科学，2022，44（2）：247－260.

③ 王敏，范佳缘，王丽洁，等.高质量发展下对外贸易效率评价及影响因素：基于长江经济带11省市的实证分析［J］.华东经济管理，2022，36（4）：45－51.

④ 顾振清，肖波，张小朋，等."探索 思考 展望：元宇宙与博物馆"学人笔谈［J］.东南文化，2022（3）：134－160，191－192.

⑤ 孙勇，樊杰，刘汉初，等.长三角地区数字技术创新时空格局及其影响因素［J］.经济地理，2022，42（2）：124－133.

⑥ 陈曦，白长虹，陈晔，等.数字治理与高质量旅游目的地服务供给：基于31座中国城市的综合案例研究［J］.管理世界，2023，39（10）：126－150.

发展水平测度指标体系（如表4－1所示）。数据来源于《中国统计年鉴》、《中国第三产业统计年鉴》、《中国信息产业年鉴》、北京大学数字普惠金融指数、国家统计局、各省统计年鉴等。因需要考察滞后值的影响情况，故而使用2016—2019年31个省份数字技术原始数据进行测算，基于原始数据的min－max标准化结果以及运用熵值法测算得出的权重值，使用公式 $B_I = \sum_{i=1}^{n} C_i \times W_i, A = \sum_{I=1}^{n} B_I \times W_I$（其中 A 为数字技术发展一级指标分值，B 为二级指标分值，C 为三级指标分值，W 为指标权重值），计算我国数字技术发展水平测度得分及排名情况（如表4－2所示）。

表4－1　数字技术发展水平测度指标体系

一级指标	二级指标	三级指标	单位	指标属性	权重
数字技术发展水平 A	基础设施 B_1	光缆长度 C_1	公里	正指标	0.026
		移动电话基站数 C_2	万个	正指标	0.024
		移动电话普及率 C_3	部每百人	逆指标	0.014
		互联网宽带接入端口数 C_4	万个	正指标	0.025
		互联网域名数 C_5	万个	正指标	0.057
	数字金融 B_2	数字金融覆盖广度 C_6	／	正指标	0.302
		数字金融使用深度 C_7	／	正指标	0.018
		数字金融数字化程度 C_8	／	正指标	0.019
		网上移动支付水平 C_9	／	正指标	0.019
	信息产业 B_3	信息服务业从业人数 C_{10}	万人	正指标	0.068
		信息服务业产值 C_{11}	亿元	正指标	0.058
		电信业务量 C_{12}	亿元	正指标	0.069
	技术投入 B_4	规模以上工业企业 R&D 人员折合全时当量 C_{13}	人年	正指标	0.051
		规模以上工业企业 R&D 经费支出 C_{14}	万元	正指标	0.074
		规模以上工业企业 R&D 项目（课题）数 C_{15}	项	正指标	0.034
		技术合同成交总额 C_{16}	万元	正指标	0.079
		专利申请授权数 C_{17}	件	正指标	0.062

表 4 - 2 数字技术发展水平测度得分及排名（2016—2019 年）

地区	2016 年		2017 年		2018 年		2019 年	
	得分	排名	得分	排名	得分	排名	得分	排名
北京	0.386	5	0.659	2	0.645	2	0.350	4
天津	0.118	17	0.240	11	0.221	11	0.088	19
河北	0.126	15	0.193	16	0.167	16	0.133	14
山西	0.069	23	0.166	18	0.145	20	0.064	23
内蒙古	0.064	24	0.146	21	0.094	24	0.342	5
辽宁	0.120	16	0.199	15	0.167	15	0.103	17
吉林	0.305	6	0.105	27	0.069	28	0.048	25
黑龙江	0.072	22	0.117	23	0.070	27	0.054	24
上海	0.230	8	0.497	5	0.499	5	0.221	7
江苏	0.786	1	0.645	3	0.605	4	0.432	2
浙江	0.424	3	0.636	4	0.629	3	0.402	3
安徽	0.150	13	0.223	12	0.216	12	0.160	12
福建	0.199	9	0.398	6	0.397	6	0.213	8
江西	0.092	19	0.153	20	0.154	19	0.116	16
山东	0.300	7	0.397	7	0.363	7	0.251	6
河南	0.169	11	0.261	9	0.258	9	0.188	10
湖北	0.164	12	0.289	8	0.290	8	0.177	11
湖南	0.132	14	0.177	17	0.157	18	0.152	13
广东	0.543	2	0.730	1	0.748	1	0.597	1
广西	0.077	20	0.143	22	0.133	21	0.083	20
海南	0.035	27	0.158	19	0.165	17	0.038	27
重庆	0.106	18	0.217	14	0.201	13	0.099	18
四川	0.181	10	0.251	10	0.226	10	0.190	9
贵州	0.055	25	0.111	25	0.110	22	0.067	22
云南	0.075	21	0.115	24	0.110	23	0.081	21
西藏	0.018	29	0.016	31	0.014	31	0.011	30
陕西	0.391	4	0.217	13	0.200	14	0.120	15
甘肃	0.035	28	0.086	29	0.068	29	0.036	28
青海	0.012	31	0.028	30	0.015	30	0.009	31
宁夏	0.015	30	0.110	26	0.087	26	0.012	29
新疆	0.041	26	0.095	28	0.091	25	0.039	26

（2）经济因素——经济效率、对外贸易、相关产业

地区经济为博物馆旅游高质量发展提供了物质基础与发展沃土。首先，博物馆旅游发展与诸多行业紧密关联，经济实力雄厚的地区可为博物馆旅游发展带来优质的发展资本与发展理念，可作为其高质量发展的重要支撑力量，助力博物馆旅游高质量发展进程的推进。其次，基于区域内自然与人文景观等特色元素形成的核心吸引物有利于提升地区的知名度与影响力，大量慕名而来的异地游客也成为博物馆到馆人流的重要支撑。最后，地区对外贸易的繁荣加深了贸易国之间对于不同文化的理解与包容，有助于推动该地区博物馆国际互鉴与合作，加快博物馆旅游开放发展进程。因此，本书选取中国全要素生产率（Total Factor Productivity，TFP）、A 级景区总数（Tour）、进出口总额增长量（IE）作为地区经济增长、相关产业、对外贸易的衡量指标，提出如下假设：

H2a：地区经济增长对博物馆旅游高质量发展具有显著的正面影响。

H2b：相关产业对博物馆旅游高质量发展具有显著的正面影响。

H2c：对外贸易对博物馆旅游高质量发展具有显著的正面影响。

其中，全要素生产率是全部产出组合相对全部投入组合的比值[1]，它反映了经济发展质量，是经济增长质量的重要指标[2]，数据包络分析法（DEA）是测度 TFP 最常用的方法之一，包括 CCR 模型（Charnes、Cooper、Rhoades1978 年提出）与 BCC 模型（Banker、Charnes、Cooper 1984 改进）。本书使用 DEA 中改进的 BCC 模型进行测算，选取固定资产存量[3]、就业人数为投入变量，地区生产总值为产出变量，测算结果如表 4 - 3 所示，并选用综合效率作为后续影响分析的变量数据。

表 4 - 3　全要素生产率测算结果（2017—2019 年）

地区	2017 年			2018 年			2019 年		
	综合效率	纯技术效率	规模效率	综合效率	纯技术效率	规模效率	综合效率	纯技术效率	规模效率
北京	0.925	0.932	0.993	0.972	0.974	0.997	1.000	1.000	1.000
天津	0.783	0.851	0.920	0.872	0.940	0.928	0.860	0.922	0.933
河北	0.819	0.826	0.992	0.809	0.814	0.995	0.805	0.806	0.998
山西	0.641	0.673	0.952	0.685	0.714	0.959	0.698	0.725	0.963
内蒙古	0.566	0.603	0.939	0.678	0.717	0.946	0.754	0.792	0.952

---

[1]　蔡跃洲，付一夫. 全要素生产率增长中的技术效应与结构效应：基于中国宏观和产业数据的测算及分解[J]. 经济研究，2017，52（1）：72 - 88.

[2]　刘建翠. 中国的全要素生产率研究：回顾与展望[J]. 技术经济，2022，41（1）：77 - 87.

[3]　张军，吴桂英，张吉鹏. 中国省际物质资本存量估算：1952—2000[J]. 经济研究，2004（10）：35 - 44.

（续表）

地区	2017 年			2018 年			2019 年		
	综合效率	纯技术效率	规模效率	综合效率	纯技术效率	规模效率	综合效率	纯技术效率	规模效率
辽宁	0.601	0.623	0.965	0.663	0.681	0.973	0.698	0.715	0.977
吉林	0.437	0.487	0.898	0.473	0.521	0.908	0.503	0.551	0.913
黑龙江	0.500	0.533	0.938	0.498	0.529	0.942	0.507	0.538	0.943
上海	0.926	0.928	0.997	0.958	0.958	1.000	0.948	0.949	1.000
江苏	0.860	0.972	0.885	0.885	0.997	0.888	0.931	1.000	0.931
浙江	0.834	0.922	0.904	0.873	0.976	0.895	0.896	0.997	0.899
安徽	0.800	0.805	0.993	0.833	0.835	0.998	0.871	0.871	1.000
福建	0.751	0.753	0.998	0.727	0.728	0.999	0.808	0.809	0.999
江西	0.790	0.811	0.974	0.835	0.851	0.981	0.834	0.847	0.985
山东	0.869	0.927	0.937	0.940	0.990	0.950	0.947	1.000	0.947
河南	0.641	0.656	0.976	0.691	0.738	0.936	0.737	0.790	0.933
湖北	0.836	0.837	1.000	0.890	0.891	0.999	0.898	0.914	0.983
湖南	0.968	0.970	0.998	1.000	1.000	1.000	0.986	0.996	0.990
广东	0.831	0.997	0.833	0.826	1.000	0.826	0.818	1.000	0.818
广西	0.607	0.628	0.966	0.638	0.657	0.972	0.654	0.669	0.977
海南	0.649	0.804	0.807	0.667	0.811	0.822	0.733	0.877	0.836
重庆	0.739	0.760	0.973	0.730	0.747	0.977	0.740	0.753	0.982
四川	0.948	0.949	1.000	0.999	1.000	0.999	0.925	0.941	0.983
贵州	0.802	0.847	0.947	0.811	0.848	0.956	0.790	0.821	0.962
云南	0.679	0.702	0.967	0.691	0.712	0.971	0.749	0.768	0.975
西藏	0.520	1.000	0.520	0.535	0.966	0.554	0.592	1.000	0.592
陕西	0.736	0.753	0.977	0.728	0.741	0.983	0.688	0.697	0.987
甘肃	0.571	0.647	0.883	0.627	0.700	0.895	0.646	0.715	0.904
青海	0.493	0.864	0.571	0.509	0.833	0.611	0.551	0.867	0.636
宁夏	0.504	0.780	0.647	0.702	1.000	0.702	0.649	0.920	0.706
新疆	0.470	0.506	0.930	0.614	0.652	0.942	0.610	0.645	0.947

（3）政府因素——政府支持

博物馆"非营利性"的根本属性决定了其对政府的支持与投入有着较大的依赖性。自 2008 年以来，我国博物馆免费开放、评估定级、文物普查等一系列政策陆续出台，博物馆旅游在政府的大力支持下步入了快速发展期。虽然博物馆旅游高质量发展阶段，特别是以文创开发、IP 授权等为代表的创新发展增强了自我发展能力，为博物馆发展注入了的发展动力，然而政府的支持依然有着举足轻重的作用，政府支持与政策引导为博物馆旅游高质量发展提供了重要保障。本书使用政府财政支出占 GDP 的比重来表示政府支持，以反映政府的干预能力，提出如下假设：

H3：政府支持对博物馆旅游高质量发展具有显著的正面影响。

（4）社会因素——地区人口、交通设施、教育水平

博物馆旅游高质量发展的终极目标是为满足人民美好生活特别是美好的精神文化生活需要。博物馆为大众提供了学习、休闲、娱乐、交流的公共平台，而博物馆所在地的社会人口为博物馆旅游提供了重要的发展市场。博物馆通过线上传播渠道提升了自身形象、扩大了影响力和辐射范围，但线下参观与体验仍是博物馆旅游的核心板块，因此到馆交通的可达性就显得尤为重要。交通方式的选择与便捷程度直接影响了博物馆旅游的发展，不便捷的出行易对观众的游览意愿产生阻碍。本书选择城市人口密度、恩格尔系数、公共交通作为社会人口状况、居民生活水平以及交通设施的衡量指标，通常人口密度较高、居民生活水平越好的地区对博物馆旅游产品的需求量也会较高，推动博物馆旅游高质量发展。

社会教育水平的提高，一方面使得大众对精神文化生活的需求层次也会提升，对区域内博物馆旅游产品及设施的发展诉求也会随之增加，助推博物馆旅游发展升级；另一方面也为博物馆旅游高质量发展提供了智力支撑与人才基础，成为支撑博物馆旅游高质量发展的重要力量。本书使用专科以上人员比例即高等教育程度来反映教育水平，计算公式为（专科＋本科＋研究生）/6 岁以上人口。

基于此，本书提出如下假设：

H4a：人口密度对博物馆旅游高质量发展具有显著正面影响。

H4b：恩格尔系数对博物馆旅游高质量发展具有显著负面影响。

H4c：公共交通对博物馆旅游高质量发展具有显著正面影响。

H4d：教育水平对博物馆旅游高质量发展具有显著的正面影响。

（5）环境因素——环境规制

博物馆旅游高质量发展中的重要一环是绿色维度，高质量发展阶段呼唤着节能环保的理念与行为。据波特假说，适度的环境规制能激发创新、提高生产效率，从而促进社会产业结构转型升级。[1] 因此，以政府为主导的环境规制引导着各行各业的绿色行为，促进绿色理念深入人心，对博物馆旅游高质量发展产生促进效应，实现社会、经济、生态效益有机统一。本书选择人均城镇环境基础设施建设投资[2]作为环境规制的衡量指标，

---

[1] 李虹，邹庆. 环境规制、资源禀赋与城市产业转型研究：基于资源型城市与非资源型城市的对比分析 [J]. 经济研究，2018，53（11）：182 – 198.

[2] 王晓岭，陈语，王玲. 高质量发展目标下的环境规制与技术效率优化：以钢铁产业为例 [J]. 财经问题研究，2021，457（12）：39 – 48.

提出如下假设：

H5：环境规制对博物馆旅游高质量发展具有显著的正面影响。

第二节　博物馆旅游高质量发展影响因素检验

一、面板数据分位数回归模型估计结果

（1）模型建立及工具变量选择

本书依托 2017—2019 年我国 31 个省份的面板数据建立短面板回归模型[①]，实证检验数字技术、地区经济、政府支持、社会人口、教育以及环境等因素对博物馆旅游高质量发展水平的影响，模型如下：

$$HMT_{it} = \beta_0 + \beta_1 DT_{it} + \beta_2 Gov_{it} + \beta_3 TFP_{it} + \beta_4 POP_{it} + \beta_5 Edu_{it} + \beta_6 IEI_{it} + \beta_7 IE_{it} + \beta_8 Tour_{it} + \beta_9 Trans_{it} + \beta_{10} GDP_{it} + \alpha X_{it} + \varepsilon_{it} \tag{4-1}$$

HMT 代表博物馆旅游高质量发展水平；DT 代表数字技术发展水平；TFP 为全要素生产率，GDP 为人均国内生产总值，反映地区经济发展状况；Gov 代表政府支持程度，以各地区政府财政支出占 GDP 的比重表示；POP 代表社会人口，以人口密度表示；Edu 代表高等教育水平，使用该地区专科、本科、研究生数量的总和占 6 岁以上人口比例表示；IEI 代表环境规制，以人均城镇环境基础设施建设投资表示；IE 代表对外贸易，使用境内目的地和货源地进出口总额表示；Tour 为旅游景区，以 A 级景区总数表示；Trans 代表公共交通，使用公共交通运营线路长度表示；X 为其他控制变量，主要包括居民生活水平、行政区域面积等因素；i 代表 31 个省份截面单元；t 代表时间。

测评博物馆旅游高质量发展指标体系（详见第三章）中的共享发展维度涵盖了线上共享方面的指标，具有对数字技术的促进作用；另一方面，博物馆旅游高质量发展加速了行业数字化转型需求，为数字技术提供了广阔的市场，助推了数字技术的发展与进步。考虑数字技术变量可能存在内生性问题，因此使用豪斯曼检验以及异方差稳健的 DWH 检验数字技术是否为内生解释变量。豪斯曼检验 p 值为 0.0004，DWH 检验 p 值为 0.0003，两个检验皆在 1% 水平下拒绝了"所有解释变量皆外生"的原假设，认为存在内生变量，故而为核心解释变量数字技术选取合适的工具变量以缓解内生性问题，使用面板数据工具变量分位数模型（IV-QRPD）。根据数字技术与博物馆旅游高质量发展特点，本书选取数字技术变量的滞后值（LDT）、移动电话普及率（Mobile）、人均互联网域名数（Internet）三个指标作为数字技术的工具变量，它们皆与数字技术发展（内生变

---

① 陈强. 高级计量经济学及 Stata 应用 [M]. 2 版. 北京：高等教育出版社，2014：133−167.

量）高度相关，但又不直接影响博物馆旅游高质量发展（被解释变量）。

（2）数据检验

①面板数据检验

为了避免伪回归问题，采用 HT 进行面板数据单位根检验（数据为平衡面板），如表 4-4 所示恩格尔系数（EC）在 10% 水平上拒绝面板数据包含单位根的原假设，环境规制（IEI）、行政区域面积（Area）在 5% 水平上拒绝原假设，博物馆旅游高质量发展水平（HMT）、数字技术（DT）、全要素生产率（TFP）、政府支持（Gov）、教育水平（Edu）、社会人口（POP）、旅游景区（Tour）等变量均在 1% 的显著性水平上拒绝原假设，认为该面板为平稳过程，可纳入实证检验。然而人均国内生产总值（GDP）、对外贸易（IE）、公共交通（Trans）三个变量 p 值皆大于 0.1，即接受了原假设认为存在单位根，故而进行一阶差分处理（即使用同比增长量），处理后的数据（ΔGdp、ΔIE、ΔTrans）再次进行检验，均在 1% 的显著性水平上拒绝了包含单位根的原假设，认为具有平稳性，可纳入实证检验。

表 4-4　面板数据单位根检验结果

	HT 检验		平稳性
	Rho 统计值	相应的 p 值	
HMT	-0.4185 ***	0.0000	平稳
DT	-2.5686 ***	0.0000	平稳
TFP	-0.2201 ***	0.0001	平稳
GDP	0.4037	0.8833	不平稳
Gov	-0.1061 ***	0.0029	平稳
POP	-0.0769 ***	0.0056	平稳
Edu	-0.1189 ***	0.0021	平稳
EC	0.0379 *	0.0501	平稳
IEI	-0.0203 **	0.0181	平稳
IE	0.1988	0.3458	不平稳
Tour	-0.9533	0.0000	平稳
Trans	0.6156	0.9977	不平稳
Area	0.0000	0.0263	平稳
ΔGDP	-0.2484 ***	0.0001	平稳
ΔIE	-0.0568 ***	0.0087	平稳
ΔTrans	-0.5626	0.0000	平稳

注：*、**、*** 分别表示在 10%、5%、1% 水平上显著。

如表 4 - 5 所示，对所选变量进行描述性统计可知，除 POP 与 TFP 外其余变量峰值均大于 3，说明数据存在极值，且偏度皆不为 0 说明并非完全对称分布，此外变量的中位数与均值存在差别，意味着所选变量的数据分布并非正态分布。进一步使用 S - W 检验逐一进行变量的正态性检验，p 值均小于 0.1，表明所选变量不能满足正态性的原假设。因此，选择对异常值表现出更高稳健性的工具变量分位数回归（IV - QR）模型进行估计。

表 4 - 5 主要变量的描述性统计

变量 variables	均值 mean	标准差 SD	最小值 min	最大值 max	中位数 median	偏度 skewness	峰度 kurtosis	正态分布检验 S-W test （p-value）
HMT	0.266	0.080	0.116	0.512	0.247	1.253	4.558	0.00000
DT	0.215	0.182	0.009	0.748	0.160	1.383	4.121	0.00000
TFP	0.745	0.149	0.437	1	0.740	-0.169	2.090	0.05648
ΔGDP	4056.60	3533.68	-14563	12766.5	3628.1	-1.469	11.556	0.00000
Gov	0.030	0.021	0.012	0.129	0.023	3.433	16.252	0.00000
POP	2899.68	1108.56	1135.53	5515	2803.8	0.619	2.658	0.00020
Edu	0.155	0.080	0.071	0.505	0.139	2.726	11.172	0.00000
EC	29.516	4.009	21.890	46.491	28.886	1.249	5.622	0.00000
IEI	7.926	5.890	1.868	34.085	7.020	2.697	10.609	0.00000
ΔIE	190780	380751	-703117	1767151	92679	1.784	7.794	0.00000
Tour	377.763	235.734	53	1292	381	1.457	6.602	0.00000
ΔTrans	3817.04	4455.31	-3701	21812	2423	1.606	6.052	0.00000
Area	29.987	36.819	0.580	160	17	2.205	7.168	0.00000

②工具变量检验

首先，进行弱工具变量检验。为避免所选工具变量（LDT、Mobile、Internet）与内生解释变量（DT）仅微弱相关导致估计量方差过大的情况出现，先进行弱工具变量检验。经检验第一阶段工具变量的 F 统计量为 39.4041 > 10，则认为不存在弱工具变量。其次，进行过度识别检验。为确保所选工具变量具有外生性，对所选的工具变量使用过度识别检验，结果显示方程的 Sargan 统计量为 2.346（p-value = 0.3095）接受了工具变量外生的原假设，与扰动项不相关。

③多重共线性检验

对数字技术、政府支持、教育水平等解释变量与博物馆旅游高质量发展水平的回归进行各变量多重共线性检验。结果如表 4-6 所示，各变量的容差最小值为 0.31，方差膨胀因子（VIF）均值为 2.32，最大值为 3.26，均小于 10，通常认为 VIF 值不超过 10 即可不必担心多重共线性，因此可忽略各变量之间的多重共线性问题。

表 4-6　多重共线性检验

变量	DT	TFP	GDP	Gov	POP	Edu	EC	IEI	IE	Tour	Trans	Area
VIF	3.07	2.51	1.93	3.26	1.26	2.97	1.76	2.18	1.62	3.08	2.1	2.03
容差	0.33	0.40	0.52	0.31	0.80	0.34	0.57	0.46	0.62	0.32	0.48	0.50

(3) 实证结果

使用二阶段最小二乘法（2SLS）进行估计。一方面，如表 4-7 所示，数字技术、地区经济、政府支持、人口密度、教育水平皆对博物馆旅游高质量发展的促进作用显著，为其发展提供了强有力的技术、经济、政策、人口以及智力支持，其中，政府支持、教育水平、数字技术影响尤为显著；另一方面，发现恩格尔系数存在负向影响但效果不显著，说明博物馆旅游并非居民生活水平达到一定程度才产生的需求，对大众具有普适特点。

为进一步探析博物馆旅游高质量发展不同阶段各影响因素的作用情况，使用面板数据分位数回归模型的工具变量估计进行检验。以 0.1 为间隔选择 0.1 至 0.9 之间具有代表性的博物馆旅游高质量发展的 9 个分位点进行分析，结果如表 4-7 所示。为消除单位的影响，比较不同因素的作用程度，对估计结果进行标准化回归系数换算，计算公式为 $\beta_x = \beta'_x \times \dfrac{\sigma_x}{\sigma_y}$，其中 β_x 为自变量 x 的标准化回归系数，β'_x 为自变量 x 的非标准化回归系数，σ_x 为 x 的标准差，σ_y 为 y 的标准差。如表 4-8 所示分位数估计显示除 EC 与 IEI 外，其他影响因子的显著性与总体估算结果基本一致。恩格尔系数（EC）与环境规制（IEI）两个影响因子在总体估计中未有显著的影响作用，但在部分分位点处影响显著，其中 EC 在 0.1、0.5、0.6、0.9 处影响显著。

表4-7 面板数据分位数回归模型的工具变量估计（非标准化系数）

变量	面板工具变量 2SLS	面板数据分位数回归模型的工具变量估计								
		0.1	0.2	0.3	0.4	0.5	0.6	0.7	0.8	0.9
DT	0.152*** (0.006)	0.114*** (0.000)	-0.0377*** (0.000)	0.0652*** (0.000)	0.0639*** (0.000)	0.0465*** (0.000)	0.114 (0.109)	0.0262*** (0.000)	0.0989*** (0.000)	0.146*** (0.000)
TFP	0.0791* (0.053)	0.102*** (0.000)	0.0513*** (0.000)	-0.0310** (0.015)	-0.0329*** (0.000)	0.00640 (0.375)	0.0106 (0.563)	0.00779* (0.087)	0.0336*** (0.000)	0.0433*** (0.005)
GDP	0.000000349 (0.749)	0.00000000627 (0.284)	0.0000956*** (0.000)	0.0000503*** (0.000)	0.0000541*** (0.000)	0.0000569*** (0.000)	0.0000411*** (0.000)	0.0000441*** (0.000)	0.0000263*** (0.000)	0.0000670*** (0.000)
Gov	1.257*** (0.031)	0.852*** (0.000)	0.698*** (0.000)	1.030*** (0.000)	0.916*** (0.000)	0.785*** (0.000)	1.023*** (0.000)	0.848*** (0.000)	0.933*** (0.000)	0.387*** (0.000)
POP	0.0000130** (0.034)	0.0000233*** (0.000)	0.0000113*** (0.000)	0.00000928*** (0.000)	0.00000784*** (0.000)	0.00000520*** (0.000)	0.0000851*** (0.042)	0.0000405*** (0.000)	0.0000323*** (0.000)	0.00000342* (0.080)
Edu	0.329*** (0.003)	0.398*** (0.000)	0.454*** (0.000)	0.537*** (0.000)	0.542*** (0.000)	0.497*** (0.000)	0.423*** (0.000)	0.647*** (0.000)	0.702*** (0.000)	0.688*** (0.000)
EC	-0.00150 (0.335)	-0.000748** (0.018)	-0.000336 (0.255)	0.0000906 (0.767)	0.000738*** (0.000)	-0.000512*** (0.006)	0.00104* (0.055)	0.00115*** (0.000)	0.00172*** (0.000)	-0.00180*** (0.000)
IEI	0.00238*** (0.004)	0.00416*** (0.000)	0.00364*** (0.000)	0.00223*** (0.000)	0.00126*** (0.000)	0.00113*** (0.000)	0.00186 (0.133)	-0.0000184 (0.907)	-0.0000583 (0.584)	0.00288*** (0.000)
IE	5.94e-09** (0.034)	-1.34e-09 (0.822)	6.12e-08*** (0.000)	4.50e-08*** (0.000)	3.73e-08*** (0.000)	3.87e-08*** (0.000)	2.64e-08** (0.013)	1.61e-08*** (0.000)	5.80e-09* (0.057)	-5.93e-09 (0.238)
Tour	0.0000233 (0.445)	0.0000711*** (0.000)	0.0000936*** (0.000)	0.0000862*** (0.000)	0.0000803*** (0.000)	0.0000425*** (0.000)	0.0000242 (0.142)	0.0000471*** (0.000)	0.0000103** (0.013)	-0.0000391** (0.013)
Trans	0.000000849 (0.305)	0.00000200*** (0.000)	-0.0000121*** (0.000)	-0.000000228 (0.717)	-0.000000149 (0.679)	-0.0000000200 (0.718)	0.0000254*** (0.002)	0.00000851*** (0.000)	0.0000160*** (0.000)	0.0000209*** (0.002)
Area	-0.000525** (0.031)	-0.000338*** (0.000)	-0.000578*** (0.000)	-0.000781*** (0.000)	-0.000657*** (0.000)	-0.000619*** (0.000)	-0.000576*** (0.000)	-0.000683*** (0.000)	-0.000670*** (0.000)	-0.000248*** (0.000)
Constant	0.0631 (0.365)									
R-squared	0.7856									
Endogeneity test	Hausman test($p=0.0078$); Durbin test($p=0.0067$); Wu-Hausman test ($p=0.0110$)									
Weak identification	F statistic = 25.6942									
Test of over-identification	Hansen's J test (p-value =0.2787);Sargan-Hansen test(p-value = 0.8862)									

表 4-8 面板数据分位数回归模型的工具变量估计（标准化系数）

变量	面板工具变量 2SLS	面板数据分位数回归模型的工具变量估计								
		0.1	0.2	0.3	0.4	0.5	0.6	0.7	0.8	0.9
DT	0.342*** (0.087)	0.257*** (0.000)	-0.085*** (0.000)	0.147*** (0.000)	0.144*** (0.000)	0.105*** (0.000)	0.257 (0.109)	0.059*** (0.000)	0.223*** (0.000)	0.329*** (0.000)
TFP	0.146* (0.053)	0.190*** (0.000)	0.095*** (0.000)	-0.057** (0.015)	-0.061*** (0.000)	0.012 (0.375)	0.020 (0.563)	0.014* (0.087)	0.062*** (0.000)	0.080*** (0.005)
GDP	0.015 (0.749)	0.028 (0.284)	0.420*** (0.000)	0.221*** (0.000)	0.238*** (0.000)	0.250*** (0.000)	0.181*** (0.000)	0.194*** (0.000)	0.116*** (0.000)	0.294*** (0.000)
Gov	0.324** (0.031)	0.219*** (0.000)	0.180*** (0.000)	0.265*** (0.000)	0.236*** (0.000)	0.202*** (0.000)	0.264*** (0.000)	0.218*** (0.000)	0.240*** (0.000)	0.100*** (0.000)
POP	0.180** (0.034)	0.321*** (0.000)	0.156*** (0.000)	0.128*** (0.000)	0.108*** (0.000)	0.072*** (0.000)	0.117** (0.042)	0.056*** (0.000)	0.044*** (0.000)	0.047* (0.080)
Edu	0.326*** (0.003)	0.395*** (0.000)	0.450*** (0.000)	0.533*** (0.000)	0.538*** (0.000)	0.493*** (0.000)	0.420*** (0.000)	0.642*** (0.000)	0.697*** (0.000)	0.683*** (0.000)
EC	-0.075 (0.335)	-0.037** (0.018)	-0.017 (0.255)	0.005 (0.767)	0.037*** (0.000)	-0.026*** (0.006)	0.052* (0.055)	0.057*** (0.000)	0.086*** (0.000)	-0.090*** (0.000)
IEI	0.174*** (0.004)	0.305*** (0.000)	0.266*** (0.000)	0.164*** (0.000)	0.092*** (0.000)	0.082*** (0.000)	0.136 (0.133)	-0.001 (0.907)	-0.004 (0.584)	0.211*** (0.000)
IE	0.303** (0.034)	-0.006 (0.822)	0.290*** (0.000)	0.213*** (0.000)	0.176*** (0.000)	0.183*** (0.000)	0.125** (0.013)	0.076*** (0.000)	0.027* (0.057)	-0.028 (0.238)
Tour	0.068 (0.445)	0.208*** (0.000)	0.274*** (0.000)	0.253*** (0.000)	0.235*** (0.000)	0.125*** (0.000)	0.071 (0.142)	0.138*** (0.000)	0.030*** (0.000)	-0.115** (0.013)
Trans	0.047 (0.305)	0.111*** (0.000)	-0.067*** (0.000)	-0.013 (0.717)	-0.008 (0.679)	-0.011 (0.718)	0.141*** (0.002)	0.047*** (0.000)	0.088*** (0.000)	0.116*** (0.002)
Area	-0.240*** (0.031)	-0.155*** (0.000)	-0.264*** (0.000)	-0.357*** (0.000)	-0.301*** (0.000)	-0.283*** (0.000)	-0.264*** (0.000)	-0.312*** (0.000)	-0.307*** (0.000)	-0.114*** (0.000)
R-squared	0.7856									
Endogeneity test	Hausman test($p = 0.0078$); Durbin test($p = 0.0067$); Wu-Hausman test ($p = 0.0110$)									
Weak identification	F statistic = 25.6942									
Test of over-identification	Hansen's J test (p-value = 0.2787);Sargan-Hansen test(p-value = 0.8862)									

注：*、**、***分别表示在 10%、5%、1% 水平上显著，括号内为 p 值；工具变量为 LDT、Mobile_Internet。

二、面板数据空间自回归模型估计结果

空间计量经济学萌芽于 20 世纪 70 年代，以空间经济理论和地理空间数据为基础，研究经济活动的空间相互作用与空间结构问题的计量经济学分支被称为空间计量经济学。近年来，充分考虑空间因素的空间计量经济学应用领域不断拓展，理论模型与空间数据是重要的驱动力量。一方面，理论模型的发展推动了空间计量经济学的进步与蓬勃发展；另一方面，经济数据依存于其产生的区域，随着地理信息系统的不断发展与完善，各领域空间数据日趋丰富与系统为空间计量经济学发展提供了数据支撑。此外，经济活动或经济关系中的网络效应日益凸显也为空间计量经济学提供了重要的应用场景。空间计量经济学包含空间效应（空间相关性与空间异质性）以及空间权重两大基本概念，空间计量经济学建模的三个关键问题分别是：空间效应检验、模型选择与估计，而空间滞后的引入是空间计量模型的突出特点。

（1）模型建立

近年来，新经济地理学日益受到关注，学者们基于空间视角验证了空间知识溢出与经济增长[①]以及旅游经济增长的空间溢出效应[②]等内容。研究结果表明，我国各个省份之间的旅游经济活动不是随机独立的，而是会被其他地区经济行为所影响，地区间旅游经济增长具有显著的空间相关性，且空间依赖性呈不断上升的趋势。鉴于此，考虑我国 31 个省份博物馆旅游也并非孤立发展，而是与相邻区域相互合作、融通互惠，具有明显空间依赖性，因此须充分考虑各个省份之间的空间相关性。基于此，在模型 4-1 的基础上加入空间权重矩阵，构建空间自回归模型：

$$\mathrm{HMT}_{it} = \rho\left(W\mathrm{HMT}\right)_{it} + \beta_0 + \beta_1 \mathrm{DT}_{it} + \beta_2 \mathrm{Gov}_{it} + \beta_3 \mathrm{TFP}_{it} + \beta_4 \mathrm{POP}_{it} + \beta_5 \mathrm{Edu}_{it} + \beta_6 \mathrm{IEI}_{it} +$$
$$\beta_7 \mathrm{IE}_{it} + \beta_8 \mathrm{Tour}_{it} + \beta_9 \mathrm{Trans}_{it} + \beta_{10} \mathrm{GDP}_{it} + \alpha\, X_{it} + \varepsilon_{it} \qquad (4-2)$$

其中，ρ 为空间自相关系数；W 为空间权重矩阵，使用 31 个省份地理距离两种权重矩阵进行构建，地理距离选用两个区域省会城市间的最短公路距离（单位为公里），数据来源于高德地图。同样，使用数字技术变量的滞后值（LDT）、移动电话普及率（Mobile）、人均互联网域名数（Internet）三个指标作为数字技术的工具变量降低内生性估计偏误。

（2）模型检验结果

本书分别以 2017—2019 年 31 个省份面板数据检验了在空间权重矩阵下，数字技术、

① 白俊红，王钺，蒋伏心，等. 研发要素流动、空间知识溢出与经济增长 [J]. 经济研究，2017，52（7）：109 - 123.

② 吴玉鸣. 旅游经济增长及其溢出效应的空间面板计量经济分析 [J]. 旅游学刊，2014，29（2）：16 - 24.

地区经济、政府支持、社会人口、教育水平对博物馆旅游高质量发展影响的空间相关性。如表4-9所示，根据综合数据结果，针对空间滞后的两个检验的 p 值分别为0.062和0.065皆在10%的水平上拒绝了"无空间自相关"的原假设，可知变量具有空间自相关，应选用空间计量模型进行分析，进一步使用似然比检验（LR test）进行模型选择，检验结果接受了SAR模型（Prob > chi2 = 0.5819），因此选择空间滞后模型即空间自回归模型。

表4-9 空间相关性检验

		统计量 Statistic	p 值 p-value
空间误差检验 Spatial error	Moran's I	0.581	0.561
	Lagrange multiplier	0.082	0.774
	Robust Lagrange multiplier	0.003	0.957
空间滞后检验 Spatial lag	Lagrange multiplier	3.492	0.062
	Robust Lagrange multiplier	3.412	0.065

（3）实证结果

根据空间相关性检验结果，使用空间滞后模型进行估计，结果如表4-10所示，空间自回归系数 rho 分别在5%（SAR）、1%（SAC）的水平上显著，再次证明存在空间自回归效应。根据估计结果，除恩格尔系数与公共交通外，其余解释变量皆具有显著的影响效果。在政府支持方面，影响效果皆在1%水平上显著为正，且影响程度最大，说明政府支持对博物馆旅游高质量发展有着非常积极的正向推动作用。在教育水平方面，皆在5%水平上具有显著的正向影响，影响程度也较高。在地区经济方面，反映生产效率的全要素生产率在10%的水平上显著为正，说明生产效率越高越有利于博物馆旅游高质量发展。在数字技术方面，其显著的影响效果说明区域内数字技术水平较高对博物馆旅游高质量发展有一定的积极促进作用。在社会人口方面，人口密度对博物馆旅游高质量发展在1%水平上有显著的正向影响。

表4-10 空间自回归模型估计结果汇总

变量	SAR	SAC
DT	0.121** (0.022)	0.111* (0.051)
TFP	0.042* (0.087)	0.062* (0.097)
Gov	7.716*** (0.000)	7.210*** (0.000)

（续表）

变量	SAR	SAC
POP	0.000017^{***} （0.005）	0.0000151^{***} （0.003）
Edu	0.316^{**} （0.042）	0.338^{**} （0.037）
EC	-0.0000576 （0.961）	$-8.63E-06$ （0.994）
IEI	0.0018^{**} （0.028）	0.0018^{**} （0.023）
IE	$2.48E-08^{*}$ （0.081）	$2.15E-08^{*}$ （0.096）
Tour	0.000065^{**} （0.014）	0.000065^{**} （0.014）
Trans	$9.58E-07$ （0.163）	$9.82E-07$ （0.134）
Area	-0.0058043^{***} （0.000）	-0.0060663 （0.658）
Spatialrho	1.770437^{**} （0.029）	-3.20919^{***} （0.000）

注：$*$、$**$、$***$ 分别表示在10%、5%、1%水平上显著，括号内为 p 值；工具变量为 LDT、Mobile、Internet。

三、结论分析

将工具变量法（2SLS）以及空间自回归模型（SAR）检验的结果与假设进行一一比较，如表 4 - 11 所示，H1 获得了支持，说明地区数字技术发展水平越高越有利于促进博物馆旅游高质量发展。H2a、H2c 获得了支持，说明地区经济增长、对外贸易等经济因素对博物馆旅游高质量发展有着积极的影响；H2b 基于 2SLS 估计的促进作用不显著。H3 获得了支持，说明政府支持仍是博物馆旅游得以快速发展的重要支撑力量，比较变量系数发现，政府支持的影响程度大，这也与博物馆的公益属性与非营利特点有关。H4a 获得了支持，说明地区人口密度对推动博物馆旅游高质量发展具有明显的促进作用；H4b 未得到支持，两种检验方法均得到恩格尔系数对博物馆旅游高质量存在负向的作用关系，但影响并不显著，说明博物馆旅游并非居民生活水平达到一定程度才产生的需求，对大众具有普适特点；H4c 未得到支持，公共交通对博物馆旅游的促进作用并不十分显著；H4d 获得了支持，说明社会教育水平是重要的积极影响因素。H5 得到了支持，说明环境规制也具有积极影响作用。博物馆旅游连接了博物馆相关文化与目标受众，根据检验结果可知，地区经济增长、教育水平、政府支持、社会人口等对博物馆旅游高质量发展具有显著的正向影响，而公共交通、旅游景区（2SLS 估计）的促进作用不显著。结果表明，博物馆旅游高质量发展已逐渐脱离了原本单纯依靠区位的发展优势，改为追逐数字技术、经济水平、教育水平、政府支持等更高级的生产资源与支撑要素。

表4－11　假设检验结果

假设	路径	符号	T统计量		结果
			2SLS	SAR	
H1	数字技术（DT）→博物馆旅游高质量发展（HMT）	正	2.77***	2.29**	√
H2a	地区经济增长（TFP）→博物馆旅游高质量发展（HMT）	正	1.96*	1.71*	√
H2b	相关产业（Tour）→博物馆旅游高质量发展（HMT）	正	1.46	2.47**	√
H2c	对外贸易（IE）→博物馆旅游高质量发展（HMT）	正	2.12**	1.74*	√
H3	政府支持（Gov）→博物馆旅游高质量发展（HMT）	正	2.05**	3.62***	√
H4a	社会人口（POP）→博物馆旅游高质量发展（HMT）	正	2.87***	2.79***	√
H4b	恩格尔系数（EC）→博物馆旅游高质量发展（HMT）	负	-1.09	-0.05	×
H4c	公共交通（Trans）→博物馆旅游高质量发展（HMT）	正	1.03	1.39	×
H4d	教育水平（Edu）→博物馆旅游高质量发展（HMT）	正	5.72***	2.03**	√
H5	环境规制（IEI）→博物馆旅游高质量发展（HMT）	正	2.87***	2.19***	√

注：*、**、***分别表示在10%、5%、1%水平上显著。

第三节　博物馆旅游高质量发展动力机制构建与效果模拟

一、博物馆旅游高质量发展动力机制构建

（1）技术驱动

根据实证分析结果，区域数字技术的发展极大推动了博物馆旅游高质量发展的进程，根据主导产业扩散效应，若区域内已形成了较强的数字产业集群或培育有行业领军企业，则会通过其自身的扩散效应带动当地经济增长、产业发展、城市建设等。根据产业关联理论，数字产业为博物馆发展提供了技术与产品支持，数字技术的快速发展促进了博物馆行业发展理念的转变与发展方式的革新。一方面，数字技术已开始全方位融入博物馆旅游各个场景，日益成为世界各国、各地区提升博物馆竞争力、促进博物馆旅游高质量发展的重要工具；另一方面，大数据分析技术助力博物馆行业打破信息壁垒，通过获取博物馆旅游者真实需求实施精准营销，提升了博物馆及其蕴含文化的影响力及辐射范围。数字化让社会大众更便捷地了解与触及博物馆及其藏品，进而产生实地参观、线下鉴赏的意愿。

数字经济的核心逻辑是对用户数据的深度利用，与用户共创，并依据用户数据持续改进，而新博物馆理念也是讲求以观众为中心，二者完美匹配。数字经济时代的发展模式也为博物馆旅游高质量发展提供了新思路。不仅要在技术上加以运用，还要把博物馆、旅游

者、管理、藏品等数据信息转化为核心生产资料。我国博物馆同发达国家博物馆相比，还存在较大差距。可以搭乘数字技术飞速发展的这班快车，利用目前我国在此方面的领先优势，弥补先前在"以观众为本"方面的劣势与不足，使我国博物馆旅游发展更具活力与生命力。然而前一阶段还遗留了诸多问题与短板，因此如何利用数字技术的领先优势进行弥补与优化成了重点关注的问题，需要不断地探索、创新，走出一条科学的、系统的、具有中国特色的博物馆旅游发展之路。

（2）经济驱动

根据我国博物馆参观人次与旅游总人数的比例可知（如表 2-2），自 2012 年以来基本维持在 20% 左右，可见博物馆旅游已成为一种重要的旅游类型，在促进区域旅游发展、提升人民精神文化生活中发挥着日益重要的作用。博物馆设备更新、科技融合、展陈改造皆需要充足的资金支持，地区雄厚的经济实力为博物馆发展提供了有力支撑。在资金获取方面不能仅依赖于政府财政，应多元化融资渠道，拓展社会资本与投资。博物馆旅游发展应理顺利益相关者诉求，提升发展动力。博物馆旅游发展过程中主要的利益相关者有地方政府、博物馆运营方、旅游者、社区居民、相关企业等。鼓励企业以及包括中产阶层在内的有实力投资个人参与到相关项目投资之中，有利于加速博物馆旅游高质量发展，实现博物馆强国战略。投资方的关注重点为经济收益，旅游者更多关注需求的满足。博物馆旅游辐射周边居民，带来精彩丰富的精神文化生活以及可观的经济收益，当地民亦可做投资者与共建者，因此应注重加大支持力度，提高其参与程度。而当地政府的关注焦点则为经济、社会与环境的综合效益。理顺各方利益诉求，合理分配实现共赢。同时，博物馆发展与当地旅游发展密切相关，一方面，大量的异地游客是博物馆到馆人流的重要支撑；另一方面，旅游人次多及地区吸引力强，博物馆作为区域的重要一环，具有同步提升的作用。在未来的发展中与旅游线路联动融合，参与区域整体宣传，博物馆可以作为一个区域旅游活动的起点或终点，对于外地游客选择以博物馆为起点对接下来的旅游行程有历史事件与发展的指引，以博物馆为终点，从历史的角度对此次旅游行程的总结、回顾与延伸，增强地区旅游的文化之根。

（3）政策驱动

根据实证结果，政府支持对博物馆旅游高质量发展皆具有显著的正向影响。可见，博物馆由于其公益属性，具有较强的政府依赖性。而政府的财政补贴、优惠与扶持政策、人才培育与引进机制等相关政策行为，对博物馆旅游高质量发展发挥着积极的促进作用。一方面，政府的财政补贴是目前博物馆旅游发展的重要资金来源，支撑了博物馆展览陈列、旅游服务、数字化改造、宣传推广、教育活动、文创开发、人才培养等工作的有序开展。另一方面，政府的相关扶持政策对博物馆自身快速发展以及区域间、馆际、与各组织机构间交流合作都起到了引导和推动作用。

（4）教育驱动

博物馆作为社会大众终身学习的要地，覆盖各个年龄阶层，是学校正式教育重要且有益的补充，"教育"更成为博物馆的三大目的之首，因此学校中的教育者和被教育者也成了博物馆旅游者的重要组成。由博物馆旅游高质量发展影响因素检验结果可知，区域教育程度对博物馆旅游高质量发展影响显著，且影响程度居于各因素之首，说明教育水平越高的地区可以为博物馆旅游提供高质量的人才支撑，且该类人群对博物馆旅游的兴趣更高、参与度更强。学校与博物馆在空间上的紧密连接，带来了人、物、信息等方面的流动，进一步基于微观视角定量揭示不同教育要素分布等级下博物馆空间分布规律，以一级、二级、三级博物馆为研究对象，运用 ArcGIS 软件将全国大中小学等要素不同距离下的缓冲区与博物馆点位进行叠加并统计（相关坐标数据皆来源于高德开放平台），获得不同教育要素缓冲区内博物馆分布情况。第一，中小学分布的影响，一、二、三级博物馆数量皆在在距离中小学 2 km 之内的区域分布较为密集，其中在 100～500 m 之间的范围内分布最为集中，在 200～400 m 之间存在一个峰值，在距离超过 2 km 后分布数量逐渐降低。第二，高校分布的影响，一、二、三级博物馆基本集中于距离高校 1～10 km 以内的区域，说明目前博物馆等级越高，与高校在空间分布上联系越紧密。空间叠加分析结果显示了博物馆与当地教育资源深度融合的重要性，应通过与周边教育资源优化整合，进一步强化在科学研究、人员交流、技术利用、文化传播、教育促进、活动创新等方面的全方位合作。

（5）人口驱动

本地居民的支持行为对博物馆旅游高质量发展具有积极影响，其支持行为主要体现在以下三个方面：第一，本地居民虽长期居住于此处，但对本地历史与文化亦可能缺乏系统认知，对博物馆兴趣度高，求知欲更强。《中国文化文物和旅游统计年鉴2020》显示，本地居民在总观众占比全国平均值为48.80%，其中河北、甘肃、黑龙江、天津四省份比例最高，均超过90%，相比于异地旅游者一次性的游览，本地居民的参观行为具有长期、持续、稳定的特点，是博物馆参观人次的重要组成。博物馆通过精心策划的展览陈列可完善本地居民认知体系，持续地创新也将提升本地居民的重游率。第二，本地居民是博物馆的重要传播者，通过参与志愿者工作或利用自身社交网络深化博物馆的社会影响力，为文化的传播与旅游的发展注入了新的活力。第三，本地居民是博物馆联合创新发展的重要力量。他们凭借对区域博物馆的信息优势，具有更多参与博物馆联合创新或参与决策的机会，如故宫针对博物馆目前存在的问题与困境问计于大众，而北京市民是主要的参与者，共同助力故宫措施优化。故而，对博物馆而言，当地居民具有参观者、志愿者、传播者、活动参与者以及大众智囊等多重身份。因此，获取该群体的认同与支持至关重要，须注重理念的培育与关系的维系，使博物馆真正成为服务本地居民、吸引外地游客的重要休闲、游憩、学习的场所。

（6）环境驱动

绿色发展是博物馆旅游高质量发展的重要一环，因为区域内环境规制对其有重要影响,当地政府对环境重视程度越高,博物馆旅游绿色发展的基础越坚实,对推进高质量发展进程具有重要意义。一方面,当地政府对环境的重视与政策对企业行为有重要的引导作用,培育绿色生态的理念。另一方面,区域环境规制直接影响了地区空气、水质等生态要素,对博物馆旅游也产生了重要的影响。当前我国区域间环境政策存在较明显差异,未来各级政府应重视积极发挥环境规制在博物馆旅游发展中正向促进作用,立足自身实际情况实行适宜环境政策,力争实现生态环境优化、博物馆旅游发展的双赢。

二、系统动力学模型仿真模拟

(1) SD 仿真模型关系流图

对各类因素对博物馆旅游高质量发展的影响路径和力度进行仿真,首先要了解影响因素对博物馆旅游高质量发展的作用结构及其运作机理。博物馆旅游高质量发展依赖于创新、协调、绿色、开放、共享五维一体的有序配合与彼此协同,因而,针对影响因素作用结果的模拟仿真必须基于此五维的运行状态进行。这里借助能够弥补数据不足且有待长期观察处理缺陷的系统动力学(System Dynamics,SD)软件建模,帮助定量模拟博物馆旅游高质量发展的非线性、多重反馈、高阶次时空发展规律。① 根据本章第二节的研究结果和博物馆运行的内在机理,绘制博物馆旅游高质量发展的内部运作机理的动态流图,如图 4 – 1 所示。基于动态关系流图,模拟各类影响因素的变动对博物馆旅游高质量发展的作用效果,并以 Vensim PLE 为软件平台进行仿真调控。

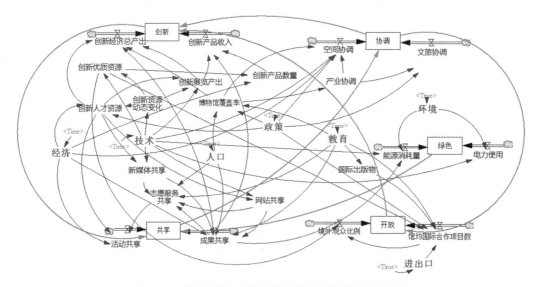

图 4 – 1　影响因素与博物馆旅游高质量发展关系流图

---

① UNITED NATIONS. Indicators of sustainable development framework and methodologies [M]. New York:United Nations,1996. 126 – 185.

（2）模型参数确定与检验

在确定创新、协调、绿色、开放、共享五个维度主要流位变量函数方程和部分多元因素影响的流率变量、辅助变量函数方程参数时，主要基于统计数据的 Stata、Matlab 等多元线性回归、曲线拟合模型加以确定，其他自变量用表函数方程表示，依据均为统计数据。以 2017—2019 年全国 31 个省份取中位数（非正态分布）后的整体水平为初始仿真数据，各类因素影响博物馆旅游高质量发展作用效果仿真模拟模型中各流位变量、流率和辅助变量等函数方程如下：

Level——

创新 = Integ（0.231 261 + 0.000 22 × 创新经济总产出 − 8.5 × 10⁻⁵ × 创新产品收入 + 0.005 × 协调 + 0.1 × 开放）（Initial Value：0.200 639）

协调 = Integ（0.008 + 0.0211 03 × 共享 + 1.59 × 10⁻⁹ × 文旅协调支持 + 0.01 × 空间协调）（Initial Value：0.236 584）

绿色 = Integ（0.996 − 0.019 261 × 能源消耗 − 0.014 23 × 电力使用）（Initial Value：0.848）

开放 = Integ（− 0.127 + 0.071 39 × 协调 − 0.000 891 × 馆均国际合作项目数 + 0.02 × 境外观众）（Initial Value：0.108 073）

共享 = Integ（− 0.006 + 0.044 55 × 创新 + 5 × 10⁻⁶ × 成果共享 + 0.01 × 绿色 + 3 × 10⁻⁵ × 活动共享）

Auxiliary normal——

创新经济总产出 = 2 139.45 − 35.71 × 博物馆覆盖率 − 46.100 4 × 成果共享 + 0.3 × 创新人才基础 + 0.02 × 创新展览产出

创新产品收入 = − 682 1.66 + 82.729 9 × 成果共享 + 0.973 738 × 创新产品数量 + 0.5 × 创新展览产出

创新优质资源 = 8.409 + 25.824 2 × 技术 − 38.299 × 创新资源动态变化

创新产品数量 = 5 637.56 − 398.375 × 经济 + 203.776 × 创新优质资源

创新展览产出 = − 1.417 61 − 71.776 4 × 创新资源动态变化 + 0.366 561 × 创新人才基础 + 2.012 86 × 技术

创新人才基础 = − 18.055 + 1 546.63 × 政策 + 167.853 × 创新资源动态变化 + 0.364 × 经济

创新资源动态变化 = 0.004 + 0.075 554 × 技术

博物馆覆盖率 = 58.402 − 0.004 17 × 人口 − 126.466 × 教育 + 2.971 × 政策

空间协调 = − 1.234 3 − 1.540 49 × 经济 + 128.422 × 政策 + 0.01 × 产业协调 + 0.003 × 博物馆覆盖率 + 0.021 × 技术

文旅协调支持 = − 353.582 + 19 665.4 × 政策 − 38.700 4 × 产业协调

产业协调 = 1.52 - 0.020 688 × 博物馆覆盖率

新媒体共享 = - 3 4014.1 + 17 616.9 × 技术 + 2 021.97 × 创新人才基础

志愿服务共享 = - 3.044 46 - 0.000 231 × 新媒体共享 + 0.352 801 × 成果共享 + 0.000 001 × 人口 + 0.000 000 04 × 网站共享 + 0.003 × 教育

网站共享 = - 914 411 - 461 675 × 技术 + 55 870.5 × 创新人才基础

活动共享 = 7 913.08 - 1 162.36 × 经济 - 337.565 × 创新人才基础 + 2.632 × 志愿服务共享

成果共享 = 32.958 + 1.6 × 10^{-5} × 网站共享 - 22.129 7 × 经济 + 0.000 02 × 人口 + 0.000 001 × 新媒体共享 + 0.08 × 教育

国际出版物 = - 0.608 + 6.611 58 × 教育^3 - 114.776 × 教育

能源消耗 = 249.076 - 10.950 5 × 技术 - 11.195 2 × 成果共享 - 0.07 × 环境

电力使用 = 57.151 - 65.164 × 技术 - 2.974 81 × 环境

境外观众 = 0.095 - 0.004 545 × 创新优质资源 - 0.712 933 × 馆均国际合作项目数

馆均国际合作项目数 = - 0.285 + 2.137 13 × 教育 + 7.785 67 × 国际出版物 + 0.027 × 政策 + 0 × 创新优质资源 - 0.000 1 × 进出口

Auxiliary with lookup——

经济 = with lookup（time）

技术 = with lookup（time）

人口 = with lookup（time）

政策 = with lookup（time）

教育 = with lookup（time）

环境 = with lookup（time）

将 2017—2019 年全国博物馆旅游高质量发展结果数据用于 SD 模型检验，如表 4 - 12 所示，可知仿真模拟结果与原始数据基本一致，各指标参数相对误差均在 ±9% 以内，且大部分仅在 ±4%，说明建立的 SD 模型有效性和精度较高，能够反映博物馆旅游高质量发展的影响源、过程积累等的变化，为仿真推演以及后续运行提供了可行的运算支持。

表 4 - 12　SD 模型仿真模拟结果与原始数据对比表

年份	2017			2018			2019		
高质量发展	模拟值	原始值	相对误差	模拟值	原始值	相对误差	模拟值	原始值	相对误差
共享	0.113	0.113	0.000%	0.116	0.108	- 6.641%	0.118	0.118	0.017%
创新	0.201	0.201	0.000%	0.200	0.200	- 0.068%	0.206	0.208	1.105%
协调	0.237	0.237	0.000%	0.245	0.244	- 0.210%	0.253	0.260	2.944%
开放	0.108	0.108	0.000%	0.121	0.122	0.383%	0.133	0.132	- 0.471%
绿色	0.848	0.848	0.000%	0.827	0.856	3.485%	0.902	0.832	- 8.488%

（3）各类影响因素调整对博物馆旅游高质量发展的作用效果仿真

利用 2019 年全国 31 个省份博物馆旅游高质量发展的统计数据，设置各类影响因素对博物馆旅游高质量发展作用 SD 仿真模拟模型的初始状态，由影响因素原始数据的调控结果，求解博物馆旅游高质量发展各维度发生的变化，明确影响因素变动后，为博物馆旅游高质量发展的变化趋势，以为影响因素的治理方向和完善改变提供依据。

将影响博物馆旅游高质量发展的政策、技术、教育、环境、人口、经济、进出口因素的相关参数在 2019 年的基础上依次进行 10% 幅度的调整，通过 7 轮 SD 仿真模拟（见表 4 - 13）得知：①在政策因素上升 10% 时，会引发博物馆旅游高质量发展协调、开放、绿色三个维度的显著上升，幅度分别为 4.72%、3.57%、8.49%，表明更多倾斜政策出台对博物馆之间的协调、对外开放和生态化运营作用较大，但由于干涉了博物馆的市场化自主经营，反而使其创新能力和共享成果有所下降，分别降低 0.02%、1.10%；②在技术因素提高 10% 时，会带动博物馆旅游高质量发展创新、共享两个维度的显著上升，幅度分别为 23.58%、1.07%，表明数字化技术的链式效应会大力促进博物馆的创新能力与创新成效，激发高质量发展成果的社会共享；③在教育因素增强 10% 时，会使得博物馆旅游高质量发展创新、开放、共享三个维度的明显改进，幅度分别为 14.03%、3.18%、0.55%，表明教育投入的增多确实能带动博物馆创新发展，并促使博物馆将创新性经营成果实现国内共享与境外输出；④在环境因素改善 10% 时，会引致博物馆旅游高质量发展共享、绿色两个维度的正向变化，变化幅度分别为 14.00% 和 2.13%，环境优异不仅会带动博物馆形成绿色经营意识，减少能耗，而且会吸引更多参观人员积极参与博物馆的各类活动，形成更好的博物共享氛围；⑤在人口密度增多 10% 时，会带来博物馆旅游高质量发展创新、共享、协调、开放四个维度的显著提升，幅度分别为 13.67%、3.82%、0.97%、0.06%，表明城市人口密度增加将更能激发博物馆创新创意、成果共享、区域协调和对外输出的实力；⑥在经济继续增长 10% 时，会引致博物馆旅游高质量发展创新、共享、协调、开放四个维度的改善，幅度分别为 2.41%、1.64%、0.88%、0.06%，表明更强的经济动力、更多的资金支持、更完善的产业关联将从各角度促进博物馆旅游高质量发展；⑦在进出口增多 10% 时，会带领博物馆旅游高质量发展开放、创新、共享三个维度进一步提高 4.78%、6.94%、0.33%，从而使得博物馆国际知名度更高、创新力更强、社会化共享更多。

总之，7 类影响因素同时变动可累积带来博物馆旅游高质量发展共享维度完善 21.40%、创新维度提升 59.53%、协调维度优化 6.57%、开放维度增强 11.65%、绿色维度改进 10.62%，较以往有显著变化，可形成高质量发展多维度齐头并进的局面，不断促进博物馆创造出更多经济效益、社会效益和生态效益。由此，证实了改善各类影响因素对博物馆旅游高质量发展的可行性与有效性。

表 4 – 13 各影响因素参数调控及博物馆旅游高质量发展五维度的相应变化

仿真	共享	创新	协调	开放	绿色
2019 年原始值	0.118	0.208	0.260	0.132	0.832
1. 政策变动 10%	0.118	0.206	0.273	0.137	0.902
改进幅度	− 0.02%	− 1.10%	4.72%	3.57%	8.49%
2. 技术变动 10%	0.120	0.254	0.273	0.137	0.902
改进幅度	1.07%	23.58%	0.00%	0.00%	0.00%
3. 教育变动 10%	0.120	0.290	0.273	0.141	0.902
改进幅度	0.55%	14.03%	0.00%	3.18%	0.00%
4. 环境变动 10%	0.137	0.290	0.273	0.141	0.921
改进幅度	14.00%	0.00%	0.00%	0.00%	2.13%
5. 人口变动 10%	0.142	0.330	0.275	0.141	0.921
改进幅度	3.82%	13.67%	0.97%	0.06%	0.00%
6. 经济变动 10%	0.145	0.338	0.278	0.141	0.921
改进幅度	1.64%	2.41%	0.88%	0.06%	0.00%
7. 进出口变动 10%	0.145	0.361	0.278	0.148	0.921
改进幅度	0.33%	6.94%	0.00%	4.78%	0.00%
8. 累积改进幅度	21.40%	59.53%	6.57%	11.65%	10.62%

本章基于我国博物馆旅游高质量发展水平测度结果，从政策、经济、社会、技术、环境等方面考察了各影响因素与博物馆旅游高质量发展之间的逻辑联系，分析博物馆旅游高质量发展影响机理。结果表明，一方面，数字技术、地区经济、政府支持、人口密度、教育水平等因素皆对博物馆旅游高质量发展的促进作用显著，为其发展提供了强有力的技术、经济、政策、人口以及智力支持。另一方面，根据分位数回归结果可知，教育水平的影响程度在博物馆旅游高质量发展的九个分位点处均显著领先于其他因子，居于首要地位，这一结果也反映了智力支持在我国博物馆旅游的高质量发展过程中重要性和主导地位；数字技术影响程度居第二位，且随着高质量分位数的增加呈现波动上升趋势，说明博物馆旅游高质量发展水平越高对技术的需求越大；此外，随着高质量分位点

的增大，地区经济与社会人口的回归系数呈缓慢下降趋势，表明在发展初期对地区经济支撑与居民支持的需求较大，但随着发展实力增强对其依赖性有所降低；而政府支持在各分位点处波动不大，说明在博物馆旅游高质量发展过程中政府的扶持与投入皆有显著的推动作用。

为进一步揭示影响因素对博物馆旅游高质量发展的作用机理，运用系统动力学 Vensim PLE 软件，绘制出影响因素与博物馆旅游高质量发展关系流图，并进行 SD 模型仿真检验，结果表明建立的 SD 模型仿真结果与原始数据基本一致。通过调整各类影响因素，求解博物馆旅游高质量五个维度的变化趋势，证实了改善各类影响因素对促进博物馆旅游高质量的可行性与有效性。

第五章 我国博物馆旅游高质量
发展路径选择与分析

基于创新、协调、绿色、开放、共享五个维度的高质量发展为我国博物馆旅游提质增效指明了方向，而如何科学配置资源，并基于自身特点找寻合适的发展道路，是我国博物馆旅游亟待解决的问题。本章基于第三章定量测度以及第四章影响分析结果，以我国 31 个省份为研究对象，运用 fsQCA 探究博物馆旅游高质量发展的组态路径，根据各条组态路径中的重点代表区域以及博物馆旅游高质量测度得分排名，选取故宫、中国国家博物馆、敦煌研究院、上海博物馆、陕西历史博物馆作为典型案例进行实践分析，借鉴质性分析方法的合并归纳研究思路，基于权威网站新闻资讯资料，对各博物馆在各路径的实践运用进行归纳与总结，并以此为基础凝练博物馆旅游高质量发展路径。

第一节 博物馆旅游高质量发展组态路径分析

根据前文影响因素检验结果可知，区域教育水平、数字技术、地区经济、政府支持、社会人口等因素影响作用最为显著且影响程度较高，是我国博物馆旅游高质量发展重要的基础条件。但由于不同因素的影响作用通常并不孤立，可能会通过联动匹配形成多种组合产生影响效果，因此为进一步挖掘各影响因素的协同联动作用，采用组态思维和 QCA 方法，探讨影响博物馆旅游高质量发展的多重并发因素和因果复杂机制。

一、研究方法与数据校准

（1）研究方法

定性比较分析方法运用布尔运算与集合关系来探究多要素复杂问题，充分比较分析多种条件变量对结果变量的影响作用。本书选用适用于中小样本数据的 fsQCA，采用"模糊集得分"并依据覆盖率（Coverage）与一致性（Consistency），综合挖掘多重因果关联变量对博物馆旅游高质量发展的组合效应。通过实证分析博物馆旅游高质量发展的组态配置，探讨各影响因素之间的互动关系，从组态视角识别博物馆旅游高质量发展路径提升的前因构型，以及各因素在促进发展质量提升过程中的差异化适配关系，在此基础上总结我国博物馆旅游高质量发展的发展路径。

$$\text{Coverage } (X_i \leqslant Y_i) = \frac{\sum \min (X_i, Y_i)}{\sum Y_i} \qquad (5-1)$$

$$\text{Consistency } (X_i \leqslant Y_i) = \frac{\sum \min (X_i, Y_i)}{\sum X_i} \qquad (5-2)$$

其中 X_i 表示第 i 个省份在条件组合 X 的隶属度；Y_i 表示第 i 个省份在结果 Y 中的隶属度。

（2）数据来源与校准

本章使用的数据与第三章定量测度以及第四章影响分析相一致。已有研究表明，QCA 模型条件变量数量与样本数量的关系为：n 个条件变量需有 2^{n-1} 个样本支撑[①]，且条件变量数量不宜过多，否则会增加模型的解释难度。因此本书以博物馆旅游高质量发展测评得分为结果变量，选取影响作用较为显著且影响程度较高的数字技术、地区经济、政府支持、社会人口、教育水平、对外贸易等因子为条件变量。进而，使用 fsQCA 软件将条件变量与结果变量数据进行校准，分别选取 95%、50%、5% 的三个分位数作为完全隶属、交叉点、完全不隶属的锚点来校准数据，从而将条件变量与结果变量数据全部转化为隶属 0~1 之间的模糊集，校准结果如表 5-1 所示。

表 5-1　模糊集校准结果

变量类型	变量名称	校准		
		完全隶属	交叉点	完全不隶属
结果变量	博物馆旅游 高质量发展水平	0.46	0.25	0.17
条件变量	数字技术	0.64	0.16	0.02
	地区经济	0.97	0.74	0.50
	政府支持	0.06	0.02	0.01
	社会人口	4970.04	2803.76	1381.02
	教育水平	0.31	0.14	0.08
	对外贸易	656000000.00	51000000.00	628017.80

---

① 张驰，郑晓杰，王凤彬. 定性比较分析法在管理学构型研究中的应用：述评与展望 [J]. 外国经济与管理，2017，39（4）：68-83.

二、必要条件分析

进行组态路径分析前,使用 fsQCA 软件对条件变量的必要性进行逐一检验,通常认为一致性水平大于 0.9 即可判断该条件变量为结果变量的必要条件。如表 5 – 2 所示,在两种发展水平下,所有条件变量的一致性均低于 0.9,即 6 个条件变量都不是博物馆旅游高质量发展的必要条件,意味着博物馆旅游高质量发展并非由单一要素决定,而是多要素共同作用、协同驱动的结果。进一步观察一致性结果可知,地区经济、数字技术、教育水平三个条件变量对博物馆旅游高质量发展一致性结果均在 0.75 以上,亦可表明三者影响程度较高。在此基础上,进行组态条件的充分性分析,探析博物馆旅游高质量发展路径。

表 5 – 2　博物馆旅游高质量发展必要性条件分析结果

条件变量	高质量博物馆旅游发展水平		低质量博物馆旅游发展水平	
	一致性	覆盖度	一致性	覆盖度
数字技术	0.783	0.791	0.531	0.614
~数字技术	0.618	0.535	0.819	0.812
地区经济	0.818	0.733	0.566	0.581
~地区经济	0.532	0.517	0.740	0.823
政府支持	0.696	0.571	0.850	0.798
~政府支持	0.753	0.814	0.543	0.671
社会人口	0.661	0.658	0.608	0.693
~社会人口	0.691	0.607	0.699	0.702
教育水平	0.754	0.789	0.566	0.678
~教育水平	0.692	0.582	0.824	0.793
对外贸易	0.738	0.813	0.486	0.612
~对外贸易	0.648	0.524	0.852	0.788

注:表中"~"表示逻辑关系"非"。

三、组态路径分析

根据必要性条件分析可知,单个变量皆不能构成必要条件,因此开展组态条件的充分性分析。参照已有研究,将原始一致性阈值设置为 0.8,案例阈值设定为 1。[1] 运用 fsQCA 软件获得复杂解、简约解和中间解三种解,以中间解为主要依据并结合简约解的

---

[1] 杜运周,刘秋辰,程建青. 什么样的营商环境生态产生城市高创业活跃度?:基于制度组态的分析 [J]. 管理世界,2020,36(9):141 – 155.

结果进行布尔运算，得出博物馆旅游高质量发展的组态分析结果，同时存在中间解和简约解的为核心条件，仅存在中间解的为边缘条件。如表 5 - 3 所示，总体解的覆盖度为 0.827，可解释 82.7% 的样本案例；各组态路径的单个解与总体解一致性均大于 0.8，意味着选取的条件变量对博物馆旅游高质量发展这一结果变量解释力度较强，组态 H1、H2a、H2b、H3a、H3b、H4、H5a、H5b 可以视为博物馆旅游高质量发展的充分条件。根据核心条件组合情况划分为五种核心组态路径：

（1）路径 1：经济—教育组态路径

组态 H1 表明，雄厚的经济实力、优质的教育水平可作为核心条件并结合数字技术的边缘效应，联合驱动地区博物馆旅游高质量发展，将此路径归纳为"经济—教育驱动型"。在强大的物质基础与智库人才的支撑下，博物馆通过文化资源演绎将创意内涵、艺术美感与大众生活相融合，为博物馆旅游高质量发展注入了强有力的创新力。该路径代表省份有北京、上海等，例如位于北京市被誉为"中国文创品牌超级大 IP"的故宫博物院，借助互联网思维以年轻化、故事化、网络化的叙事方式呈现故宫藏品与文化，使得六百多岁的故宫成为具有青春活力的"网红"。由《中国统计年鉴》数据可知，2016—2022 年北京市人均地区生产总值均居全国首位；据教育部公布的高等院校名单可知，作为我国首都的北京市拥有的 985、211 大学数量亦居全国之首，经济资源与智力资源方面的显著优势为该区域博物馆的创新发展提供了强大的助力与支撑。

（2）路径 2：技术—教育组态路径

组态 H2a、H2b 表明，地区快速发展的数字技术与高质量的教育水平，对当地博物馆旅游高质量发展有很强的促进和支撑作用，将此路径归纳为"技术—教育驱动型"。数字技术的融入为博物馆旅游高质量发展提供了新思路，为游客提供更丰富、互动和个性化的体验，同时也提升了博物馆的管理效率。[①] 该路径代表省份有上海、北京、天津、陕西等，例如故宫博物院近年来以"数字故宫"项目为主导，深度融合 5G、VR、AI、人机交互、多屏互动、激光投影等技术，不断提升博物馆运行、服务、管理的智能化、高效化，优化旅游者的游览体验。北京市领先的经济与数字产业优势也加速了数字赋能博物馆旅游的进程。

（3）路径 3：人口—教育—开发组态路径

组态 H3 表明，地区高水平的经济、教育实力以及人口基础，配合强有力的扶持政策，为当地博物馆旅游高质量发展提供了更多机会与可能，将此路径归纳为"人口—教

---

① KAMARIOTOU V, KAMARIOTOU M, KITSIOS F. Strategic planning for virtual exhibitions and visitors' experience: a multidisciplinary approach for museums in the digital age [J]. Digital applications in archaeology and cultural heritage, 2021, 21 (6): e00183.

育—开发驱动型"。本地居民的参与以及物质基础与智力资源为博物馆旅游奠定了发展基础，政府提供的资金投入、政策法规保障等为博物馆旅游健康可持续发展提供了支持与引导。博物馆是文化可持续的重要支柱，应使公众更多地领略它的价值，通过与社会大众建立连接与互动，实现博物馆所蕴藏的文化、知识以及发展成果与大众共享。该路径代表省份有北京、陕西等，例如陕西历史博物馆、故宫博物院等博物馆依托重要节日与重大事件，在馆内外面向不同人群举办各类教育项目、互动体验、赛事活动，进一步推进博物馆文化的交流与传播以实现知识共享。

（4）路径4：经济—教育—政策组态路径

组态 H4a、H4b 表明，地区多方面的政策支持以及高效率的经济运转，推动了博物馆旅游高质量发展的进程，将此路径归纳为"经济—教育—政策驱动型"。该路径代表省份有上海、北京、天津、重庆等，例如中国国家博物馆积极推进与其他博物馆、各地各级政府部门、大中小学校以及各类企业之间的合作，不断深化各领域合作，从而达到共生共赢的效果。二十世纪八九十年代，我国学者便开始探讨博物馆馆际协作[①]与资源共享[②]，关注的焦点主要集中于藏品资源的共享与人才的交流。随后出台的一系列政策更为博物馆与各领域合作注入了强劲动力，2015 年《国家文物局 教育部关于加强文教结合、完善博物馆青少年教育功能的指导意见》提出，加强教育项目、资源库、教材等建设，构建博物馆学习的长效机制；2020 年 9 月《教育部 国家文物局关于利用博物馆资源开展中小学教育教学的意见》的发布，推动各地积极探索馆校融合的有效路径；2021 年 5 月中央宣传部、国家发展改革委等九部门联合发布的《关于推进博物馆改革发展的指导意见》提出加强不同地域、不同层级博物馆资源整合，促进协同创新，进一步推动了馆际合作深度与广度的提升。

（5）路径5：开放—技术—人口组态路径

组态 H5a、H5b 表明，地区具有较强的外向型经济实力以及人口与教育加持，对博物馆旅游高质量发展作用显著，将此路径归纳为"开放—技术—人口驱动型"。该路径代表省份有上海、广东、天津、福建等，例如上海博物馆与纽约大都会艺术博物馆联合开展文创，在纽约时代广场投放户外大屏广告、充分利用 YouTube、Facebook、Twitter、Instagram 等海外社交媒体全平台进行推广互动。根据国家统计局网站公布的数据可知，2016—2022 年广东、上海外商投资企业数量、货物进出口总额均位列全国前两位，这些地区作为我国外向型经济高地为博物馆旅游开放发展提供了更多便利与机遇，使我国文化艺术的独特魅力与发展历程为更多国家人民所熟悉和喜爱。

---

① 刘晓斌. 试论博物馆馆际协作 [J]. 中国博物馆，1988 (3)：22 - 24，96.
② 杨刚. 博物馆资源共享问题的探讨 [J]. 中国博物馆，1990 (2)：69 - 72.

表 5 - 3　博物馆旅游高质量发展组态分析结果

条件变量	博物馆旅游高质量发展化组态							
	H1	H2a	H2b	H3	H4a	H4b	H5a	H5b
数字技术	•	●	●				●	●
地区经济	●			●	●	•		
政府支持		•	•	•	•			⊗
社会人口		•		●	⊗	•	●	
教育水平	●	●	●	●	●	●		⊗
对外贸易			•	●	•	⊗	●	●
一致性	0.938	0.919	0.856	0.826	0.911	0.905	0.873	0.865
原始覆盖度	0.574	0.362	0.390	0.275	0.296	0.310	0.441	0.390
唯一覆盖度	0.033	0.000	0.009	0.023	0.173	0.001	0.003	0.008
典型案例	北京、上海	上海、天津、陕西	上海、天津、北京、陕西	北京、陕西	上海、天津	北京、重庆	上海、广东、天津、福建	福建、广东
总体一致性	0.823							
总体覆盖度	0.827							

注：●代表核心存在与缺失，• 和⊗代表边缘存在与缺失，空白表示存在或缺失无明显影响。

第二节　我国博物馆旅游高质量发展案例分析

根据各组态路径中的典型代表区域，结合我国博物馆的特点，通过选取典型博物馆案例，进一步综合分析各类博物馆旅游高质量发展特性，进而结合博物馆旅游高质量发展组态分析结果，针对发展条件与基础环境，客观系统地总结我国博物馆旅游高质量发展路径，为其他博物馆旅游高质量发展提供借鉴与启迪。

一、典型案例选择与资料收集

典型案例的选取聚焦于博物馆旅游高质量发展各条组态路径中的重点代表区域（上海、北京等），同时以本书第三章高质量评价在各类型①中排名第一，且总排名位列前十位的博物馆作为主要选择对象，最终确定选取故宫博物院、中国国家博物馆、敦煌研究院、上海博物馆、陕西历史博物馆作为典型案例进行实践经验深度剖析，数据来源于国

---

① 博物馆分类主要依据为全国博物馆年度报告信息系统中登记的题材类型信息。

家文物局网站、百度资讯、中新搜索（中国新闻网）等平台自 2008 年以来有关各博物馆的新闻资讯，剔除其中内容重复的新闻，以及内部工作会议、考古发现、学术研究、开闭馆通知等其他与博物馆旅游无关内容。基于 NVivo 软件采用自下而上编码的方式，从新闻资讯文本出发通过关键词摘录、逐级编码、节点归类过程，首先基于新发展理念确定高质量发展的五个维度进行归类（如附录 6—附录 10 所示），可以看出所选取的代表性博物馆在高质量发展五个维度都进行了积极探索。

使用"解剖麻雀式"研究思路对典型博物馆进行深度剖析，从"个性"到"共性"，挖掘行之有效的博物馆旅游高质量发展路径。权威网站的新闻资讯是对博物馆典型做法的客观记录与真实展现，借鉴质性分析方法的合并归纳研究思路，将丰富的新闻资讯内容进行统合，并加以归纳与凝练，研究博物馆在各方面的成功经验做法。①案例一：故宫博物院。故宫是我国宫廷文化以及艺术精品的集合，近年来故宫博物院一改往日庄严、尊贵的形象，通过拍摄综艺节目、制作影音作品、发行出版物、与各类新媒体平台合作等，以更具亲和力的姿态拉近了与大众之间的距离，知名度及美誉度迅速提升。同时依靠其自身的优势资源与强大吸引力，跨足诸多领域，与各行业组织结构开展广泛合作，通过资源与优势互补实现共同创新与协同增效。经过筛选汇总，共收集故宫博物院相关新闻资讯 370 篇，根据所收集的资讯材料，故宫博物院自 2014 年起便开始全面探索多方合作、创新共享的发展之路，逐渐形成了现阶段高质量发展进程中全面开花的局面（如附录 14 所示）。故宫在创新、协调、共享方面表现尤为突出（如附录 6 所示）。②案例二：中国国家博物馆。中国国家博物馆被誉为我国"最高历史文化艺术殿堂"，更是新中国发展强盛的见证。近年来中国国家博物馆不断拓展发展空间、深化多领域合作，展示了上下五千年的中国，以及当代中国的发展印证，并作为国家文化的代表进行各方联合与交流。经过筛选汇总，共收集中国国家博物馆相关新闻资讯 301 篇，进而通过逐级编码与归类，合并为创新、协调、共享、开放四个方面，参考点分别为 122、70、72、38 个（如附录 7）。从所收集的资讯信息来看，近年来中国国家博物馆在高质量发展的各个维度不断推进，创新、协调、共享方面的发展较好（如附录 15 所示）。③案例三：敦煌研究院。敦煌研究院作为考古遗址类排名第一的博物馆，是我国敦煌文化研究、保护的重要机构，长期致力于敦煌文化传承与推广以及其在国际范围内的传播与交流，注重通过多方合作提升敦煌文化的传播度与认知度。经过筛选汇总，共收集敦煌研究院相关新闻资讯 235 篇，进而通过逐级编码与归类，合并为创新、协调、共享、开放与绿色五个方面，参考点分别为 106、78、56、36、3 个（如附录 8）。从所收集的资讯信息来看，近年来敦煌研究院在创新、协调、共享方面有较突出的经验做法。（如附录 16 所示）。④案例四：上海博物馆。上海博物馆作为我国"古代艺术博物馆"的顶级代表，具有高度的文化价值及重要的历史意义。上海博物馆充分发挥自身优势与多方资源，积极吸纳新理念、新思路、新技术，实现多领域共荣的发展格局。经过筛选汇总，共收集上海博物馆相关新闻资讯 267 篇，进而通过逐级编码与归类，合并为创新、协调、共享、开放等方面，参考点分别为90、56、45、38个（如附录9）。从所收集的资讯信息来看，近年来上海博物馆在创新、协调、共享、开放方面有较突出的经验做法（如附录17所示）。⑤案例五：陕西历史博物馆。作为我国第一座大型现代化国家级博物馆，陕西历史博物馆是了解十三个在此建都的封建王朝的重要窗口。经过筛选汇总，共收集陕西历史博物馆相关新闻资讯218篇，进而通过逐级编码与归类，合并为创新、协调、共享、开放与绿色五个方面（如附录18所示），参考点分别为74、63、67、23、2个（如附录10所示）。

二、案例发展实践分析

根据附录6—10可知，五个典型案例在高质量发展各维度基本都有较好表现，进一步将二级节点进行典型路径归类，可划分为文化创新传播、科技赋能、社教研学、合作共赢、开放交流五种重点发展方向（如表5-4所示），分别与经济—教育驱动、数字技术—教育驱动、经济—教育—政策驱动、人口—教育—开放驱动、开放—技术—人口驱动发展背景相契合（如图5-1所示）。

表5-4　博物馆旅游高质量发展路径节点结构表

一级节点	参考点	二级节点	参考点	三级节点（关键词摘录）
文化传播发展	377	展陈创新	164	宫廷文化、历史文化、革命文化、服饰文化、饮食文化、瓷器玉器、文物修复、历代书画花木、中国货币史中的白银、生肖相关文物、历代漆器艺术等主题
		文创产品	105	食品、服饰、音乐、电影、纪录片、综艺节目、原创话剧、音乐剧、动画、通俗读物、日历、邮票、游戏、家居用品、生活用品等
		开发方式	21	成立文化企业、影视研究所、孵化团队，举办青年文创营，品牌联名，自有文创品牌，IP授权等
		传播推广	87	融媒体推广：官网、微信、微博、绿洲、小红书、抖音、快手、"学习强国"等平台 线下第二展厅：文创体验店、地铁专列、校园、社区 参加展会：文博会、博博会、数字中国建设成果展览会等
科技赋能发展	175	应用技术	41	区块链技术、大数据、VR、AR、AI、3D、全息投影、人机交互、云计算等
		应用场景	61	数字故宫、文物互动、云展览云服务、AR地图、智慧国博运营服务体系、云端国博、"艾雯雯"数字讲解员、数字藏经洞、数字藏品等
		服务优化	73	各类人群：老年、成年、青少年、儿童、重点人群个性服务等 游客管理：智慧景区、游客承载量研究、总量控制、专题路线、游客反馈等

（续表）

一级节点	参考点	二级节点	参考点	三级节点（关键词摘录）
社教研学发展	155	活动契机	17	春节、中秋、国际博物馆日、文化和自然遗产日、周年系列活动等
		教育活动	57	故宫讲坛、故宫教育中心、文物讲解、暑期知识课堂、文物修复冬令营、中小学生教育成果展演、远程教育平台、主题研学营、上海博物馆教育品牌等
		举办比赛	21	人工智能大赛、手机游戏创意设计大赛、文化创意大赛、音乐创新大赛等
		体验活动	46	工作坊、教育体验区、互动游戏、亲子活动（亲子音乐会）、创意手工等
		公益活动	14	公益视频课、文化公益活动、公益拍卖、公益游览、图书捐赠等
合作共赢发展	425	馆际合作	129	联合办展、合办研究室、合办论坛、联合活动、合作组织、战略合作等
		馆政合作	66	共建项目、联合活动、战略合作、联合办展、长期合作、政府支持等
		馆校合作	80	战略合作、合作研究、课程开发、合办展、专题讲座、邀请参观、志愿服务等
		馆企合作	90	科技企业、文化传媒企业、银行、机场、景区、基金组织等
		馆众合作	60	志愿服务、社会捐赠、社会征集、社会支持与资助等
开放交流发展	153	战略合作	30	"一带一路"国家博物馆、克里姆林宫博物馆、英国大英博物馆、美国大都会博物馆、英国牛津大学、英国国家图书馆等
		国际组织	4	成立"一带一路"、丝绸之路、金砖国家等国际组织博物馆联盟、国际文物避难所
		办展参展	94	出境展、引进展："一带一路"国家、丝绸之路国家博物馆文物精品展等 海外参展：美国拉斯维加斯国际品牌授权博览会、法兰克福参展
		国际论坛	14	世界古代文明保护论坛、全球博物馆馆长论坛、世界遗产地游客承载量研究国际研讨会、敦煌学国际研讨会等
		合作开发	5	文创合作、发布联合新书、海外电商等
		海外宣传	6	"一带一路"国家举办文博教育活动；纽约时代广场户外大屏广告投放；海外社交媒体全平台推广

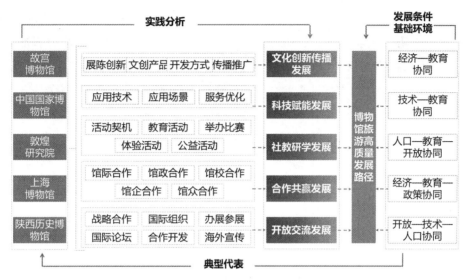

图 5 - 1　博物馆旅游高质量发展典型案例实践分析

（1）文创传播发展实践分析

经济—教育的组态路径主要代表地区为北京、上海，通过对故宫博物院、中国国家博物馆、上海博物馆等典型博物馆具体实践的深入剖析可知，兼具经济实力与优质教育并辅以数字技术的经济—教育组态路径与创新维度的文创传播发展环境相匹配。博物馆文创开发与传播不仅需要地区经济、教育的持续推动，还需要数字技术提供助力。从供给方角度来看，地区经济、教育、技术的快速发展为文创发展合作提供了更多选择，基于需求方视角来讲，生活水平以及受教育程度的不断提升，促进了审美旨趣与消费选择相融合，增加文创消费的偏好，而数字技术可使消费者不囿于博物馆空间的限制，拓展其覆盖和影响范围。因此将经济—教育的组态路径与文创发展相连接，典型博物馆的具体实践运用如下：

第一，文创产品开发。上海博物馆的文创开发工作起步较早且实力持续增强，注重文创产品的丰富性、创意性与品质性特征。以其投资的上海博物馆艺术品公司为文创经营主体，将传统文化、现代艺术、科技元素融入产品之中，且根据消费者的需求与反馈及时改进优化，产品囊括日化用品、珠宝礼品、餐具茶具、食品饮料等多个商品类别，如与迪士尼合作的博物奇趣系列产品、江南赏味系列美食产品、国画游戏绘本、海派丝巾、创意颈枕，以及与纽约大都会艺术博物馆联合开发"礼遇东西"系列作品。

第二，文创产品产出。故宫博物院 2008 年便成立故宫文化创意中心，上线淘宝店铺，开启了文创发展的道路探索。故宫与诸多品牌商合作，文创涵盖服饰、美妆、食品、文具、书画、陶瓷等与大众生活密切相关的数千种产品。成立影视研究所，推出电影、电视、综艺、纪录片等影视节目；发行图书、游戏书、邮票、日历等出版物；开发游戏、话剧、音乐剧等艺术表达形式。中国国家博物馆打造了"国博衍艺"文创品牌，依靠组建孵化团队、举办青年文创营、与知名品牌联名等方式，设计了涵盖食品、服饰、书籍、家居用品、生活用品、电视节目等多种类别的高品质、有特色、贴近生活的文创产品，其中"击鼓说唱俑"文创雪糕、"四羊方尊"巧克力受到热捧。敦煌研究院注册商标强化文化品牌，创作舞剧《丝路花雨》、与 QQ 音乐等平台进行作品共创，打造音乐、舞蹈、朗诵等文化创意产品；推出电视节目《登场了敦煌》、纪录片《新国货》、通俗读物《敦煌学》以及动画、漫画、游戏皮肤等一系列作品，基于影视、文学、绘画、游戏等表达方式发掘敦煌文化内涵，丰富文化衍生品类型；2021 年推出天龙八部盲盒，引领大众了解敦煌莫高窟壁画形象而非仅局限于对小说的认知，升级文化体验项目，打造整座城市成为研学游基地。

第三，传播推广。主要利用融媒体、线下"第二展厅"以及参加展览会的方式不断创新宣传推广方式，增强博物馆的知名度与美誉度。故宫博物院、中国国家博物馆、上海博物馆等充分利用官网、短视频以及社教平台、"学习强国"、百科数字博物馆等线上渠道扩大文化影响力，在淘宝与京东等电商平台开设旗舰店，拓宽宣传推广范围。中国国家博物馆、上海博物馆重视对博物馆品牌的打造和输出，不断探索开拓"第二展厅"，国博建立文创线下运营中心、联手北京大兴国际机场建造文化长廊、携手地铁 1 号线打造"遇见国博"主题专列等，上博利用馆内文创商店、繁华地段线下专卖店以及天猫京东公众号等线上平台销售推广，在博物馆文创领域成绩显著。故宫博物院、敦煌研究院、上海博物馆积极参加文博会、博博会、服贸会、丝绸之路国际文化博览会、数字中国建设成果展览会、丝绸之路国际旅行节、苏州文化创意设计产业交易博览会等各类会展活动，展示文化艺术特色以及优秀的文创产品，多渠道实现文创产品的销售与推广。

（2）科技赋能发展实践分析

技术—教育组态路径主要代表性地区为上海、北京、陕西，根据对故宫博物院、中国国家博物馆、上海博物馆、陕西历史博物馆等典型博物馆实践运用分析可知，数字技术结合区域教育程度一同构成了博物馆科技融合的坚实支撑，与科技赋能发展相吻合。数字技术增强了博物馆运营管理能力，在博物馆旅游中的应用为游客提供了更丰富、互动和个性化的体验，而区域较高的受教育程度为博物馆旅游发展注入高质量人才，可有效破解博物馆科技融合的难题，为科技赋能创造有利条件。因此将技术—教育组态路径与科技创新相连接，典型博物馆的具体实践运用如下：

第一，科技赋能优化展示。针对技术融合，故宫在数字化新技术的利用与应用场景的选择方面一直在不断探索前行，以"数字故宫"项目为主导，运用 5G、VR、AI、人机交互、多屏互动、激光投影等技术，并深入融合于博物馆运行、管理、服务、展览展示、演出互动、云展览、云游览等线上线下诸多应用场景之中。敦煌研究院不断完善不可移动文物检测系统、数字藏经洞、数字敦煌资源库、数字展示中心、智慧旅游等项目，将 3D、AR、VR、AI、云计算等技术应用于文化遗产的保护、数字化展示以及高质量服务之中。敦煌研究院 2017 年开启了与腾讯的战略合作，深化文物的数字化呈现形式；2022 年推出实体洞窟与虚拟体验穿插融合的"飞天"专题游，将文化与科技进行了创新融合。

第二，科技赋能增强互动。国博与华为签署战略合作，在数字化、5G 等领域获得线上线下支持，助力"智慧国博"项目；与腾讯展开深度合作，2022 年启用首位虚拟数智人"艾雯雯"，智慧融合讲好国博故事。上海博物馆在科技融合方面不断探索与实践，2018 年建成博物馆数字化管理平台并投入使用，属全国首创，通过数据采集解析观众画像、透视观众需求；根据现代人碎片化的阅读习惯，在展览中设置基于展品高频词汇的"见字如面"数字化板块，引导观众自主选择与参观。

第三，科技赋能提升服务。智慧上博、"海上博物"数字藏品平台、视频人脸预警及检索系统、文物防震等项目将文物保护、博物馆管理与服务成功引入数字化时代。上海博物馆贴心的服务提升了旅游者的参观体验及满意度，重视重点人群的个性化服务，开展针对老年人的适老化改造以及针对特殊人群的无障碍活动；线上预约以及多元化的导览与解说服务，为旅游者营造更加便利、丰富的参观体验；根据客流情况延长开放时间乃至增设夜场，缓解了人流集中服务下降的问题，同时满足了忙碌的上班族、学生等群体的需求。敦煌研究院通过开发游客承载量管理、打造智慧景区、提供网上预约、引入敦煌小冰智能讲解员等游览辅助系统、推荐"飞天"专题等游览线路、增加参观前观看实景球幕电影环节分散人流等方式，提升服务质量与旅游者管理水平，并根据旅游者反馈信息不断改进优化。

（3）社教研学发展实践分析

人口—教育—开放组态路径主要代表地区包括北京、陕西，通过对故宫博物院、中国国家博物馆、陕西历史博物馆等典型博物馆具体实践总结可知，在经济贸易与教育的联合作用下，配合当地居民的积极支持，共同推动了博物馆的大众共享，与社教研学发展需要相一致。区域经济与教育的支撑直接影响了博物馆社教活动组织的质量与水平，当地居民的配合与参与为社教活动提供支持的同时也对其提出了更高的要求，共同推动了博物馆知识及研究成果与大众共享的达成。因此将人口—教育—开放组态路径与社教研学发展相连接，典型博物馆的具体实践运用如下：

第一，依托各类活动契机。故宫博物院、中国国家博物馆等积极探索与社会大众共享发展成果的有效路径。在社教活动方面，以春节、中秋等各类传统节日和假日以及国际博物馆日、文化和自然遗产日等特殊节日或重大事件为依托，面向社会大众提供"菜单式"服务、开展分众化的教育活动与体验活动。各家博物馆通过教育与文化传播活动，将博物馆文化以及最新研究成果与社会大众共享，增强社会大众与文化的近距离接触，充分发挥传承文化、丰富大众精神生活、引导正确价值导向的责任与担当。

第二，丰富的文化教育活动。故宫、中国国家博物馆和敦煌研究院等致力于以更多元的方式走近大众，基于持续优化社教活动、公益活动等形式与大众生活相融合，以提升高品质精神文化生活。面向青少年、成人等不同年龄人群开设一系列精彩纷呈的教育课程与活动，如故宫通过故宫知识课堂、故宫教育中心、故宫学院、故宫研究院等平台，扎实学术研究、深化公众教育；中国国家博物馆说文解字教育项目、考古夏令营、主题研学营，将博物馆文化厚植于大众心中；敦煌研究院打造"莫高学堂"研学品牌，开设壁画服饰体验课程、莫高精神1650知多少、泥坯典藏课程、丝绸文化艺术等公共教育课程以及公益讲座等，增强大众对博物馆文化和艺术的理解与鉴赏能力；上海博物馆打造了上博教育品牌，借助线上远程教育平台以及线下空间开展文物讲解、诗词、绘画、书法、功夫等课程以及夏令营等活动，联手上海广播电视台、锦江集团分别打造上海博物馆学院以及长三角研学教育，推动"江南文化"的教育与传播。

第三，创新互动体验活动。在互动体验活动方面积极探索，重视"以人为本"。故宫博物院推出艺术创作、遗产保护体验、VR节目；中国国家博物馆推出互动游戏、雕版印刷等体验性参与性较强的活动类型；上海博物馆在展览现场，将展品展示与戏剧融合，使观众通过沉浸式体验领略展品的魅力与文化，收获了广泛的好评与关注。开展社会教育活动提供了更加立体全面的参与及体验机会，使博物馆艺术与文化更好更便捷地惠及社会大众，践行自身的文化使命与社会责任。

第四，举办赛事提高参与度。故宫博物院通过组织人工智能大赛、手机游戏创意设计大赛、"紫禁城杯"中华老字号文化创意大赛、腾讯创新大赛、文具创意设计大赛、音乐创新大赛等不同主题与内容的赛事活动，提升了社会大众对博物馆文化的认知与兴趣，增进大众对故宫文化的深入了解，拓宽了大众的文化视野及知识内涵，更好发挥社会教育功能。

（4）合作共赢发展实践分析

经济—教育—政策组态路径主要代表地区为北京、上海，基于对故宫博物院、中国国家博物馆、上海博物馆等典型博物馆案例分析可知，地区经济与教育联合驱动的同时辅以政策的指引，有效促进了博物馆旅游的跨界合作以及"产业链"的延长，与合作共赢发展环境需求相一致。地区强劲的经济实力促进了各行各业的发展繁荣，也为博物馆旅游的跨界合作打下了坚实的基础，明确的政策引导为博物馆旅游的文化引领与产业延伸提供了更广阔的发展空间，推进了博物馆与政、校、行、企以及社会大众等合作的深度与广度。因此将经济—教育—政策组态路径与多元协调发展相契合，典型博物馆的具体实践运用如下：

第一，馆政合作。故宫、中国国家博物馆与北京、山东、山西、重庆、香港等多地政府确定战略合作关系，依托自身资源优势在展览陈列、数字化融合、文创开发、传播推广、人才交流等方面开展全方位合作。敦煌研究院与国家文物局、甘肃省人民政府、敦煌市人民政府、河北省文物局等政府部门建立长期合作机制，开展常态化沟通合作，得到相关部门政策、资金、项目、资源、人才等方面的支持，在政府工作、城市建设、文化推广、旅游开发等方面为政府部门提供政策性、专业性建议。

第二，馆校合作。故宫与北京大学、北京师范大学、北京科技大学等全国多所高校在人才培养、科学研究、文化传播等方面加强优势资源共享与合作。中国国家博物馆与中小学、高等院校等各级各类学校均有良好合作，与清华大学、中国社会科学院、西北大学等院校机构建立全面的战略合作关系，围绕人才培养、联合办展、开发研究、宣传推广等方面携手共进；与史家小学、北京四中等中小学联合开发课程、举办展览活动等。上海博物馆与进才中学等共建文博教育基地、合作开发综合实践课程，并与多所中小学联合打造"上博小小讲解员"项目，聚焦中小学生的能力培养与品格培育；与上海交通大学、中国美术学院等高校围绕资源互补与平台共建、学术交流与人才共育、文创开发与活动开展等方面达成战略合作。敦煌研究院联合各级学校进行校园巡展与合作研究，此外，通过举办各类专题讲座、邀请院校学生参观与互动体验，以及吸收学校人力资源支撑志愿服务等形式，推动敦煌文化走进校园，为增强文化自信与文化自觉贡献力量。

第三，馆企合作。各家博物馆与科技企业、文化传媒企业、银行、机场、景区等组织机构，基于各自优势聚焦技术融入、文创开发、社会教育等内容展开广泛合作，激发博物馆发展新活力，推动博物馆旅游繁荣发展。故宫、敦煌研究院与华为、腾讯等科技龙头企业建立长期战略合作，在数字化领域拓展故宫文化、敦煌文化的影响力。故宫与华夏银行、中国银行等金融机构在品牌联合、产品开发等方面进行合作，充分利用其优质的客户与合作伙伴资源，开拓"金融＋文博"创新发展。上海博物馆与上海广播电视台、东方网等重要新闻媒体合作，共同促进博物馆信息与文化内涵的传播与推广；与凯悦酒店合作提升文旅体验的同时，为博物馆旅游注入卓越的服务理念和管理经验。

第四，馆际合作。建立长期战略合作、联合办展办会、成立合作组织等是目前主要合作形式，通过资源的共享与融合，共同提升博物馆旅游的发展与繁荣。故宫2014年开启与敦煌研究院的全面战略合作，强强联合；此外，故宫与苏州金砖博物馆、长沙简牍博物馆等合办研究室。中国国家博物馆分别与上海博物馆、广东省博物馆、四川博物馆、湖北省博物馆等文博机构，以不同朝代发展成就、地域文化、瓷器、青铜器、饮食文化等为主题联合策展，通过文化的物化话语表达展现多元一体的中华文明。上海博物馆与三星堆博物馆等达成战略合作，增进博物馆之间密切往来以实现携手共赢；同时，上海博物馆牵头成立上海市博物馆教育联盟、长三角博物馆教育联盟等行业合作组织，并任上海市博物馆协会的会长单位，共同推进博物馆行业的交流与发展。

第五，馆众合作。故宫、中国国家博物馆、敦煌研究院通过组织志愿服务、社会捐赠与参与支持等方式，提供了大众与博物馆连接的通道。中国国家博物馆自 2002 年起不断吸收社会各界志愿者加入博物馆工作中，以点带面发挥对社会大众的多方辐射功能；2011 年成立事业发展基金会并受到社会力量的广泛支持，为其高质量发展提供了强有力的支撑。社会各界的物品捐赠也成为丰富与完善博物馆藏品的重要渠道之一。近年来中国国家博物馆获捐赠鼠首兔首铜像、我国首台扫描隧道显微镜、唐卡精品、珍贵瓷器、玉器、艺术作品、书画等，而国博举办的各类捐赠展也使这些慷慨义举得以彰显。故宫在建福宫为捐赠者设立"建福榜"并完善奖励保障措施，使社会力量支持传统文化事业的行为被铭记与尊重。社会大众的参与及合作也为博物馆旅游高质量发展提供了有力的支撑，敦煌研究院"数字供养人"计划基于互联网平台进行众筹，门槛低（智慧锦囊仅 0.9 元）、参与度高；故宫针对博物馆目前存在的问题与困境问计于大众，亦是与大众共享的一种方式。

（5）开放交流发展实践分析

开放—技术—人口组态路径主要代表地区为上海、广东等，通过对上海博物馆等典型博物具体实践的深入剖析可知，地区繁荣的外向型经济促进了不同文化背景人群的相互理解与认同，为博物馆旅游国际化交流合作开辟了快捷的通道，与开放交流发展相对应。因此将开放—技术—人口组态路径与开放交流发展环境相连接，典型博物馆的具体实践运用如下：

第一，增强国际交流互鉴。四家博物馆通过签订战略合作、成立国际组织、联合办展办会、合作开发产品等方式强化对外合作互鉴。故宫自 2005 年先后与世界著名博物馆签订合作协议，联合办展与人才交流；敦煌研究院与法国国家博物馆、英国牛津大学等国外博物馆、院校、政府部门达成长期战略合作；上海博物馆与"一带一路"国家博物馆、克里姆林宫博物馆、英国大英博物馆、美国大都会博物馆等海外文博机构，围绕人员互访培训、联合办展办会、学术研究交流、产品合作开发等方面开展战略合作，共同推动跨文化合作与交流，为博物馆国际化之路注入活力。在合作办展办会与成立国际组织方面，故宫举办紫禁城论坛与世界古代文明保护论坛，很大程度上增强了国际影响力与号召力。敦煌研究院与土耳其、俄罗斯、美国、日本、英国、法国、蒙古国等联合办展，举办敦煌学国际研讨会、丝绸之路文物科技创新联盟论坛、世界遗产地游客承载量研究国际研讨会等国际会议，增强中华文化在世界的影响力。上海博物馆引入了 17—19 世纪匈牙利贵族生活、大英博物馆百物展、俄罗斯皇家军械珍藏展、法国开布朗利博物馆太平洋艺术珍品展、土耳其安纳托利亚文明展等一系列重要展览，带给国内观众多元化的文化体验。中国国家博物馆引进丝绸之路国家博物馆文物精品展、大英博物馆世界史展览、俄罗斯十月革命文物展等，搭建世界文明交流共享平台；举办全球博物馆馆长论坛、中国—阿拉伯国家博物馆馆长论坛，牵头创建"一带一路"、丝绸之路、金砖国家等国际组织的博物馆联盟，联手大英博物馆发布新书，深化不同文明间的对话交流。

第二，深化对外文化推广。中国国家博物馆、上海博物馆等通过海外办展、出国参展、多元媒体宣传等方式不断深化对外文化推广，拓展了博物馆以及中华文化的国际影响力。中国国家博物馆赴波兰、塞尔维亚、法国、新西兰以及"一带一路"共建国家等办展。上海博物馆赴大英博物馆办展，在韩国首尔国际中央博物馆、希腊卫城博物馆以及美国、法国、意大利等地举办六千年中国艺术、皇朝盛世、青铜文化、香文化、上博珍宝等主题展览以及文创作品海外巡展，增加了博物馆在全球范围的文化影响力与知名度，将中华艺术与文化推广至世界各地。敦煌研究院通过参加美国拉斯维加斯国际品牌授权博览会等海外展览会，进一步提升博物馆在全球的知名度及认同度。

第三节　我国博物馆旅游高质量发展路径

根据五条组态路径，结合我国代表性博物馆的实践特点，将我国博物馆旅游高质量发展归纳总结为基于经济—教育的文创传播型、基于技术—教育的科技赋能型、基于人口—教育—开放的社教研学型、基于经济—教育—政策的合作共赢型、基于开放—技术—人口的开放交流型五种发展路径。通过总结形成可识别、可复制、可推广的发展路径，为我国博物馆旅游高质量发展提供参考借鉴。

一、基于经济—教育的文创传播路径

2016 年 5 月发布的《关于推动文化文物单位文化创意产品开发的若干意见》提出，博物馆应依托馆藏文化资源，开发各类文创产品。在此基础上，2021 年 8 月又发布《关于进一步推动文化文物单位文化创意产品开发的若干措施》，继续鼓励博物馆文创开发，并提出深挖精神内涵、坚持文旅结合。有关创意产品的内涵，学者们认为是为满足消费者精神需求，将文化艺术商业化[①]，从文化中提炼符号并转化为内容创意，兼具经济价值与文化价值。有关博物馆文创产品的内涵，学者们认为是依托博物馆资源而衍生出来，包括狭义的基于馆藏文化元素设计的有形产品以及广义的自馆藏文化提炼的各种有形、无形产出。[②] 成功的文创开发为博物馆旅游的发展奠定了坚实的物质基础，提升了品牌

---

① 理查德·E. 凯夫斯. 创意产业经济学：艺术的商品性 [M]. 康蓉，张兆慧，冯晨，等译. 北京：商务印书馆，2017.

② 龚良. 正确理解博物馆文化创意产品开发 [N]. 中国文物报，2017 - 09 - 26（5）.

价值。

基于经济—教育的文创传播路径就是指博物馆依靠文创事业的成功促进其高质量发展的实现。主要适合所在区域整体经济以及教育程度较高，且具备文创团队或相关专业人员，拥有丰富的馆藏资源适合提炼内容元素的博物馆。该路径是博物馆依托区域经济、教育等优势资源，以满足大众精神文化需求为文创产品开发的主要目标，对博物馆及其相关文化资源进行深度挖掘，从意向、行为、触觉、视觉等方面进行文创元素提炼，通过自主研发或多方合作的形式，将创意理念、应用技术与所提取的内容元素相融合，产出类型多样的文创产品，进而通过传播推广将博物馆文创产品传递到消费者端，实现经济价值与文化价值统一、经济效益与社会效益共融（如图5－2所示）。故宫博物院2017年文创收入已达15亿元/年，居于全国领先地位，而中国国家博物馆、上海博物馆、敦煌研究院在文创开发方面亦有不俗的表现，因此本路径将故宫文创作为典型研究对象，并将其他三馆开发方式作为补充分析。

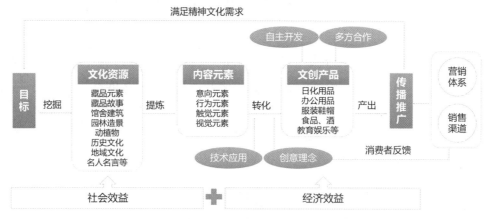

图 5－2　基于经济—教育的文创传播路径

（1）文化挖掘与元素提取

博物馆基于自身的藏品体系挖掘并拓展传播利用的内容，如历史文化类、综合地志类博物馆锚定深挖自古以来生产生活与文化创造以及本区域的人地关系等。目前博物馆挖掘的资源对象主要包括藏品元素、藏品故事、馆舍建筑、园林造景、动植物、历史文化、地域文化、名人名言等。有关设计元素的提炼，学者们提出情感、行为、视觉的基因提取以及触觉、意向等要素的提取。[①] 目前，博物馆文创元素的提取类型主要涵盖了意向、行为、触觉、视觉等。意向元素主要包括概念、内涵、情感等方面元素的提取；行为元素主要包括传统的生活方式、工艺技艺等方面元素的提取；触觉元素主要包括纹

---

① 朱上上，罗仕鉴. 产品设计中基于设计符号学的文物元素再造 ［J］. 浙江大学学报（工学版），2013，47（11）：2065－2072.

理结构、材质①等方面元素的提取；视觉元素主要包括色彩、形态、纹饰等方面元素的提取。例如故宫基于建筑、藏品、宫廷文化、历史人物等文化资源，提炼红墙黄瓦、脊兽图案龙凤纹样等视觉元素；礼制风俗及宫廷生活方式等行为元素；白瓷青瓷等触觉元素以及打造"卖萌"皇帝等建立大众与历史人物情感纽带。

（2）文创产品产出

以需求为引导进行文创产品设计与开发，通过对博物馆文化信息及渊源的挖掘与提取，将其与创意理念、应用技术、现代生活相融合，打造符合现代审美以及市场需求的博物馆文创产品。首先，博物馆文创产品开发形式主要包括产品开发与IP授权②。产品开发是指博物馆独立自主或多方合作进行文创产品的开发，此种开发方式博物馆参与度较高，设有专门的文创开发团队，进行元素提炼与创新产出。博物馆IP授权是指博物馆通过版权授权赋予被授权者在约定的时间、地域范围内使用博物馆拥有知识产权的文化资源，并进行文化经营活动的权利，博物馆依据合同获得授权金。例如故宫授权民生银行信用卡、国博授权肯德基主题餐厅、上博授权"CC卡美"珠宝公司等。IP授权的开发形式以开放共赢的理念，延伸了博物馆文化创意的空间，推进了博物馆跨界融合，拓展了博物馆产业链，创新了博物馆文化的传播方式。无论是哪种形式皆应树立品牌意识，提升博物馆文创产品的辨识度，例如中国国家博物馆的"国博衍艺"文创品牌，故宫猫以及陕西历史博物馆唐妞的IP形象。品牌建设的同时注重知识产权保护，如敦煌研究院整合馆内优质资源积极注册商标，天眼查显示，截至2022年12月敦煌研究院已注册商标217项，如"敦煌壁画""数字敦煌""敦煌服饰"等。

其次，博物馆文创产品涉及商品与服务类型多样。将通过博物馆官网、电商平台以及搜索引擎收集到的现有博物馆文创产品类别与《商标注册用商品和服务国际分类》（尼斯分类第十一版2022）中34个商品与11个服务类型进行比对（如附录11所示）。目前博物馆文创产品涉及商品与服务21类，主要包括日化用品、灯具空调、珠宝钟表、办公用品、皮革皮具、厨房洁具、布料床单、服装鞋帽、地毯席垫、食品、酒、教育娱乐、餐饮住宿等。如附录12所示各博物馆将所提炼的经典元素融入这些类别商品与服务之中，推出让人耳目一新的文创产品。敦煌研究院曾IP授权电子烟，但迫于舆论压力迅速叫停，可见博物馆由于其正面教育的功能与形象，在文创产品类别选择上也应谨慎对待。目前，博物馆文创产出的重点类型为日化用品、珠宝钟表、办公用品、服装鞋帽、

① YAIR K, PRESS M, TOMES A. Crafting competitive advantage: crafts knowledge as a strategic resource [J]. Design studies, 2001, 22 (4): 377 – 394.

② 刘辉，朱晓云，李峰，等. "文旅融合下博物馆文创的探索与实践"学人笔谈 [J]. 东南文化, 2021 (6): 135 – 149，190 – 192.

方便食品、教育娱乐六类。产品类别主要为面向大众生活的终端型商品与服务，价格相较于同类商品略高，且由于资金投入限制文创产品多以中小型商品为主。对故宫博物院、中国国家博物馆、上海博物馆、敦煌研究院四家博物馆天猫旗舰店商品进行整理发现，文创商品总量分别为594件、406件、204件、513件，以故宫博物院文创商品数量最多。使用 Python 的 TF-IDF 算法对商品名称进行关键词提取与词频统计（如图5-3），根据词云图可知，故宫博物院文创商品关键词以生日礼物、礼品、套装、礼物出现频次最高；中国国家博物馆高频关键词有学生、项链、手链、生日、礼盒等；上海博物馆的高频词有摆件、创意、复古、学生、生日礼物等；敦煌研究院高频词有生日礼物、礼品、女生、女友、摆件等。可见，目前博物馆文创商品以饰品、摆件居多，且由于其精美、高端、独特、文化气息浓厚等特点，是各类场合礼品的佳选。如图5-4所示，故宫博物院、中国国家博物馆、上海博物馆、敦煌研究院四家博物馆的文创产品价格区间分别为3~16790元、12~3980元、10~5080元、4~8600元，商品价格多居于500元以内，分别为507件（占比85.35%）、389件（占比95.81%）、179件（占比87.75%）、462件（占比90.06%），其中又以0~100元、100~200元、200~300元三个价格区间最为集中。

a 故宫博物院　　　　　　　　　　　b 中国国家博物馆

c 上海博物馆　　　　　　　　　　　d 敦煌研究院

图5-3　博物院文创商品词云图

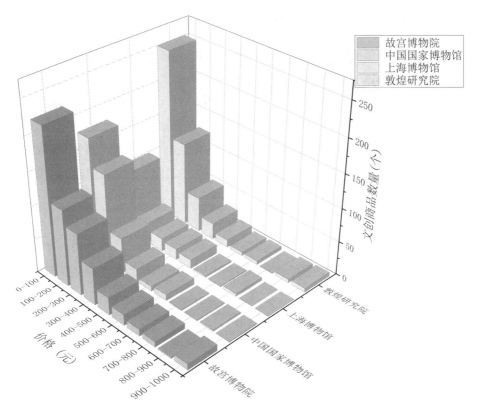

图5-4 部分博物馆文创商品价格区分图

表5-5 部分博物馆不同价格区间文创商品数量

文创价格（元）	文创商品数量（个）			
	故宫博物院	中国国家博物馆	上海博物馆	敦煌研究院
0～100	220	176	100	251
100～200	114	135	31	124
200～300	92	52	19	52
300～400	55	19	16	24
400～500	26	7	13	11
500～600	16	9	2	5
600～700	10	1	1	5
700～800	8	1	4	0
800～900	2	2	0	5
900～1000	9	1	0	6
1000～2000	26	2	6	16
2000～3000	2	0	8	4
3000～4000	4	1	3	3
4000～5000	3	0	0	2
大于5000	7	0	1	5

(3) 传播推广

满足大众精神文化需求是博物馆文创开发的起点与落脚点，因此博物馆完成文创产品产出后，需通过有效的营销推广与销售渠道将其有效送达大众生活，以达到经济效益与社会效益相统一。一方面，构建多元有效的营销体系。通过市场细分、同期宣传、选择合适的推广渠道等方式，使博物馆文创产品为大众知悉。首先，针对不同消费群体特征细分产品，将博物馆文创产品与消费者需求精准匹配，如上海博物馆文创产品针对男士、女士、情侣、儿童等不同人群进行分类。其次，依托博物馆展览以及各类节庆活动进行同期宣传，例如故宫元旦春节期间年味文创受热捧、上海博物馆配合特展进行文创产品推广备受好评。最后，借助各类宣传渠道进行推广，通过电视广播等大众媒体、微信微博视频直播社群等自媒体以及地铁公交等户外媒体渠道以及举办活动等形式，分享博物馆文创产品信息。其中网络平台与社交媒体等线上渠道是文创传播主战场，助力博物馆流量吸引、传播资源创造与延展。

另一方面，通过线上线下多渠道销售，实现让大众将博物馆"带回家"。并且在文创产品销售的同时与消费者建立联系进行互动，收集消费者反馈信息作为文创产品开发依据，形成博物馆文创开发的动态循环。线下销售渠道主要包括馆内文创商店、馆外文创体验店、授权与委托销售以及组织展览、参加展会等销售模式，例如故宫除馆内的文创馆外，在上海、杭州等多地创办故宫文创体验店；广东省博物馆于白云机场内开设文创体验馆等；故宫、中国国家博物馆等参加文博会、博博会、服贸会等展会宣传博物馆、展示文创产品。线上销售渠道主要包括淘宝、天猫、京东等电商平台以及官网、微信、微博、抖音等网络平台的文创商店，例如故宫在天猫、京东、抖音开设文创店，上海博物馆的微信小程序中设有"上博文创"板块。

二、基于技术—教育的科技赋能路径

在不产生"质量多余"的前提下，博物馆的技术性愈高则其产品质量愈佳，所产生的博物馆旅游合意性与竞争力也愈强。根据第二章需求侧角度博物馆旅游问题分析中基于携程网旅游者游记文本分析结果发现，旅游者对展示方式的表述中提到了"3D""科技"等词汇，说明科技元素的融入已加速博物馆各项工作的重塑、再造。但部分博物馆仍存在融入程度不够、区域发展水平不均衡等问题，因此博物馆应充分利用技术融合所带来的新动能，在展示、互动、服务等方面实现创新性突破。

基于技术—教育的科技赋能路径就是指依托区域技术与教育优势，凭借科技手段综合提升博物馆的管理效能与服务效能，以促进其高质量发展的实现。主要适合拥有科技团队或相关专业人员，所在区域数字技术发展与教育水平较好，具有一定科技产业基础，较易寻得企业合作的博物馆。该路径是将互联网、大数据、人工智能、扩展现实（XR）、区块链等技术融入博物馆旅游之中，以实现展示优化、互动增强、服务提升的效果，为旅游者的参观、学习、体验等提供有力的支撑（如图5-5）。通过信息化技术再现历史场景，呈现有温度有情怀的生动小故事，构建体验式、沉浸式旅游模式，打造虚拟现实环境，充分发挥其教育与娱乐功能，以提升旅游者参观体验与重游意愿。以故宫博物院、敦煌研究院为典型代表，并将其他博物馆的典型案例作为补充。故宫的数字化工作始于20世纪90年代，通过与阿里巴巴、华为、腾讯等公司的合作，实现线上线下展示传播、设计数字服务闭环，布局数字故宫社区生态。① 敦煌研究院最初基于保护的目的于20世纪80年代便提出"数字敦煌"构想，在文物领域首个建成数字展示中心。敦煌研究院的数字化工作以自建技术团队为主，2006年成立"数字中心"，后更名为"文物数字化研究所"②，并于2012年合资注册科技公司，2017年与腾讯签订战略合作协议开启更广阔的科技融合之路。

图5-5 科技赋能发展路径主要技术与应用

（1）相关技术

如附录13所示，目前融入博物馆旅游的技术类型主要包括3D数字化技术、人机交互技术、WEB开发与软件开发技术、全息技术、裸眼3D技术、AI以及XR扩展现实技术（涵盖VR、AR、MR等技术）、区块链等。3D数字化技术是利用其对藏品数字化将藏品信息进行收集存储，进行藏品数字资源采集与数字资源库建设，以实现藏品通过数字资源长久保存以及开放传播。人机交互技术是为增强旅游者与藏品、展览之间的互动而进行的人与计算机间信息交互过程，在博物馆中使用较多的有互动投影、互动场景等，

---

① 王旭东. 使命与担当：故宫博物院95年的回顾与展望 [J]. 故宫博物院院刊，2020（10）：5-16，342.

② 吴健. 壁画类文化遗产的数字化发展：以敦煌莫高窟为例 [J]. 中国文化遗产，2016（2）：34-38.

通常与全息技术、裸眼 3D、声光电等技术相结合，营造沉浸式展示体验，提升旅游者的互动性与体验感。通过将 VR、AR 以及 MR 技术与博物馆旅游相结合，营造更为真实的沉浸式场景与体验氛围，使博物馆旅游者的体验维度更进一步增强，在极具趣味性与沉浸感的氛围内获取博物馆及其藏品更深层次的文化内涵。

（2）应用效果

①优化展示

展览陈列、藏品阐释是博物馆的核心工作，如何迎合时代需求将博物馆核心工作与现代技术相结合，向大众更好地叙说博物馆故事，是目前博物馆思考的重点问题。科技手段优化博物馆展示效果，助力博物馆藏品再现、还原与提升。第一，藏品再现即借助 3D 数字化、裸眼 3D、全息技术等将藏品以其本真的状态更为细致地加以展示。线上展示如故宫的数字文物库、数字多宝阁等；线下展示如故宫沉浸式数字体验展中高达 5.3 米的裸眼 3D 文物展示；敦煌研究院的旅游者可在现场通过手机 AR 地图看到九色鹿从图上飞身跃下。第二，藏品还原即借助 AI、AR 等技术将现今残损的藏品进行原貌重现，如 2017 年秦始皇帝陵博物院便与百度合作，旅游者可借助手机利用 AR 功能近距离观看兵马俑，并可欣赏经 AI 复原后色彩鲜艳的兵俑。第三，藏品提升即基于博物馆藏品这一绝佳素材进行数字化加工与二次创造，借助全息技术、人机交互、AR 以及结合声光电等技术，通过场景再现、故事重演、人物对话等形式进行藏品信息叠加、知识延伸①以及衍生价值挖掘，拓展藏品的叙事内核、创新叙事方式。特别是线下游览时通过充分调动旅游者的感官与情感，营造身临其境的感官、心理与行为②的沉浸体验，如英国博物馆借助科技手段"触摸文物"，又如荣获第六届全国十佳文博技术产品的陕西项目"历史时空传送门"沉浸式体验平台，通过 VR 和体感交互技术穿越时空之门，聆听藏品故事感受藏品文化。展品的线上提升与拓展打破了时空限制，提供内容更具深度且交互性更强的文化艺术体验，如敦煌研究院在经典敦煌元素基础上二次创作的数字艺术藏品。还可将博物馆与周边景区景点相结合，如开封的古马道遗址博物馆与周边景区景点联合且融入科技元素再现古都场景，使旅游者沉浸其中穿越时空感受古城景观、了解历史文化。

②增强互动

包括人与物之间的互动以及人与人之间的互动。第一，人与物的互动指旅游者与博物馆及其藏品的互动。现代技术使旅游者与博物馆及其藏品的互动成为可能，通过技术手段让旅游者更为深入地走近藏品，可以置身藏品所在的场景进行制作或使用体验。如故宫微信小程序中的"V 故宫"板块，旅游者可以选择导览模式 720°游览倦勤斋，全面深入了解倦勤斋的建筑、布局、内饰等，高清细致地欣赏室内陈列设施、装饰、内贴画，

---

① 史学军，王雨微. 背景下数字博物馆建设的思考［J］. 东南文化，2021（S1）：68－73.

② 张琰，郑霞. 浅析观众沉浸感和博物馆沉浸式展示要素［J］. 东南文化，2022（5）：153－160.

通过小贴士与小游戏了解馆内所蕴藏的文化与技艺知识。第二，人与人的互动是指旅游者之间的互动、旅游者与博物馆人之间的互动。一方面，现代技术使旅游者之间的互动更为便捷频繁，通过移动设备或线下互动设备在线上游览或线下参观时，皆可实时参与在线评论、留言、弹幕等以实现旅游者之间的分享、协作、创造，在博物馆旅游中发挥每位旅游者的智慧与作用，基于藏品内涵进行再创造，赋予博物馆馆藏展品新的生命，发挥个人创意①在博物馆旅游发展与推广中的积极作用。如游览河南博物院的旅游者可通过支付宝中的"国宝AR发弹幕"模块，打卡藏品并进行弹幕评论。另一方面，也为旅游者与博物馆人提供了沟通与协作的渠道，旅游者的弹幕留言、旅游者的投票调研皆可成为博物馆策展、文创等工作的基础与依据，如美国国家历史博物馆在APP中征集旅游者对藏品的描述以及参观体验，以增加视障人群的参观。②

③提升服务

第一，通过预约订票、实景导航、智能客流分析等完善参观游览服务。首先，利用官网、微信小程序等平台的线上预约功能实现旅游者分流与总量控制，通过互联网、VR、卫星定位技术进行导览与路线推荐，便于观众了解博物馆文化以及线下参观游览。如故宫微信小程序中的"AR实景探索"板块可实现实时探路、实景导航功能。其次，博物馆通过一系列数据化装置收集旅游者游览路径、停留时间、学习体验、购买消费等海量行为数据以及构成、需求、态度等数据，刻画出博物馆旅游者的数据画像。一方面，为旅游者参观提供个性化导引以满足个性化需求、提升游览体验，故宫、国博小程序还为旅游者提供游览线路推荐，国博按照时间（1小时、2小时、半日）进行推荐，故宫游览路线按照不同季节、主题、区域进行推荐，并标注了节点个数、时间以及路程；另一方面，为博物馆策划、组织、服务、管理等工作提供科学的决策依据。如敦煌研究院依据监测系统确定每日洞窟最大承载量，并实时检测旅游者动线以及洞窟内环境变化，既确保了旅游者的游览体验又保护了文化遗产的安全。

第二，通过数字课堂、参与式游戏、智慧讲解等形式，提升学习体验服务。首先，依托数字化的藏品资源，通过官网、社交平台、短视频平台等渠道，以图片、音视频、直播等形式打造线上精品数字课程。如敦煌研究院的《神奇敦煌开讲啦》音频课程将精美壁画与古诗词结合；苏州博物馆的"再造·云课堂"基于线下临展、讲座等活动，延伸拓展形成线上系列课程。其次，开发兼具知识性与趣味性的参与式游戏，如故宫通过开发皇帝的一天、九九消寒图、故宫大冒险、口袋宫匠等多种类型游戏，吸引了更多年轻人关注故宫、喜爱故宫、主动了解故宫文化。最后，智慧讲解服务更为深入地阐释藏

① LUCIA M D, TRUNFIO M. The role of the private actor in cultural regeneration: hybridizing culturalheritage with creativity in the city [J]. Cities, 2018, 82: 35-44.

② 纪晓宇. 泛在化连接：数字时代博物馆藏品的展示与传播 [J]. 东南文化, 2021（2）: 152-158.

品，基于 AI 技术的虚拟数字人，通过深度学习快速掌握丰富的博物馆相关的文化知识，并在动作方面高精度模拟真人，可将博物馆文化知识随时随地与旅游者分享与交流。如敦煌的数字讲解员伽瑶，引领更多旅游者欣赏与体验敦煌文化的独特魅力。

第三，通过线上线下融合的休闲购物设施，优化休憩消费服务。博物馆通过分析所收集的旅游者偏好与行为数据，获取旅游者个性需求，完善观众集散、休憩就餐、文创体验等服务设施，满足旅游者休憩购物需求，增强博物馆的服务功能。旅游者游览期间，一方面，可借助移动设备获取博物馆最佳游览线路以及各类服务设施的精准位置信息，并利用实景导航便捷抵达。另一方面，还可实现线上线下多平台购物消费，如游览故宫时可利用角楼咖啡线上小程序免排队下单，通过故宫文创小程序快捷购物。科技赋能博物馆打造数字化、智能化的一站式服务模式，为旅游者提供更加优质、高效的游览体验。

三、基于人口—教育—开放的社教研学路径

开展社教活动是博物馆的核心工作之一，也是各类工作中与社会大众互动性最强、沟通最为紧密的一项，充分体现新博物馆学中"以人为本"的理念，将社教活动与研学旅行服务相融合，增强博物馆的吸引力以及文化传播的有效性。基于人口—教育—开放的社教研学路径就是指依托区域人口、教育、贸易等资源，通过社教研学活动内容与形式的创新，更好地连接博物馆与社会大众，以助力高质量发展的实现。主要适合拥有活动组织或相关专业的人员，所在区域具有人口、教育、贸易等方面优势，实践资源较为丰富的博物馆。该路径是指博物馆面向各类受众群体，通过对自身知识与文化、技艺技能、人文精神等内容的提炼，利用传统节日、假期、纪念日等重要时间节点，在馆内馆外开展体验活动、互动活动、教育项目以及节事活动等，以实现知识共享以及满足大众精神文化需求为目的的发展路径，博物馆社教活动的策划与组织可使用六何法（5W1H）展现，如图 5 – 6 所示。

图 5 – 6　社教研学发展路径六何法分析图

（1）为何——实现知识共享，满足精神文化需求

知识共享、文化传播历来便是博物馆的核心使命，美国纽约大都会艺术博物馆以促进大众对藏品的理解、重视、欣赏为使命；大英博物馆以推动大众在接触历史文物过程中获取知识与快乐为使命。① 博物馆社会教育活动是其发挥教育功能的重要方式，以博物馆藏品为教材，具有强有力的说服力与真实性。对博物馆而言，社教活动使其知识、文化与价值得到了有效的传播；对旅游者而言，在社教活动过程中增强了社交互动与生活乐趣，相关知识、技能、素质得以提升，观念与价值以及对待生活的态度得到了积极正向引导，是对学校教育的一种有益补充，满足大众继续教育与终身教育的需求。社教活动也是将教育融入旅游全过程的一种旅游体验类型。② 以博物馆的知识与文化输出为起点，利用重要时间节点，借助各种形式将所提炼的内容加以输出；旅游者对所接收的信息进行觉知与采择（能动地感知），并通过旅游者的内化与深化起到怡目、怡身、怡心、怡情、怡神的作用，以知识共享以及精神文化需求的满足为终点，助于大众对美好生活的追求与探索。

（2）何事——提炼社教内容，助力知识、能力、人格提升

博物馆开展社教活动以提升大众文化素养、增进人的全面发展为根本使命。就其内容选择而言，对照 KAP 教育模式③从提升知识、能力、人格三方面加以提炼。在知识提升方面，整合博物馆藏品、馆舍环境中所蕴含的科学文化知识以及学术研究成果，以社教活动为共享媒介，为参与者构建较为完整的知识体系。如故宫博物院的雨中故宫直播活动，在雨天环境中与大众分享故宫的建筑、历史、排水系统等文化知识。在能力提升方面，将博物馆所传承的、藏品所承载的技艺、工序，经由社教活动加以传承与创新。如上海博物馆将文物修复的非遗技艺带入社区，让居民在文物修复体验过程中掌握技艺、获得快乐、传承文化。在人格提升方面，借助社教活动展示博物馆所蕴藏的人文精神，参与者在此过程中通过对博物馆世界的凝视与对生活世界的反凝视，不断认识与提升自我，明晰个人的责任与担当，形成正确的世界观、人生观、价值观。如敦煌研究院通过以"莫高精神"为主题的社教活动，展现几代莫高窟人薪火相传的奋斗精神，引发参与者情感共鸣，汲取精神动力。

（3）何人——分众化教育，大众化传播

随着经济社会的发展，大众的休闲方式、消费需求逐渐趋向个性化、差异化，博物馆在社教活动的策划与组织中，根据不同参与对象需求的差异性，依据市场细分策略开

---

① 陆建松. 增强博物馆的公共服务能力：理念、路径与措施 [J]. 东南文化, 2017 (3): 101-106.

② 邹统钎, 吴丽云. 旅游体验的本质、类型与塑造原则 [J]. 旅游科学, 2003 (4): 7-10, 41.

③ 李朝东. 教育理念的反思与人的全面发展 [J]. 教育理论与实践, 2004 (23): 5-8.

展分众化教育，满足不同群体的特定需求。"分众"这一概念出现于 20 世纪 80 年代，指将"大众"分割为众多具有差异性的小型群体，通常可根据年龄、性别、地域、兴趣、专业等因素划分。目前博物馆多根据参与对象年龄不同进行划分，针对求学阶段的未成年人、工作阶段的中青年人以及已退休的老年人实施社教活动项目的分众化设置，重视关爱特殊群体，满足不同参与者的深度需求。首先，博物馆针对不同层次的未成年人以及家庭单位的参与者，开展各类以趣味性、互动性、参与性为主的教育活动与服务。根据《中国文化文物和旅游统计年鉴》数据，2007—2019 年我国博物馆未成年人参观人次逐年提升且每年皆超过总参观人次的四分之一（如表 2 - 2），未成年人是参观博物馆的主力军，也是博物馆社教活动的重要对象。如上海博物馆推出亲子音乐会；故宫博物院针对青少年群体开辟活动专区；敦煌研究院被授予"世界遗产青少年教育基地"称号，面向青少年扎实开展教育实践活动等。其次，博物馆面向中青年群体开展多领域、高质量，以构建与完善知识体系为主的社教活动，如中国丝绸博物馆以普及知识与研习技法并重的女红传习馆以及经纶讲堂。最后，博物馆为老年群体提供终身教育的平台，退休后的老年群体自由时间增多，求知及贡献社会的意愿依然强烈，通过参加博物馆社教活动提升知识技能的同时，拓展社交范围、增添生活乐趣。如作为亚洲最早进入老龄化社会的日本，开展了一系列面向老年人的博物馆社教活动探索，基于博物馆资源开展"怀旧疗法"应对慢性疾病；实施市民学艺员制度增进知识传递与互动交流等。[1] 此外，重视特殊人群的个性化活动与服务，如南京博物院针对视障观众开展复制品触摸体验活动，针对语言障碍观众开展手语导赏活动。[2]

（4）何时——找准时间节点，增强文化传播

重要时间节点是博物馆开展社教活动的有利时机，善于利用春节、端午、中秋等极具我国传统文化气息的日子，与博物馆日、旅游日、文化遗产日等行业相关的特殊时间节点以及各类假期假日等，使其成为博物馆活动策划的重头戏，进行活动的特色打造与重点传播。①利用传统节日开展社教活动。传统节日在历史演进与时代发展中不断传承，印证着我国历史文化的沉淀与民族文化的凝聚，传统节日的文化氛围与博物馆社教活动的文化气息高度契合，相得益彰。博物馆利用春节、端午、中秋等传统节日以及二十四节气等开展相应主题的社教活动，既有助于传统节日历史、内涵、价值的传承，又有助于博物馆文化的广泛传播。②利用重要纪念日开展社教活动。每年的博物馆日（5 月 18日）、文化遗产日（6 月 9 日）都是博物馆的重要纪念日，各大博物馆皆通过线上线下渠

---

① 于晖. 老龄化社会进程中博物馆的职能拓展：日本学者相关研究及启示 [J]. 东南文化，2021（2）：184 - 190.

② 郑晶. 谈博物馆的"分众教育"：以南京博物院为例 [J]. 东南文化，2015（6）：119 - 123.

道推出精彩纷呈的活动，吸引社会关系、增强文化传播。③利用假期假日开展社教活动。参加博物馆社教活动是大众利用闲暇时光进行的一种重要休闲活动，休闲是人们在工作与学习之余的放松和自我发展，其前提与基础是具有闲暇时间，因此寒暑假、黄金周、周末等假日是博物馆开展社教活动的良好契机。

（5）何地——多元化参与选择，提升社教活动可及性

博物馆依托线上与线下多渠道开展社教活动，提供了多元化的参与选择，增加社会大众与藏品以及博物馆文化接触的可能性。其中，线下渠道为博物馆社教活动的主战场。一方面，博物馆利用馆内展厅、体验馆、活动教室、室外广场等区域开展社会教育与文化传播，增加受众黏性。如上海博物馆面向各类人群打造的特色教育平台"上博学院"，充分利用馆内资源与馆舍空间开展多种主题教育活动。另一方面，线下社教活动并不囿于博物馆馆舍范围之内，越来越多的"第二展厅"开辟，为博物馆社教活动的开展带来了便捷性与广泛参与性。如陕西省博物馆的"六走进"系列活动，即博物馆走出馆舍走进学校、军营、企业、乡村、社区、机关开展各类文化活动，拓展了博物馆传播的广度，提升了博物馆文化服务的可及性。

（6）如何——社教主要活动方式

博物馆蕴含着深厚历史人文与科学艺术气息且与所在区域文化关系密不可分，对异地旅游者而言，是开启历史文化、区域文化、科学知识的窗口；对本地居民而言，肩负着滋养精神需求、丰富文化生活方式的责任。为了持续增强博物馆的影响力与吸引力，最大限度发挥其教育功能，我国博物馆在优化展览陈列的基础上，拓展与延伸社教文化活动与服务，展示博物馆多样化的叙事尝试，以满足不同偏好受众对精神文化生活的需求。目前博物馆主要的社教活动类型包括课程培训、体验活动、互动项目以及相关节事活动等。

①课程培训：博物馆的课程与培训是博物馆社会教育各类方式中最为直接的一种，以博物馆展览陈列为基础，依托系列课程、专家讲座、观摩导赏、会议研讨等形式，通过知识的输出与输入，帮助参与者进行知识建构与新旧知识转化。如敦煌研究院系列公益讲座与丝绸文化艺术课程引导公众感受博大精深的敦煌文化与艺术；山东博物馆"中国服饰文化之冠帽"系列课程以馆内文博资源与地区特色为基础打造智慧研学课程。

②体验活动：博物馆体验活动是在系列课程的基础上，进一步打造沉浸体验、实践操作等类型多样的以参与为主的活动，形成"展教一体、学做一体"，使公众深度浸润博物馆蕴含文化，发挥博物馆社会教育功能的最大化。博物馆体验活动须具备内容的趣味性、过程的参与性，能增强参与者获得感。如故宫博物院"洗石头"活动，通过故宫"有故事"的石头等趣味十足的主题内容增强关注度，参与者在活动过程中体验石质文

物清洗工作,激发参与者的求知与探索欲望,收获石质文物保护方面的知识。此外,研学活动亦是体验式教育的一种,博物馆利用青少年假期组织冬夏令营活动,以主题课程与实践项目为载体,以达到增进青少年知识、能力与素质的目的。如南京博物院自2014年起组织文博夏令营,通过专题学习与考古实践,带领青少年近距离触摸历史文脉。

③互动项目:博物馆互动项目是以馆藏资源、权威文化知识为支撑,依托馆舍空间打造互动交流、真实感十足的时空场景,通过角色扮演、情景互动等形式使旅游者获得认知体验与情感体验,以实现知识构建、价值构建、文化互动的社会教育目的。其中,"剧本杀"具有高度的参与性、娱乐性、互动社、教育性等特点,它缘起于欧洲的谋杀悬疑游戏,为博物馆社教活动的开发提供了新思路。通常此类产品一经推出便名额售罄且广受赞誉,如《东方美人》剧本杀作品,由敦煌研究院麦积山石窟IP授权制作,人物造型设计的艺术表达源自麦积山石窟造像,故事背景来源于真实历史,带领游戏者沉浸领略博物馆藏品所承载的文化之美的同时,实现多场景立体化的信息交流,增强社交互动。

④节事活动:博物馆组织节庆、赛事、表演等活动,将博物馆文化及研究成果与大众共享。首先,在重要时间节点举办系列节庆活动已成为各博物馆社教活动的重要工作,如博物馆日、各大传统节日等。其次,博物馆将歌舞、音乐、戏曲、服装秀等多种类型表演元素相融合,通过极具感染力与震撼效果的艺术渲染,生动诠释博物馆所蕴含的文化与精神,促使其深入观众心中。如敦煌研究院的"霓裳佛国·摇曳唐风"服装秀表演"复活"壁画艺术。最后,博物馆赛事活动的举办是基于自身文化资源,深度融合已有的社教资源,以各类主题的赛事活动为载体进行文化的传承与弘扬。如故宫博物院举办人工智能大赛、手机游戏创意设计大赛、文具创意设计大赛、音乐创新大赛等不同主题与内容的赛事活动,在参赛的过程中增进选手对故宫文化的了解,更好地共享与传承博物馆文化。

四、基于经济—教育—政策的合作共赢路径

基于经济—教育—政策的合作共赢路径是博物馆依托区域经济、教育、政策优势,与政府部门、学校、企业、其他博物馆以及社会大众等合作者之间,基于亲缘、地缘、文缘、业缘等合作关系,以提升博物馆教育、欣赏、深思、知识共享功能为目的,通过建立长期组织、项目合作,构建资源共享平台等形式,在藏品资源、展览陈列、社教活动、交流研究等领域展开合作以实现共创共赢的发展路径(如图5-7所示)。该路径就是指博物馆与多个主体为了共同的目的彼此联合、相互配合,获取单个博物馆独立运作时无法达到的协同效应,促进其高质量发展的实现。主要适合处于发展瓶颈或任务目标无法独自完成等境况,有资源与优势互补、供需链建立等需求,具有区位优势且所在区

域整体教育以及相关产业发展水平较好的博物馆。

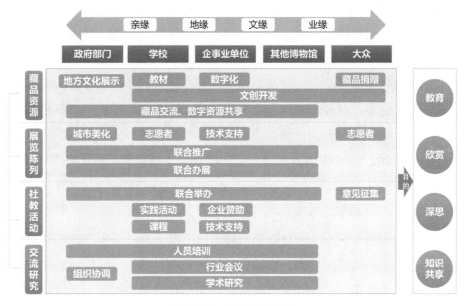

图 5 – 7 合作共赢路径

博物馆合作关系可概括为亲缘、地缘、文缘、业缘四种。我国学者于 20 世纪 80 年代末期提出"缘"的理念，用以表达地域间的人际关系①，本书将其应用于博物馆合作之中。博物馆的亲缘合作关系是指博物馆与其他单位基于隶属等亲缘关系所结成的合作关系，如同处公共文化服务体系的图书馆、档案馆和博物馆的合作联盟，通过资源整合为大众提供高质量文化服务。地缘合作关系是指基于地理位置相邻或相近相互合作，如上海博物馆联合上海科技馆、上海历史博物馆举办上海博物溯源特展，共同梳理区域发展脉络。文缘合作关系是基于历史与文化渊源，如丝绸之路沿线国家与地区共同成立丝绸之路国际博物馆联盟。业缘合作关系是指博物馆与其他单位基于业务关联而形成的合作关系，如中国国家博物馆与华为、凤凰卫视、新东方等企业在博物馆智慧化建设、文化传播、社会教育等领域展开广泛合作；在文创开发方面，中国国家博物馆与上海自贸区、阿里巴巴联合搭建"文创中国"平台，突破地域限制为全国博物馆文创发展提供人才、技术、资金、营销推广等方面的支持。

（1）馆政合作——与政府部门合作

馆政合作是指博物馆与各地各级人民政府以及文物、教育、文旅、新闻等各行业主管部门基于资源共享、共同发展的原则，在展览陈列、活动组织、文创开发、传播推广、技术应用、人员培育与交流等方面开展深入合作。一方面，作为非营利性机构的博物馆，

---

① 沈永林，黄凯锋．"五缘"文化研究二十年述评［J］．社会科学，2009（10）：140–145，191.

其公益属性在世界各国已达成广泛共识，因此博物馆旅游的发展需要政府在政策、资金、人力等方面的大力支持，融入区域整体旅游宣传。另一方面，博物馆为政府及各部门工作提供了文化元素与创新理念。根据 2022 年第六次修正的《中华人民共和国地方各级人民代表大会和地方各级人民政府组织法》，对行政区域内经济、教育、科学、文化、城乡建设等事业的管理是各级人民政府的重要职权内容，而博物馆蕴含丰富的历史和文化信息，助力政府部门将文化嵌入地区与行业发展之中，提升文化气息并形成地域特色，同时增强博物馆的影响力与吸引力。如故宫博物院与北京东城区共建"宫廷特色区域文化"，将博物馆文化融入城市基础设施与景观之中，提升城市景观品质的同时强化博物馆文化的传播效果。

（2）馆校合作——与学校合作

馆校合作是博物馆与中小学以及高等院校之间，以教师、学生以及博物馆从业人员为主体进行的教育与研究双向合作。博物馆以教育为首要职能，与提供系统教育的各级学校高度匹配，二者合作为学习者指引更清晰的目标、提供更优质的资源。博物馆教育在意大利、法国、西班牙等发达国家被普遍纳入了国民教育体系，近年来我国中央及地方各级政府基于战略高度积极探索推动博物馆与学校教育融合，馆校合作成为博物馆重要合作领域之一。陕西省 2007 年便出台实施意见将博物馆教育纳入国民教育体系，博物馆在馆校合作中的重要作用日益凸显，正由补充者逐渐转变为主要参与者甚至主导者角色。合作范围主要包括"博物馆＋学前""博物馆＋小学""博物馆＋中学""博物馆＋高等院校"。相较而言，目前博物馆与初等、高等教育合作频次更高，合作范围更广，而高中阶段由于学业压力较大，馆校合作频次相对较低。博物馆与初等、中等教育阶段合作内容侧重于素质教育，与高等教育阶段合作内容侧重于人才培养。合作领域主要涵盖教育资源开发与共享、双向人才培养与学术研究、教育活动协同创新、智力与技术双向互通、文创产品联合开发等。如深圳南山区积极推进区域馆校融合，探索建设博物馆课程、研学旅行、特色活动等；敦煌研究院通过艺术精品高校巡展、"小小讲解员"以及互动教育等系列活动，将敦煌艺术与文化带入校园；中国国家博物馆与清华大学、中国社科院、中国戏曲学院等院校机构在人才培养、联合办展、开发研究、宣传推广等方面展开合作。馆校携手取得共赢效果，基于学校角度完善了课程与教材、优化了实践活动、增进了交流研究与教师培养，基于博物馆角度丰富了文化活动、优化了观众服务与技术支持、增进了宣传推广，推动了文化自信与文化自觉的提升。

（3）馆企合作——与企业合作

随着我国文化自信的增强以及消费转型升级，经济价值与文化价值一体化的发展成为企业品牌运营的现实需求，各类企业亟须文化内涵与创意理念助力产品迭代升级，而博物馆中丰富的藏品资源以及蕴含的文化内涵正与之高度契合。与此同时，通过合作博物馆亦可借助企业的人、财、物、技术、信息等资源推动高质量发展进程。通过企查查、天眼查网站查询 204 个国家一级博物馆对外投资企业的详细信息，投资企业涉及《国民经济行业分类》中 11 个行业门类和 19 个行业大类。目前博物馆参与投资或合作企业以消费类制造业以及生活性服务业为主。现阶段馆企合作方式主要为项目型合作、长期型合作两种，合作领域包括展陈项目共设共建、社教活动共同参与、文创产品联合开发、技术双向交流、人才培育交流以及企业捐赠赞助等。首先，馆企联合举办展览、社教活动等项目，助推博物馆文化传播、展示企业先进产品与服务，如故宫博物院与腾讯联合举办沉浸式数字体验展。其次，通过联合开发及 IP 授权深化文创产品的创新，如故宫博物院馆企联合开发文创商品涉及日化用品、珠宝、办公用品、服装鞋帽、食品、教育娱乐等众多类型。最后，技术与人才的双向流通推动博物馆与企业共利共赢，如故宫博物院与阿里巴巴、华为、腾讯等科技龙头企业合作推进数字故宫建设。

（4）馆际合作——与其他博物馆合作

我国馆际合作领域涵盖藏品资源互通与数字资源共建共享、展陈与社教活动创新、文创产品开发、学术研究与人才交流、技术创新与应用等诸多方面。合作范围基于垂直与水平两个视角主要可分为博物馆之间的纵向融通与横向联合。纵向融通指基于地缘、亲缘关系同区域不同层级、不同属性、不同类型博物馆之间合作，通常以大型博物馆为引领，辐射与带动区域内中小型博物馆，提升区域博物馆整体发展质量。区域内博物馆通过创建联盟、协会等组织实现资源共建共享、相生相融，寻求共同发展，缓解大型博物馆高级别藏品丰厚与展陈空间有限的矛盾，以及中小博物馆发展需求日益增长与馆藏资源匮乏之间的矛盾，通过纵向合作实现资源共享，达到博物馆资源效益最大化。如陕西历史博物馆通过联合办展、"帮扶式"巡展等形式，整合全省资源辐射引领中小型博物馆，提升陕西省博物馆整体实力与影响力；2021 年由陕西省多家博物馆联合举办的"回望长安——陕西唐代文物精华展"在成都金沙遗址博物馆展出。横向联合指基于文缘、业缘关系，不同区域博物馆之间打破行政壁垒进行协作与配合，促进多元文化碰撞融合与传播，特别是大中型博物馆的横向强强联合，实现资源互动与功能互补，有利于其辐射引领作用的更好发挥。如 2019 年南京博物院、上海博物馆、敦煌研究院等 70 余家博物馆联合推出"博物馆参观护照"，突破地域限制实现博物馆之间信息互通与资源共享。

（5）馆众合作——与社会大众合作

21 世纪初期国外学者提出基于企业与顾客互动而共同创造价值的价值共创理论①，

---

① PRAHALAD C K, RAMASWAMY V. Co-opting customer competence [J]. Harvard business review, 2000, 78 (1)：79-90.

并从使用与交换价值拓展为体验价值、情境价值、社会情境价值以及文化情境价值①，通过价值共创实现顾客自身成长以及收益的增加。类似地，美国博物馆学家构建了参与式博物馆体系，提出贡献型、合作型、共同创造型、招待型四种参与模式②，充分发挥作为博物馆旅游的重要服务对象的社会大众的作用。此处社会大众主要指自然人、社会团体以及基于生活空间所形成的社区等社会力量，他们在活动参与、资金、智力、人力支持等方面为博物馆旅游提供了有力支撑。参与主体以博物馆所在地的社会力量为主，这也与第四章区域人口密度显著影响博物馆旅游高质量发展的结论相契合。社会大众参与博物馆联合创新、资金筹集、志愿者服务等方面的工作。首先，联合创新可涵盖展陈、活动、文创、宣传等诸多方面，此外针对博物馆急需解决的问题除学术交流、专家研讨外，还要重视社会大众的意见，畅通建言献策渠道。如故宫针对内部参观、周边环境等安全隐患面向大众征集解决方案，增加公众对博物馆管理的参与性，提升其对故宫的归属感与满意度。其次，在资金筹集方面，目前年轻人公益意识日益增强，通过各类平台参与公益活动已成为社交和娱乐方式的一种融入了年轻人的生活，博物馆可通过公开募集的方式一方面缓解经费压力，另一方面起到了广泛宣传的效果。如敦煌研究院的"数字供养人"项目通过线上平台向社会大众发起募捐，仅需少量的投入（0.9 元）即可成为"数字供养人"，并可获得来自博物馆的数字资源分享，既增加了经费来源又传播了博物馆文化。最后，志愿者服务为社会大众参与博物馆事业以提升博物馆旅游服务提供了渠道。博物馆从业人员数量有限，但馆藏文物所蕴含的文化无限，充分发挥社会大众的志愿者力量，有利于提升博物馆服务、教育、传播等方面的功能，增强博物馆文化传播的溢出效应。如敦煌研究院全球征集志愿者，极大提升了博物馆的国际影响力。

五、基于开放—技术—人口的开放交流路径

基于开放—技术—人口的开放交流路径是指博物馆依托开放型经济、数字技术、社会人口等优势资源，与其他国家或地区的博物馆、政府部门、文化机构、学校、协会组织等机构，通过有形资源与无形资源的双向互通，在人、物、技术、信息等领域开展多元交流互鉴；同时，通过出国办展、设置分馆、参展参会、文创出海、媒体宣传等方式进行对外推广，在不同的文化环境之中塑造、构建、传播国家形象。一方面向世界不同国家、民族、制度社会以及意识形态的人们展示中华灿烂文化以及新时代中国形象，提升我国博物馆在全球的知名度与美誉度；另一方面学习借鉴国外的优秀经验、合理利用

① 简兆权，令狐克睿，李雷. 价值共创研究的演进与展望：从"顾客体验"到"服务生态系统"视角［J］. 外国经济与管理，2016，38（9）：3 - 20.

② 妮娜·西蒙. 参与式博物馆：迈入博物馆 2.0 时代［M］. 喻翔，译. 杭州：浙江大学出版社，2018.

文化资源，更好地传承文化遗产、共享人类文化卓越成果（如图 5 - 8 所示）。联合国《保护和促进文化表现形式多样性公约》中界定了"文化间性"的概念，指不同文化的存在与平等互动，通过对话和相互尊重产生共同文化表现形式的可能。而博物馆中所蕴含的文化具有多元性、历史性、传承性以及普遍性，是可以超越国界和民族进行对话和交流的媒介。借助博物馆旅游的国际化交流合作，促进世界各国对我国的深入了解和理解尊重，通过创造融合、包容、开放、平等的合作氛围，推动文化多样性的发展进步，并逐渐从物质性合作向精神性融合演变，在自下而上的谈判空间中开展对话，使更广泛的跨文化认同得以实现。主要适合于处于以外向型经济为主、具有开放优势的地区，且拥有良好的对外交流团队、海外合作资源的博物馆。

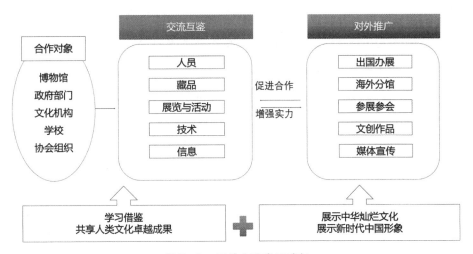

图 5 - 8　开放交流发展路径

（1）创造国际交流互鉴生态圈

与各国博物馆以及相关联的各圈层建立良好互动，融合多元叙事方式创造一个有机的国际交流互鉴生态圈。以"一带一路"、上合组织等国际区域合作机制为主要支撑，搭建不同国家间博物馆发展合作平台，与国外博物馆、政府部门、文化机构、学校、官方和民间组织等海外机构，围绕人员、藏品、展览与活动、技术与信息等方面展开深入合作，促进我国博物馆的国际交流合作，拓展我国博物馆在国际博物馆界融入的深度与广度。一是发挥资源优势增进博物馆人员之间的协作与沟通，以建立长期合作关系、举办培训与研讨交流活动、考察互访等方式形成常态化、长效化人员互访机制，增强博物馆工作人员业务水平与国际视野，增进与合作机构的合作关系，为后续的合作交流奠定坚实基础。二是通过构建博物馆资源共享平台、联合策展办展、共同开展文化活动、合作开发文创产品等形式，使不同国家与地区的馆藏藏品得以流通与激活、彰显多元文明，不仅传递了不同国家民众间的友谊，而且拓展了博物馆与境外合作机构的文化交流，有助于消除国际社会对中国的刻板印象，增进相互之间的理解与认同。如故宫博物院自 2005 年先后与世界著名博物馆签订合作协议，联合办展与加强人才交流；敦煌研究院与柬埔寨吴哥古迹保护与发展管理局签订协议在办展、研究、人才交流等方面展开合作，并合拍纪录片共同展示"一带一路"文化底蕴。三是基于技术交流项目学习借鉴国外博物馆先进技术与应用经验，基于技术合作项目与国外博物馆共同研究与开发新技术，基于技术服务项目面向国外博物馆进行技术输出。如敦煌研究院自 20 世纪 80 年代起便与美国盖蒂保护研究所等海外机构，围绕遗产保护、游客管理等工作展开合作，提升自身理论与技术水平的同时推动了博物馆文化走向世界。

（2）创新海外传播推广方式

在国家形象塑造中，筛选提炼博物馆最具文化代表性的符号和形象，结合自身特点创新国际传播方式。现阶段，我国博物馆对外开放交流的内容与层次不断拓宽，利用国际合作办展、设置海外分馆，以及出国参展参会、文创与数字资源共建、借助各类媒体等方式进行海外宣传推广，取得良好的国际传播效果。第一，引进展与出国巡展等国际合作办展是目前我国博物馆最常见的国际化发展方式，如中国国家博物馆、上海博物馆赴英国、美国、法国、意大利以及"一带一路"共建国家办展，展示中国文化。第二，以实体馆或数字馆的形式在海外设置分馆以扩大博物馆辐射范围，如上海博物馆 2022 年 12 月发布"大博物馆计划"，提出建设海外分馆。第三，通过举办或参加国际性展览与会议，提升中国文化在海外的认知度，如故宫博物院、敦煌研究院等博物馆赴美国拉斯维加斯国际品牌授权博览会、法兰克福办公用品博览会等海外展会参展；故宫博物院举办紫禁城论坛与世界古代文明保护论坛，很大程度上增强了国际影响力与号召力。第四，通过将博物馆文创产品推向海外市场，增强博物馆文化的立体化呈现效果，如故宫博物院通过淘宝、京东海外版、亚马逊等跨境电商平台将文创产品热销海外，进一步提升博物馆的国际知名度与吸引力。第五，充分利用各类媒体进行博物馆推广，如上海博物馆通过在纽约时代广场大屏投放广告，开通 Twitter、Facebook 等国外新媒体平台账号，组织馆标全球征集等方式进行多渠道宣传，一系列创新的传播手段使上海博物馆在国内外具有极高的知名度。

本部分典型案例所选对象皆为大型博物馆，但凝练的发展路径对中小型博物馆的发展亦有很强的借鉴意义。各类博物馆特别是中小型博物馆可根据自身优势特点，选择其一或多种复合的发展路径。大馆结合自身优势多元出击，小馆虽然资源有限，但亦可立足自身实际找好突破口，集中发力。路径的总结为我国博物馆旅游高质量发展提供参考，各级各类博物馆可结合自身特点与实际情况拟定适合自己的发展道路。

第六章 我国博物馆旅游高质量发展对策建议

本章结合前文剖析的博物馆旅游存在问题、高质量发展测评结果、影响因素以及凝练的五种发展路径，进一步从政府、行业、博物馆三个层面提出加快促进我国博物馆旅游高质量发展进程的对策建议（如图6-1所示），旨在解决目前我国博物馆旅游发展过程存在的问题，并为高质量发展路径提供支撑保障。

图6-1 我国博物馆旅游高质量发展对策建议

第一节 面向政府——构建多角度多层次支持体系

第四章影响因素实证检验结果表明，政府支持在博物馆旅游高质量发展各阶段皆有显著影响，发挥着不可取代的重要作用。现阶段，我国博物馆旅游创新升级需要良好政策环境的支持与保障，因此，各地政府部门应在打通与数字产业连接渠道、打破区域壁垒、优化社会投资、完善人才培养等方面持续发力，构建多角度多层次支持体系（如图6-2所示），推动我国博物馆旅游数字化、优质化、专业化、协调化、规范化转型升级，为高质量发展提速赋能。

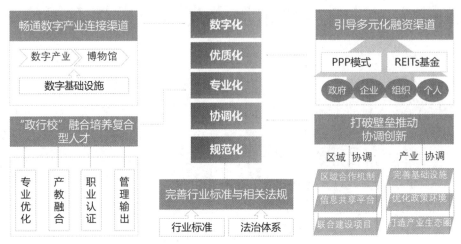

图6-2　多角度多层次支持体系

一、畅通数字产业连接渠道

随着数字经济时代的到来，博物馆旅游亟须通过数字化、智慧化转型升级，不断优化博物馆文化产品与服务质量以及提升现代化管理水平。根据第四章、第五章实证分析可知，博物馆旅游高质量发展亟需高新技术的支撑，区域内数字产业的横向融合与辐射发挥着极大的促进作用，基于地区技术与教育的科技赋能路径是博物馆旅游高质量发展的有效路径之一。数字技术在博物馆旅游领域的应用场景包括藏品管理与利用、旅游者管理与服务、博物馆管理与运营、博物馆相关文化产品全生命周期管理等。针对我国博物馆旅游科技利用方面存在支持与投入不足、高新技术利用不佳、发展不平衡等问题，各级各地政府应注重引导，打通博物馆与数字产业连接渠道。首先，推进数字基础设施建设，构建大数据中心体系。目前，AR、VR、AI、数字全息等技术已全面融入博物馆旅游发展之中，如数字故宫、数字敦煌等项目实现文化创意与数字科技共融，亟须健全的基础设施予以保障。应重点完善人工智能、物联网、大数据等基于数字技术的基础设施建设以及传统基础设施的数字化升级，为博物馆旅游数字化发展奠定硬件基础；同时围绕博物馆应用场景建设全国大数据中心体系，搭建数字博物馆公共服务平台，为我国博物馆旅游数字化改造升级提供数据存储、技术供给、运营管理等支持与服务。其次，大力支持区域内数字产业快速成长，优化数字科技企业助力博物馆发展的优惠扶持政策，为博物馆旅游高质量发展筑牢数字技术根基。基于地缘关系，数字科技企业能够针对当地博物馆旅游数字化转型中可能遇到的数据、技术、人才等突出问题，提供更为便捷的技术服务与解决方案，有效推动博物馆旅游数字化、网络化、智能化等方面的创新发展。

最后，通过税收、补贴、信贷、用地等方面的扶持政策，激励与引导博物馆数字化转型，同时加强市场需求引领，从根本上推动博物馆旅游与数字技术深度联合，使博物馆旅游搭乘数字产业飞速发展的东风，加速博物馆旅游高质量发展步伐。

二、引导多元化融资渠道

博物馆是民族文化物证、历史真实性的重要承载，博物馆旅游唤起大众对历史文化、传统文化、民族文化的情感共鸣与深度思考，对坚定文化自信、建设文化强国具有重要意义。为保障与提升我国博物馆旅游高质量发展，充足的资金参与必不可少，然而当前我国博物馆普遍存在资金支持与投入不足导致更新升级受限的问题。根据第四章影响因素分析结果可知，区域内的经济因素对博物馆旅游发展起到了重要的推动作用，经济发达地区以其雄厚的经济基础保障了当地博物馆旅游资金来源，欠发达地区则常面临融资渠道窄、成本高等问题，因此需要各级各地政府合理规划、协调引导，在促进区域经济发展、加大博物馆事业财政支持的基础上，优化投资结构，完善博物馆旅游多元化融资渠道。首先，实行博物馆旅游发展的 PPP（政府和社会资本合作）模式①，通过税收、贷款、补贴等优惠政策与法规支持，引导与规范博物馆旅游发展的 PPP 合作，鼓励社会资本参与为博物馆旅游发展提供资金保障。其次，与金融资源结合，优化投融资方式，鼓励博物馆旅游领域利用 REITs②（不动产投资信托基金）等方式盘活低效资产，为社会大众提供参与博物馆发展建设投资的渠道。一方面，缓解博物馆旅游高质量发展过程中资金不足的压力；另一方面，为大众提供更多元与可持续的投资参与博物馆发展的机会，实现博物馆与投资者的双赢。

三、"政行校" 融合培养复合型人才

根据第四章影响因素分析可知，地区教育水平是目前我国博物馆旅游高质量发展中最重要的因素，且在发展的各阶段皆发挥着显著的推动作用。根据 2021 年发布的《关于推进博物馆改革发展的指导意见》以及我国博物馆旅游转型升级的现实要求，各地政府部门应营造良好的人才培育及发展环境，将高校博物馆专业人才培育与现有从业人员培养并重，为我国博物馆旅游高质量发展提供持续动力。自 2008 年博物馆实行免费开放以来，我国博物馆以百分之十左右的年增长率快速增长，策划、文创、技术应用等领域人才匮乏，亟须大量具有创新及实践能力的专业人才予以支撑。目前我国仅有百余所院校开设文博专业或设置相关培养方向，③ 专业数量偏少，培养过程重理论轻实践，应用型、技术型、复合型人才匮乏等问题突出。因此，政府部门

①　胡钰，王一凡．文化旅游产业中 PPP 模式研究［J］．中国软科学，2018（9）：160－172．
②　张捷．公募 REITs：基础设施融资新方式［J］．宏观经济管理，2021（8）：14－21．
③　张昱．我国高校文博教育现状及发展对策分析［J］．东南文化，2020（3）：38－43．

首先应加大支持力度，引导并鼓励更多高校基于行业发展需求与自身办学条件开设博物馆相关专业或培养方向，并根据国内外相关专业成功办学经验，构建与完善专业标准，为我国博物馆相关专业建设、人才培养模式的创新与优化提供科学指引。其次，倡导高校博物馆相关专业深化产教融合，在硕博研究生等人才共育、课题项目合作、课程联合开发、实践基地共建等方面深度合作，理实一体培养更多具备专业知识、实践能力以及综合素质的博物馆旅游优秀人才。再次，围绕展陈策划、技术融合、文创开发等方面，健全与完善博物馆相关职业资格认证，培养与提升博物馆从业人员的专业技能与职业素养，为从业人员提供职业发展的机会与路径。最后，政府部门可通过搭建管理输出平台、人才智库以及予以政策、资金支持等方式，鼓励大型博物馆根据成功经验总结发展路径，向新成立的博物馆或发展相对滞后的中小型博物馆输出运营管理经验与专业人才，帮助其解决运营管理难题的同时，促进其从业人员的业务能力与管理水平迅速提高，为我国博物馆旅游整体实力的提升奠定坚实的基础。

四、打破壁垒推动协调创新

①打破合作壁垒推动全方位协作

发挥政府引导作用打破合作壁垒，共享及盘活利用博物馆资源，促进博物馆旅游综合实力整体提升的同时，让更多人知晓、走近、欣赏博物馆藏品及文化，更大范围发挥其在科技艺术、生产生活等领域的重要作用。第一，建立区域合作共享机制。各级各地政府部门积极引导长江流域、黄河流域、大运河文化带、粤港澳大湾区等区域各类博物馆联合组织的建立，设立区域合作专门机构进行协调、监督与管理，推动建立以大型博物馆为龙头带动的博物馆群及合作网络，鼓励具有大量闲置藏品的博物馆与藏品短缺的博物馆进行携手共建、资源共享，缓解当前各级各地博物馆文物分布不平衡、利用不充分的问题。第二，支持联合建设项目。各地区各部门联动打通"最后一公里"，破除顶层设计障碍，完善法律法规与体制机制，引导与激励区域联合、馆际联合建设项目，促进各地博物馆开放共享、资源整合、项目合作、区域互助与协同发展。第三，搭建交流平台，降低沟通成本。政府牵头搭建信息共享平台，优化完善交通、物流等设施网络以减少沟通交流成本，便于藏品、人员、技术等资源与信息的交流共享，强化各区域博物馆联系与协同。

②完善配套设施打造产业生态圈

各地政府及相关部门应聚焦博物馆文化的辐射作用，引导博物馆旅游产业外延式融合，多方联合开展合资合作，拓展博物馆的功能与职能，不再被存量所困，扩大博物馆文化的有效供给。基于第三章我国一级博物馆相关投资企业情况分析结果，在目前以博物馆为中心所铺设的行业网络中，商务服务业，广播、电视、电影和录音制作业，零售业等行业处于核心地位，说明这些行业与博物馆联系最为紧密；科技、数字、金融等行业内容也已出现于博物馆投资行业中，如北京自然博物馆、北京天文馆全资投资科技企业，涵盖技术开发、技术推广服务等内容。第四章分位数回归模型检验显示旅游景区对博物馆旅游高质量发展初期具有显著的支撑作用，同时根据不同交通要素缓冲区分析可知，98.39% 的一级博物馆分布于距离一级道路 1 km 以内的区域，75% 在距离地铁站 100～700 m 之间的范围内，58.74% 分布于距离景区 1 km 以内的区域。因此在未来发展中，各地政府及相关部门应积极引导合理布局。首先，完善博物馆周边道路交通等公共基础设施，博物馆选址应充分考虑观众出行方式，在地铁站口选址时也应将博物馆纳入重要辐射节点。其次，优化政策环境，通过简化审批流程、实施税收优惠等措施，为博物馆旅游与其他产业的联动融合创造有利条件，以激发协同创新的活力。最后，围绕重点领域打造产业生态圈，着重推动博物馆与旅游、会展、教育、娱乐、餐饮、体育、金融、科技以及制造业、建筑业等行业的互动合作，不断延伸教育以及拓展服务，形成以博物馆建筑群、藏品及其所承载的文化为核心，旅游景区、主题公园、节庆赛事、健康养老、运动健身、主题酒店餐饮、特色商场街区、休闲地产等多业态环绕的生态圈。通过产业联动创新博物馆叙事方式、拓展"故事"场景、延伸"故事"的辐射范围，如开封的古马道遗址博物馆与周边景区景点联合且融入科技元素再现古都场景，使旅游者沉浸其中穿越时空感受古城景观、了解历史文化。多领域创新融合推动文化引领与传承，使最新的文化研究成果真正走入大众的视野与生产生活，实现经济效益与社会效益的同步跃升。

五、完善行业标准与相关法规

我国各地博物馆在创新发展方面进行了积极探索，但也存在区域发展不平衡、博物馆旅游产品与服务质量良莠不齐、知识产权保护等问题，应进一步加强政策与制度保障，建立科学可行的行业标准化体系，形成发展样板，对中小型博物馆、非国有博物馆发挥积极的规范引导作用，提升博物馆旅游产品与服务专业化水平。首先，推动标准体系论证与制定。相关部门牵头组建标准化建设的技术团队，汇集政府部门、行业组织、各级各类博物馆、高校以及相关文化机构的专家力量，借鉴《博物馆专业实践标准》等国际标准，《旅游景区服务指南》《主题公园演艺服务规范》等国内相关国家级行业标准，以及实践经验，围绕 IP 授权及文创开发定价、活动组织与服务创新、智慧博物馆建设等方面开展博物馆旅游标准论证与制定，并持续完善更新各项细则，为我国各地博物馆发展提供规范与指导，助推博物馆行业协同效应的提升以及跨区域交流合作的达成。其次，落实标准化实施与推广。制定标准实施方案，通过各种渠道进行宣传推广，组织标准培训与研讨活动，提高博物馆从业人员标准化意识以及参与积极性，进一步推动标准化工作的推广与落地，为我国各级各类博物馆、文化企业以及相关从业人员提供科学指导与规范。此外，根据我国推进社会主义法治体系建设的要求，博物馆领域的知识产权保护亟待进一步完善，在文创产品以及依托博物馆内涵的艺术、文化再创造都应强化法治保护，创建更健康、积极的创造环境。

第二节　面向行业——构建博物馆旅游一体化共生网络

共生理论指不同的生命体基于相互依赖性共同生存，囊括共生单元、共生纽带以及共生环境三个要素，由德国生物学家德贝里提出，随后被进一步应用于旅游业等研究领域。博物馆旅游合作网络涉及主体多、协作关系复杂，契合共生理论基本范畴，因此基于该理论以博物馆旅游核心利益相关者为共生单元，以各主体的优势资源与利益需求作为共生纽带，综合政策、经济、社会文化、技术、生态等外部因素形成共生环境，构建各主体依存融合、互利共生的博物馆旅游一体化共生网络（如图6-3所示），依靠契约连接博物馆、学校、政府、企业、大众，推动我国博物馆旅游创新协调发展。共生单元间根据能量分配分为寄生、偏利共生、非对称及对称互惠共生的共生关系，在博物馆旅游共生系统中寄生关系鲜有，偏利共生与互惠共生的模式居多，如大型博物馆对中小型博物馆存在不对等的辐射作用，形成偏利共生模式；而学校、其他行业企业等主体与博物馆之间多为互惠共生模式。博物馆旅游一体化共生网络须建立在共同的愿景之上，方能加强合作网络的凝聚力与持续力。

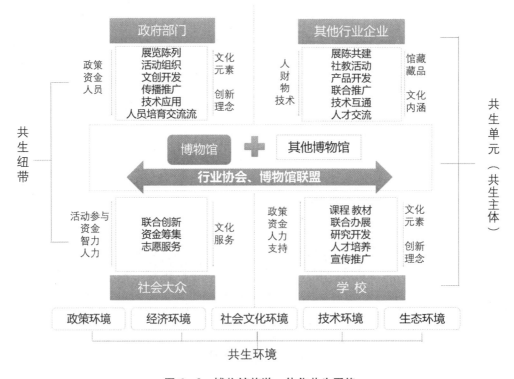

图6-3　博物馆旅游一体化共生网络

一、核心单元集聚优化

各级各类博物馆组成的内部合作组织是一体化共生网络中的核心单元，不同地区不同规模的博物馆之间或依托行业协会与各类联盟加强交流合作，形成优势资源互补、推动博物馆行业整体竞争力提升的同时产生较强的正外部性，促进一体化共生网络持续优化。第一，行业协会及各类博物馆联盟引领促进。博物馆相关行业协会及各类联盟为各博物馆搭建了共同发展的桥梁，形成成员间资源互通、技术共享、协同创新的平台，重点发挥合作促进、监管规范、资源支持、协调统筹等作用，通过组织各类交流活动加强博物馆间交流与连接，形成各类形式多元的合作关系，助力发展瓶颈的突破以及博物馆行业整体繁荣发展。第二，基于地缘的博物馆旅游协同合作。共属同一地区或邻近区域的博物馆通过凝聚价值认同以及培育跨地域共情增强其合作共同体的达成，有利于促进区域间文化交融以及推动文化的多元化发展，提升整体实力与影响力。如通过合作办展、联合营销、旅游线路设计、组织学术交流会、比赛、演出等系列主题活动，带动区域产业发展与消费提升，实现"1＋1＞2"的区域联合效应。第三，基于文缘的博物馆旅游协同合作。相同的历史与文化渊源为合作的达成提供了更多可能，如区域或藏品关联性较强、地域文化相似的博物馆，以文化联系为纽带协同创新。其中大型博物馆凭借其巨大的影响力与号召力，溢出效应较强，吸引到馆人流已超出自身承载能力亟须进行限流与分流，重点思考如何打破时空的约束将博物馆和馆内藏品更好地展示与呈现；然而与此同时许多中小型博物馆到馆人数还远不及预期，发展不均衡现象显著。大型龙头博物馆依托其资源、技术、人才等方面的优势，搭建不同规模不同性质博物馆共建共享平台，通过合作办展、资源共享、技术支持、人才流通、项目参与、联合开发与推广等方式，更好发挥各级博物馆服务公众、丰富精神文化生活的作用。同时，各博物馆在合作网络参与过程中也应注意明确自身发展的主脉络，充分利用网络资源提升发展质量，防止在合作中模糊发展重点。

二、辅助单元互惠共赢

政府部门、学校、其他行业企业、社会大众共同参与，组成一体化共生界面中的辅助单元。各辅助单元基于优势资源与根本需求所形成的共生纽带，与博物馆展开合作提供支持以实现互惠共赢。以下重点分析学校、其他行业企业、社会大众在共生网络中的作用。

（1）馆校融合推进知识普及与文化传播

学校与博物馆基于各自资源优势相互合作以求共赢，于学校而言，通过建设完善课程、教材、实践活动、师资队伍以提升整体育人效果是各级学校的内在要求，教师、学生及教育设施为其重要资源；于博物馆而言，通过技术融合、活动创新等方式提升博物馆知名度与影响力，更好实现教育、宣传推广、知识共享是博物馆的核心目的，优质展品、蕴藏的文化知识以及馆舍建筑设施是其优势资源。因此，应基于双方的需求与资源寻求利益交集，推动博物馆与学校的深度融合，共同推进知识的普及与文化的传播。第一，建立馆校融合长效机制。明确合作目标、组建专业团队、完善资源筹划与分配制度。根据各类学校学生特点与需求创新合作方式，加强优势资源整合，围绕联合办展、研究开发、人才培养、联合推广等方面达成合作，深化合作领域、加强人才共育，共同推进博物馆旅游创新与共享发展。第二，适应学校发展需求。馆校合作推动"三教"改革，为学校提供文化、科学、艺术等领域的支持与服务；参与院校课程建设，将博物馆文化元素融入教材、教师、教学活动之中，增强观众进入博物馆参观的目的性、降低盲目性，提升参观效果与质量。第三，建立双向情感连接。通过馆员进课堂、教师进博物馆等形式增强互动交流，将博物馆知识作为学校必修课程，将学校师生塑造为博物馆的传播者，提高师生的参与、体验与实践的机会的同时，推动博物馆文化认同与传播。

（2）馆企联合促进协作创新与价值共创

馆企双方应秉承互利共赢的目标不断探索科学有效的合作路径，共同提升社会影响力。第一，目标明确、责权清晰。双方在合作前应厘清合作基础、明确合作目标、明晰合作重点，合作协议中责权具体清晰，防范法律风险。第二，加强沟通、建立信任。馆企合作需要建立良好沟通机制加强相互理解并达成共识，及时消除不同专业领域合作可能出现的沟通障碍与意见分歧，不断增强联系与信任以推进合作顺利开展。第三，优化管理、价值共创。在合作中优化合作项目的运营管理模式，提高合作效率与质量，依托联合宣传推广实现知名度与美誉度的共同提升。第四，多元创新、持续完善。目前馆企合作领域多为消费品制造业以及生活性服务业，未来在已有合作领域持续深化完善的同时，应积极探索在装备制造业、生产性服务业等领域的合作。各类博物馆应立足本馆核心资源，挖掘并梳理文化内涵，形成各方合作的基石，做好馆藏资源授权、IP 开发等工作。各行业企业将博物馆馆藏文化元素等优势资源融入各类产品与服务设计之中，以形成鲜明的特色与风格。

（3）馆众合作增进文化共享与开放式创新

现如今，信息的多元化以及决策的分散化，更加凸显了个体的重要性，而这正与高质量的博物馆旅游重视人的全面发展理念相一致。实证分析结果显示社会人口对物馆旅游高质量发展促进作用显著，可见社会大众在发展进程中扮演着重要的角色。一方面，社会大众是博物馆旅游重要的外部创新力量，他们的鼎力配合与广泛参与，为博物馆旅游的发展提供了资金、智力、人力等方面的支持，有助于增强博物馆的文化传播力、提高文化服务的品质与体验、促进经济效益的提升，有效满足博物馆文化资源传承创新与传播推广的需求；另一方面，社会大众全方位的参与及合作丰富了文化活动体验，也增强了文化知识获取的效果，有效满足自身个性化、多元化的文化消费需求，同时也进一步促进了博物馆文化资源的传承与发扬。因此博物馆应积极创新合作渠道，寻求社会大众更多元更广泛的支持与合作。第一，全方位互动沟通，优化反馈管理机制。基于线下活动与线上数字平台等多渠道增进与社会大众的连接，以获取有价值的建议与信息，根据大众的关切、意见、需求等，不断调整与完善博物馆旅游的产品与服务，提升影响力的同时寻求切实可行的创新发展道路。第二，设立 KOL 共建平台，推动联合创新。坚持共创思维与社群思维，构建以社会大众为中心的多方互动参与的博物馆联合创新平台，发挥个人创意在博物馆发展与推广中的积极作用，优选网络意见领袖（KOL）参与深度讨论决策，助推博物馆文化有益传播，使社会大众从单纯的博物馆旅游参与者转变为协作者乃至策划者，赋予博物馆馆藏展品新的生命，不断推进展陈服务、社教活动、文创开发及宣传推广等工作的创新升级，获得成就感的同时建立坚实的情感连接。第三，加强理念培育，完善志愿者队伍。通过多渠道宣传、校园招募、社区招募等形式扩大博物馆旅游志愿者队伍，提供社会大众共享与参与博物馆事业发展的渠道；同时，完善学习培训制度助力志愿者的成长与发展，使其成为博物馆旅游高质量发展的重要辅助力量。

第三节　面向博物馆——构建博物馆旅游动态管理机制

博物馆旅游发展需要良好的政策制度与行业氛围提供有力的外部支撑，但更为关键的是其自身的改革创新与优化升级。外部环境的快速变化以及旅游者品质化、个性化需求的提升，对博物馆的运营与管理提出了更高要求。未来的发展中应结合动态管理理念及时调整发展思路与对策，以适应快速变化的外部环境，在综合分析政策、经济、社会、技术以及行业发展动态等外部环境的变化以及旅游者需要、行为、评价等内部数据的基础上，推动展陈服务、文创开发、社教活动、传播推广等核心业务及时调整创新，联动数字技术、多元合作、专业人才等支撑要素协同发力，使博物馆旅游与时代发展、旅游者需求相适应。依照"内外部信息收集—问题剖析—对策方案—反馈管理"的动态循环过程，构建博物馆旅游动态管理机制（如图 6 - 4 所示）。内部运行中针对多数观众参观博物馆后"记不清、遗忘快"等问题，形成参观前期、中期、后期全方位教育闭环，提升博物馆知识共享效果。前期主要借助云展览、云讲座以及电视节目、音乐舞蹈、游戏等线上传播以及线下文创产品的推广，使大众了解博物馆藏品知识及文化内涵，从而产生游览意愿前往博物馆。在参观期间，依托馆内陈列展示、各类讲解服务以及借助声光电、数字化、智能化等技术深刻解读藏品信息与内涵，并通过互动体验、实践操作等活动加深理解，提升游览效果。参观后，一方面通过有奖问答、作品征集等方式促进知识内化；另一方面基于客户关系管理理念，将旅游者作为博物馆的最重要资源之一，通过信息推送、问卷调研、文创优惠购等方式建立博物馆与旅游者的长期情感联系，增强旅游者黏性，使其产生重游与转推荐意愿，以形成博物馆游览教育闭环结构。

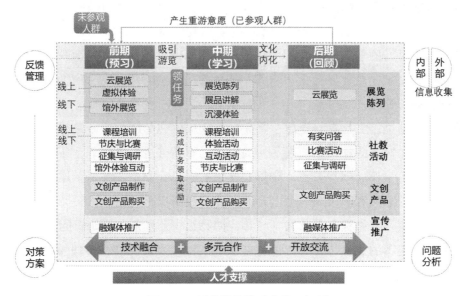

图6-4　博物馆旅游动态管理机制

一、核心业务优质创新

博物馆旅游核心功能是将博物馆相关文化通过多种渠道传递给目标受众，展览陈列、文创产品、社教活动以及各类宣传推广等都是连接的通道与媒介。基于独特的视角与叙事方式，为旅游者提供沉浸式体验，深化新时代博物馆的影响力，让文物真正地走入大众生活，走入现代社会。

（1）展陈服务

展览陈列是博物馆最为核心的工作，包括常设展、特展、临时展等，展览陈列的质量关乎博物馆所承担的教育使命和社会责任，通过明确展览目的、凝练展览主题、突出展览重点、做好展览规划等措施，充分发挥博物馆知识传播与社会教育的作用。如中国国家博物馆深耕展陈业务，形成了基本陈列、专题展与临时展相结合的展览体系，展览主题涉及历史文化、革命文化、服饰文化、饮食文化、医学、艺术、书法书画、古代乐器、古代铜镜文化等领域，提升展览质量，树立展览品牌；上海博物馆不断丰富完善展览陈列主题，涵盖青铜文明、夏商周三代文明、江南文化艺术、历代漆器艺术等诸多领域，从古代艺术、现代艺术、传统文化等多层面出发呈现我国艺术与文化的独特魅力；敦煌研究院的展陈聚焦敦煌艺术、莫高精神、石窟壁画、丝绸之路、馆陶文化、艺术珍品等主题，并在北京、上海、杭州、深圳、香港等地多次展览。在核心展览体系的基础上，创新藏品阐释方式，优化观众的观展服务，进一步增强博物馆吸引力，最大化实现博物馆文化资源所发挥的教育作用。

第一，创新博物馆展览陈列中藏品的诠释与解读方式。针对目前诸多博物馆存在展陈逻辑性不强，叙事能力不足不生动，阐释效果不佳等问题，创新阐释利用方式，将对大众而言深奥难懂的学术话语体系转换为简明、通俗、趣味的大众话语体系。博物馆藏品诠释方式主要包括博物馆现场解说与非现场传播。一方面，在现场解说方面，创新藏品的展示与说明方式展现藏品背后的故事。博物馆中的每一件馆藏展品都有其承载的文化和传奇的故事，如何让参观者了解其中奥秘，藏品的解读就显得尤为重要，目前的藏品说明有文字、语音、视频、图片等多种形式，但多以传统的陈述为主，也有少许说明以展品自述的形式展现显得更加生动形象。博物馆可在旅游者参观游览、参加活动、场景体验后，以征集的方式邀请观众参与展品说明的撰写，选取其中较好的参与展示陈列，藏品解读从观众的角度出发不仅能更好地满足观众需求，而且能让观众真正成为博物馆展览的参与者，增加旅游者的归属感与主动的宣传意愿，提高重游率。此外，通过文字、图片、语音、视频、动画、人员讲解、场景再现等多种形式全方位诠释，对博物馆馆藏展品的多视角深度解读使旅游者深入了解藏品背后的故事而不仅限于表面的观赏。另一方面，非现场传播使博物馆深入人心。秉承"无边界博物馆"理念，突破围墙限制，通过推广以博物馆藏品为主角创造的文学、书画、动画、影音、戏剧、摄影等作品，以及组织以博物馆为主题的各种线上线下非现场会议、展览、演出、比赛等活动，使旅游者提前感知博物馆藏品的内涵与魅力，提高博物馆的吸引力以及旅游者的重游意愿。如三星堆博物馆继 2020 年 2 月邀请全体网友参加线上展馆开幕式后，于 2021 年 2 月推出"VR 精灵"在线课程以及《三星记》系列动画片，结合在线教育与影视动画等形式为网友们讲述文物们的故事，进一步提高了博物馆的知名度与影响力。通过对藏品诠释的精心设计，真正发挥博物馆文化洗礼的作用，达到文化与旅游相结合的目的。

第二，基于调查研究提供精准服务，提高旅游者满意度。通过系统深入的旅游者研究，使博物馆文化传播及服务与旅游者诉求、认知相宜，满足旅游者多元化、个性化需求。根据第二章对携程网相关游记资料统计，博物馆旅游者参观时间多为两三个小时，博物馆的开馆时间约为上午九点，结束参观后即是午餐时间，下午参观结束为晚餐时间，故而旅游者对博物馆内部或周边的餐饮也较为关注，有旅游者提到绵阳博物馆的员工餐厅向公众开放，味美价廉得到了旅游者的一致好评。因此，一方面，应注意完善博物馆内部与周边餐饮等服务设施，满足旅游者的基本需求，如故宫博物院优化展览演播、用餐休憩、集散服务、停车等室内外游览配套设施，中国国家博物馆设置餐厅、咖啡厅、母婴室等设施，不断优化博物馆内功能分区。另一方面，合理设计参观动线，制定旺季限流分流方案，以提升游览体验。针对旺季人流激增的情况，采取措施优化等待场景，减少排队等待带来的负面情绪。博物馆资源与空间的有限性导致了排队、拥挤等降低游客满意度的现象出现，在科技发展的新时代，可借鉴迪士尼、环球影城等主题公园运营管理模式，实时显示馆内各区域游客密度、预计等待时间与游览建议，帮助旅游者合理安排时间与游览路线，提高参观效率以及游客满意度；针对不同人群合理设计参观政策、规划参观时间，注意结合市场细分疏导客流，从而平衡与优化市场供需。如敦煌研究院通过开发游客承载量管理、打造智慧景区、提供网上预约、引入敦煌小冰智能讲解员等游览辅助系统、推荐飞天专题等游览线路、增加参观前观看实景球幕电影环节分散人流等方式，提升服务质量与旅游者管理水平，并根据旅游者反馈信息不断改进优化；上海博物馆贴心的服务提升了旅游者的参观体验及满意度。重视重点人群的个性化服务，开展针对老年人的适老化改造以及针对特殊人群的无障碍活动；线上预约以及多元化的导览与解说服务，为旅游者营造更加便利、丰富的参观体验；根据客流情况延长开放时间乃至增设夜场，缓解了人流集中服务下降的问题，同时满足了忙碌的上班族、学生等群体的需求。

（2）文创开发

博物馆旅游的创新发展应注重"文化供给"与当前新技术、新生活相适应，尤其是文创产品开发方面。博物馆文创产品在博物馆的教育与传播方面起到了直接的推动作用，它巧妙融合了博物馆所蕴含的文化、艺术、科技等元素，以"润物无声"的方式将博物馆文化深入社会生产生活之中，为博物馆与大众搭建了连接沟通的桥梁。然而如今，部分博物馆文创产品的设计开发主观性较强，忽视了市场调研及需求分析的重要性，往往导致所开发的文创产品与市场需求不匹配、难以获得市场认可。此外，文创并非博物馆藏品的简单再现，应是基于对相关文化元素的深层次解读与阐释而进行的再次创造。博物馆文创产品应考虑不同群体需求，雅俗共赏，活泼与严谨共存。因此在设计开发过程中应遵循市场导向的原则，对接相关行业充分发挥信息时代大数据优势，广泛收集需求数据并进行科学分析，并将数据分析融入文创产品的全生命周期。摸清目标群体的主要生产生活方式，面向社会公众的需要，在时代前沿科技的支撑下研发能充分体现博物馆文化内涵并具有鲜明时代特色、实用与艺术俱佳、性价比较高的文化产品，建立博物馆与社会大众日常生产生活的有效连接。

深入思考博物馆文化要素挖掘、基于数据分析的产品开发以及市场连接与反馈等核心问题，打造更符合大众需求并兼具博物馆特色与现代设计理念的文创产品，以满足博物馆旅游者的物质和精神需要。首先，挖掘合适的文化要素。博物馆所蕴含的文化内涵是其核心优势，重点关注从何处挖掘、挖掘什么、谁去挖掘、如何挖掘等问题，围绕藏品本身、藏品故事、馆舍建筑、园林造景、动植物、历史文化、地域文化、名人名言以及背后所蕴含的时代精神、人文情怀、艺术成就等元素加以提炼，同时拓展文化元素提取类型，除现有的意向、行为、触觉、视觉等方面，可进一步拓展嗅觉、味觉等感官维度，增加创意内容。其次，基于数据分析的产品开发。博物馆通过参加行业会议、参展观展等方式获取最新行业讯息与市场需求，通过市场调研与内部数据采集获取旅游者的基本信息、心理与行为等方面数据，并以此为基础进行深度分析。在消费升级背景下充分考虑消费者偏好，注重博物馆文创产品的文化性、创新性与实用性。目前我国博物馆文创产品类别有限，以中小型商品为主且价格与同类商品相比偏高，未来可通过 IP 授权、多方合作等形式，积极整合产业链上下游优质企业打造博物馆文创联合体。一方面，拓宽文创产品所涉及的商品与服务的类别，根据附录 11 可知，目前我国博物馆文创产出主要为面向大众生活的终端型商品与服务，其重点类型为日化用品、珠宝钟表、办公用品、服装鞋帽、食品、教育娱乐六类，未来可继续关注如自行车、汽车、乐器、家具、家电、帐篷、运动用品、户外用品等产品的文创开发；另一方面，坚持工匠精神摒弃逐利心理，合理定价回归"亲民路线"，打造社会大众真正"用得上、买得到、买得起"，兼具文化性、艺术性与实用性的文创产品。最后，进行有效的市场连接与动态设计。依托品牌化、差异化运营模式，提升博物馆文创品牌影响力培育顾客忠诚度；借助线上线下多场景销售渠道，将博物馆文创产品及文化元素有效送达；在产品推广过程中，及时跟踪与更新消费者数据，关注市场动态并反馈给设计开发环节，推动文创产品迭代升级。真正践行"以人为本、持续跟踪、动态设计"的运行模式，从需求出发为博物馆旅游者设计开发适合的文创产品，而非为已开发的产品找买家，充分发挥博物馆文创的文化传播功能，满足大众物质与精神需求、提升生活幸福感。

（3）社教活动

博物馆社教活动是加强博物馆与社会大众之间交流沟通的重要纽带，社教活动这一互动平台为社会大众打开了共享博物馆知识与研究成果的大门，博物馆可使用六何法进行精心设计，特别关注活动主题、活动类型、参与渠道以及信息反馈等问题，促进社教活动创新升级。第一，活动主题创新化，服务形式分众化。一方面，以博物馆文化为核心，适度融合多元化国际化的时代特色、数字化智能化的科技元素以及当代文化要素进行活动主题的设计，提高社教活动的新颖性、趣味性与吸引力；另一方面，根据不同年龄层次、不同兴趣爱好、不同专业背景的人群特点与需求分众化开展社教活动，还可邀请观众参与活动策划，提供定制化个性化服务。第二，活动类型多样化，活动体验沉浸化。博物馆除组织各类教育项目、实践体验项目、节事活动等活动外，还可通过拓展互动式、社交式、创意式、主题夜等活动类型寓教育于服务与活动之中。具体而言，可参与式的互动体验引领参与者沉浸感知；各类 DIY 活动为参与者带来乐趣与知识；社交互动环节促进参与者相互学习分享拓展社交圈；创意式活动为参与者提供了展示才华、发挥创意的舞台，激发创新热情；主题夜活动为更多人在日常学习工作之余走进博物馆敞开了大门。第三，活动场景多元化，参与渠道便捷化。博物馆社教活动善于借助各类传统节日、行业纪念日以及各类假期假日，线上利用官网、移动 APP、社交媒体、网络直播等平台，线下利用馆舍空间以及学校、军营、企业、乡村、社区、机关机场、商场等各类"第二展厅"，提升博物馆社教活动参与的便捷性与可及性。第四，注重信息反馈，持续跟踪改进。及时收集活动参与者的反馈意见及相关数据，及时优化调整活动方案以符合观众的期望与需求，不断提升博物馆社教活动的品质与效果。

（4）传播推广

博物馆须适应新的时代变化，选择符合大众文化消费方式以及新的学习习惯的传播方式，努力将博物馆的优秀文化推广出去，如借助大众媒体、有影响力者、学校等渠道提升博物馆的知名度与影响力。第一，精准定位目标受众。博物馆可根据年龄、地域等因素进行客户细分，针对不同人群精准营销与服务。一方面，根据年龄层进行细分。目前老龄化水平日益提高，大量有空闲时间以及一定经济实力的老年人促进了银发经济的迅猛发展，博物馆以其深厚的文化底蕴以及独特的地域文化特色而具有天然的优势，因此可与老年大学、老年服务机构等组织合作，开展以当地老年人为主辐射周边的博物馆老年主题系列活动，吸引老年人参与其中，带动相关产业及周边经济发展；亲子游逐渐成为旅游市场的主力军，当代家长对孩子得到优质教育具有强烈的愿望，因此单纯的风景欣赏、观光游览等旅游方式已不能满足亲子游的需求，围绕博物馆所组织的主题活动可成为亲子游的理想选择。因此应找准青少年的兴趣点，如求新、求奇的心理，采取更生动、简单的叙事方式，增加互动体验活动，打造亲子游精品路线。另一方面，根据地域细分各层级旅游客源市场。博物馆旅游客源市场可分为三级圈层，第一层为城市居民及省内邻近城市旅游者，第二层为周边省份旅游者，第三层为全国及境外旅游者。不同客源地旅游者由于生活方式、消费习惯、兴趣爱好等方面的差异，所偏好的博物馆旅游产品亦有所区别。因此应有针对性地发展以博物馆为中心辐射不同圈层客源市场的博物馆旅游商品与服务。第二，选择合适的传播渠道与媒介。从传播学角度来看，博物馆的信息接收已由传统基于"传者中心论"具有单向流通特点的旅游者被动接收信息，逐渐转变为基于"受者中心论"的由旅游者主动获取信息①，在传统媒体宣传的基础上拓展官网、短视频平台、线上直播、社交媒体互动等传播方式，这些多元化的沟通途径能够加强博物馆与观众之间的双向互动，有利于构建正面的口碑效应，从而显著增强信息的传播效果与影响力；此外，借助事件营销以及有影响力者提升社会关注度，顺应时代发展抓住宣传机遇，与各领域有影响力者合作宣传或二次创作，向其所影响人群传递博物馆文化及背后的故事。第三，品牌打造与联合推广。博物馆应树立品牌理念，打造独具特色与价值的博物馆品牌，积极参与行业论坛、展览会、比赛等行业活动扩大品牌影响力，目前主要参与的展览会多为文博、文创相关题材，还可拓展到与生产生活相关的其他题材展会。同时注重与政府部门、学校、相关行业企业、社区等联合推广，如中国丝绸博物馆参与亚运会配套活动，将博物馆与周边旅游资源组合，作为城市旅游线路中的重要一环嵌入城市整体旅游规划以及区域大型活动之中，赢得更多关注与积极的情感连接。

二、支撑要素协同发力

（1）技术融合

当今科技快速发展的背景下，积极拥抱数字技术已成为我国博物馆旅游高质量发展的必选项，数字经济的核心逻辑是经营用户、对用户数据的深度利用，与新博物馆学强调的"以人为本"理念完美匹配。但目前仍存在技术资源投入不足、区域发展水平不均衡等问题，因此在博物馆运营与管理中应积极与大型互联网企业合作，重点研究与大数据、物联网、虚拟现实、人工智能等技术的联合，打造人与物、人与人的互动场域，为旅游者的参观、学习、体验等效果的优化提供有力支撑。第一，将大数据作为重要生产要素。重视博物馆相关大数据这一重要的生产要素具有巨大的市场价值，将海量的优质数据作为重要资源进行市场化培植与利用。基于博物馆所产生的大数据形成数据孪生，成为新的数据博物馆，进一步联合不同区域各级各类博物馆实现数据共享，形成巨大市场价值，让博物馆海量数据成为文创开发、服务提升、展览设计、社会活动、教育培训等工作开展的基石。第二，丰富应用场景。将数字技术广泛融入博物馆藏品管理与利用、旅游者管理与服务、博物馆管理与运营、博物馆相关文化产品的生产与销售等各类应用场景之中。如通过信息化技术再现历史场景，呈现有温度有情怀的生动小故事，构建体验式、沉浸式旅游模式，打造虚拟现实环境，充分发挥其教育与娱乐功能，以提升旅游

---

① 包东波. 大众传播视角下的博物馆功能初探［J］. 中国博物馆，2012（1）：14–19.

者参观体验与重游意愿。英国博物馆推出"触摸文物"活动，借助科技手段重现历史场景，让参观者通过参与展览、演出以及融合了历史、艺术、科学等多学科领域的主题活动等近距离感受文物，了解历史。新加坡国家博物馆旅游者可通过博物馆的 AR 程序，使用手机获取所展示画集内植物或动物的更多信息。① 又如 2021 年河南卫视春晚舞蹈《唐宫夜宴》运用 5G + AR 技术，将河南省博物馆镇馆之宝融入舞台背景之中，表演者置身于古代画作中舞蹈，被网友称为"出圈之作"。第三，网络化、智能化发展。信息化时代数字技术的社会实践包含数字化、网络化、智能化三种形式，目前博物馆行业大多处于数字化阶段且以单馆主导居多。在后续的发展中应注重向网络化、智能化演进，逐渐由目前单馆主导转向馆际联合、协同共进发展。注重博物馆智能化系统的搭建，基于对博物馆相关行为数据的采集、分析，一方面实现流程赋能，优化博物馆运营与管理的流程，提升工作效率以及服务与管理能力；另一方面实现战略赋能，提高决策质量，及时获取内部与外部环境的动态变化，从而进行管理决策的调整，以保障博物馆动态管理机制良性运转。

（2）多元合作

我国数字经济发展进程中的生态型、数据型、即时型的发展模式也为博物馆旅游高质量发展提供了新思路，博物馆通过建立系统性思维、积极融入一体化共生网络、构建高效沟通协作机制等方式实现资源优化与优势互补，为博物馆旅游高质量发展注入了发展新动力并提供了坚实的基础与保障。第一，建立系统性思维。博物馆单打独斗不利于实现高质量发展，应在政府部门、相关行业协会组织的引领下，多馆联合建立互通网络。大型国有博物馆在关注自身发展的同时，应带动当地以及更大范围内中小型博物馆规范化地、有序地发展，形成良好的产业生态，共同实现博物馆旅游高质量发展。第二，积极融入共生网。一方面，打破组织边界，与政府部门、院校机构、各行业企业在展览陈列、文创开发、传播推广、数字化融合、人才交流等方面开展全方位合作，积极融入周边公共文化服务圈；另一方面，充分发挥社会大众的作用，博物馆可通过面向公众组织创新创意竞赛、创意征集活动等多种途径，构建线上线下融合的共建平台；充分发挥各领域专业人士、青年人群的智慧进行博物馆旅游需求与偏好的个性化转化，增强大众参与感及对博物馆产品与服务的主人翁意识，提升对博物馆的认同度与忠诚度并转化为强烈的转推荐意愿，增强博物馆影响力与美誉度。第三，建立高效的沟通协作机制。在合作伊始厘清合作目标、时间进度及权责分工，明确沟通渠道及人员，构建即时便捷、行之有效的沟通协作机制，以实现资源共享与价值共创。

---

① HE Z, WU L, LI X. When art meets tech: the role of augmented reality in enhancing museum experiences and purchase intentions [J]. Tourism management, 2018, 68: 127 – 139.

（3）人才支撑

博物馆旅游高质量发展需要各领域高质量专业人才予以支撑，目前我国博物馆在文创开发与新技术应用等方面多依托外部合作完成，往往成本较高且外部团队与博物馆发展理念并不一定完美契合；相对而言，自有团队基于对博物馆文化的深刻理解，策划创意与开发方向更易贴合博物馆气质，因此博物馆应建立完善的人才引进与培养管理机制，打造复合型人才团队与志愿者队伍，引导其致力于博物馆服务、传播、教育、文创等领域的实践工作，以实现博物馆旅游高质量发展的良性运转。首先，博物馆基于外部环境与自身发展明确岗位需求与选拔标准，规范选拔程序，畅通专业人才引进渠道，不断丰富与扩大高素质跨界人才队伍以满足高质量发展需求。其次，建立科学系统的培训体系，针对不同岗位开展线上线下培训进修，鼓励相关人员积极参与行业会议与竞赛活动、继续深造，促进其专业知识的更新与业务能力的提升，为其职业发展提供全方位支持。再次，构建人才激励与管理机制，培训学习使博物馆从业人员知晓具有可行性的实践路径，而建立一套完善的激励机制，为专业人才提供可观收益与成长空间，赋予其敢于实践、勇于探索的意愿与动力；同时博物馆应重视专业团队建设与培育，建立人才流失预警机制，加强沟通与人文关怀，不断增强从业人员的凝聚力与归属感。最后，重视志愿者队伍建设，近年来志愿者作为博物馆人才队伍的重要补充发挥着日益重要的作用，但存在服务项目单一、招募范围有限等问题，因此博物馆应优化志愿者管理制度，面向不同人员、不同机构多渠道多领域长时间招募志愿者，围绕展陈服务、社教活动、宣传推广、设施资料管理等方面拓展服务岗位，并提供完善的培训计划与福利保障制度，进一步发挥志愿者的积极作用，促进博物馆工作效率的提升以及文化影响力的增强。

（4）国际互鉴

博物馆作为具有全球影响力的文化践行者，在文化外交中发挥着"引擎"作用。[①]我国博物馆应努力搭建国际沟通桥梁，学习借鉴先进技术与发展经验的同时，成为与全球观众联结的重要窗口，基于多元视角讲述中华文化与中国故事，助于国家形象的塑造以及跨文化理解的增进。首先，把握优势资源，优选合作对象。依托上海合作组织、亚太经合组织、东盟、金砖国家联盟等我国目前重点参与的国际合作组织，与各国博物馆、政府部门、文化机构、学校、协会组织等机构深入合作，同时注重与我国驻外使领馆、孔子学院、中国文化中心以及海外华侨与留学生组织等开展良好合作，不断完善传播生态圈，提升海外华侨华人的认同度、融入感以及文化传播的积极性，增强博物馆传播叙事能力。其次，拓展合作内容，多元合作方式。我国博物馆可通过举办引进展与出国巡

---

① 郑奕. 博物馆与公共文化外交：上海市文博界的先行实践［J］. 中国博物馆，2023（1）：9－15，126.

展等国际联合办展项目提升国际交流水平和对外传播效果，设置海外分支机构拓展文化服务与推广的覆盖面，组织或参加国际交流项目推动合作互鉴，依托各类平台搭建国际推广网络并完善多语种数字化展示以提升国际知名度和影响力。最后，提高安全意识，防范合作风险。优先选择文化背景与价值观相近或具有成熟合作机制的国家和地区，避免合作中不必要的分歧与冲突，同时注重在合作中提高安全意识、法律意识，依据相关法律法规以合同形式明晰合作双方权责义务，降低合作风险。我国博物馆应积极加强国际交流互鉴，优化博物馆资源的国际配置能力，进一步打造博物馆旅游领域的国内国际双循环链接，实现互利共赢，推动高质量发展。

（5）绿色低碳

随着我国"双碳"目标的不断推进，绿色低碳已成为目前各行各业转型升级的方向和发展的主旋律。博物馆旅游应坚持"绿色"这一发展底色，基于博物馆自身特点与旅游者不断变化的需求，采取相应措施使博物馆成为碳排放洼地，实现经济效益与生态效益相统一。[①] 第一，从供给侧与需求侧共同培育与贯彻绿色、低碳、安全理念[②]，不断完善节能降碳制度，以绿色博物馆推动绿色旅游。如故宫博物院于 2012 年提出"平安故宫"项目，2013 年起开始全面推进，消除安全隐患，营造故宫安全稳定健康的环境；2020 年起故宫启动"零废弃"项目进行垃圾分类，努力实现零废弃办公与游览，打造绿色故宫。另一方面，充分利用新材料、新技术、新能源，破解绿色低碳环保的技术难题，推动博物馆旅游可持续发展。如敦煌研究院利用地源热泵实现热量交换用以供暖、制冷，莫高窟数字展示中心使用低导热系数的建筑材料，践行低碳理念，同时与相关部门联合，共同解决周边企业污染问题，助力文化遗产环境保护，将绿色作为敦煌研究院高质量发展的底色。

---

① 姜红．"双碳"目标驱动下旅游产业结构升级的技术路径与动力机制［J］．旅游学刊，2022，37（5）：10 – 12.

② 王一宸，于妍，郑颖，等．我国博物馆节能减排现状及绿色低碳发展趋势［J］．中国博物馆，2023（2）：12 – 22.

第七章　研究结论与展望

第一节　研究结论

本书基于新博物馆学、区域经济、产业融合、共生理论等理论，以"高质量评价"和"驱动因素"为核心范畴，运用主客观组合赋权法、分位数回归模型、空间自回归模型、系统动力学、定性比较分析方法、GIS 空间分析等方法，质性分析与定量分析相结合，系统分析了我国博物馆旅游高质量发展水平、动力机制、发展路径，提出了推动我国博物馆旅游高质量发展的对策建议（如图 7-1 所示）。主要研究结论如下：

一、我国博物馆旅游高质量发展的内涵与功能

通过理顺国内外博物馆定义的演变过程以及相关学者对博物馆旅游的定义，将博物馆旅游界定为：为满足人民美好的精神文化生活需要，以博物馆为核心所产生与衍生的旅游活动的总称，主要体现了博物馆"教育、研究、欣赏"三大终极目的中的"教育与欣赏"目的，博物馆旅游以馆内藏品、蕴含的文化、设施设备以及所依托的自然与环境为基础，涉及 13 个行业门类及 7 个学科门类，以博物馆旅游者、博物馆旅游资源、博物馆旅游产品为主要组成。从经济与社会两个角度剖析了博物馆旅游的功能与效益。运用质性分析法梳理有关高质量发展内涵的文献，结果显示学者们主要围绕发展目标、发展理念与格局、发展内容、发展措施等方面对高质量发展进行内涵解读。基于以上研究，界定并阐释了博物馆旅游高质量发展的内涵与特征，本研究将博物馆旅游高质量发展内涵界定为：秉承创新、协调、绿色、开放、共享新发展理念，为满足人民美好生活特别是美好的精神文化生活需要，聚焦博物馆旅游所涉及的区域经济、产业融合、优质产品与服务供给的质量及效率等宏中微观层面的发展内容，以实现博物馆旅游更加高效、健康、可持续的发展，推动博物馆教育、欣赏、深思、知识共享功能的优化落实。根据博物馆旅游高质量发展所涵盖的宏中微观层面的发展内容，在后续的研究中选择了分别着眼于区域视角以及微观视角的博物馆旅游研究。

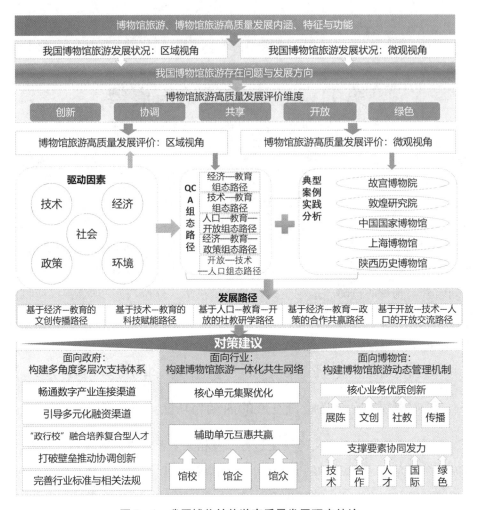

图 7-1　我国博物馆旅游高质量发展研究结论

二、我国博物馆旅游发展现状、面临的问题与高质量发展方向

区域博物馆旅游发展现状主要以我国 31 个省份为研究对象，分析我国博物馆时空分布、旅游发展、数字媒体的情况，结果显示：各省份博物馆机构数量快速增长的时间大致出现于 2008、2012、2017 年，分别对应着博物馆免费开放、文化强国道路的提出、习近平总书记提出让"文物""遗产""古籍里的文字"都活起来，可见我国博物馆的建设受政策影响显著。选取 2008、2012、2019 年三个重点年份依次分析我国博物馆密度以及旅游人次空间分布情况，结果显示：我国博物馆空间分布与旅游发展均大致呈现"东南高西北低"的状态。按照不同机构类型以及系统类型统计 2017—2019 年我国博物馆数据可知，博物馆数字媒体发展分布呈东部、中部、西部、东北阶梯型分层发展格局。

同时，还基于微观视角开展了单体博物馆分析，首先对 1225 家一、二、三级博物馆位置进行分析，发现其空间布局同样呈现"东高西低，东聚西散"的分布格局，并选择了其中旅游价值最高、最具代表性的 204 家一级博物馆进行重点研究。进而，基于对需求侧与供给侧资料的质性分析，将我国博物馆旅游问题归纳为博物馆行业发展问题以及博物馆自身发展问题两大类，其中行业发展问题主要包括区域发展不平衡、支持与合作不足、专业人才匮乏等，博物馆自身发展问题包括技术应用不完善、教育与传播不足、内容创新不充分等。因此，以新发展理念为宗旨的高质量发展成为博物馆旅游的必然选择。

三、我国博物馆旅游高质量发展定量测度结论

基于博物馆旅游高质量发展的内涵与挑战，以创新、协调、绿色、开放、共享这五个维度分别基于区域视角与微观视角构建博物馆旅游高质量发展评价的指标体系，使用层次分析法、熵值法与 CRITIC 法三种主客观相结合的赋权方法，获得最终的权重赋值。选取我国 31 个省份进行博物馆旅游高质量发展区域性评价，结果显示 2017—2019 年发展测度得分最高的地区皆为上海与北京，超出全国平均水平近一倍。东部地区博物馆旅游高质量发展的各项指标得分基本处于领先地位，我国区域博物馆旅游高质量发展水平也大致呈现东高西低的态势。选取我国 204 个国家一级博物馆进行博物馆旅游高质量发展单体性评价，结果显示中国国家博物馆、故宫博物院、陕西历史博物馆、上海博物馆等位居榜单前列，进而进行分省、分类别汇总，自然科技类与考古遗址类博物馆数量不多但整体实力较好，平均分排名居全国前两位；综合地志类与历史文化类博物馆数量最多，存在两极分化现象，高质量发展平均水平处于各类型中部。根据博物馆旅游高质量发展单体性评价的分类排名结果，故宫博物院、中国国家博物馆、上海博物馆、敦煌研究院分别为历史文化类、综合地志类、艺术类、考古遗址类博物馆的第一名。综合评价结果为后续影响因素分析以及典型案例的研究对象选择提供了依据。

四、我国博物馆旅游高质量发展影响因素分析与动力机制研究结论

基于我国博物馆旅游高质量发展水平测度结果，使用 31 个省份面板数据，运用分位数回归模型与空间自回归模型，考察了各影响因素与博物馆旅游高质量发展之间的逻辑联系。结果表明：一方面，数字技术、地区经济、政府支持、社会人口、教育水平等皆对博物馆旅游高质量发展的促进作用显著，为其发展提供了强有力的技术、经济、政策、人口以及智力支持；另一方面，根据分位数回归模型估计结果可知，各类影响因素中，教育水平影响程度最高，在博物馆旅游高质量发展九个分位点处皆居于领先位置，说明人才支撑是我国博物馆旅游的高质量发展中最重要的因素；数字技术影响程度居第二位，随着高质量分位数的变化，回归系数整体呈现波动上升趋势，即博物馆旅游高质量发展

水平越高对技术的需求越大；随着高质量分位点的增大，地区经济与社会人口的回归系数呈缓慢下降趋势，说明在博物馆旅游高质量发展初期对地区经济支撑与居民支持的需求较大，随着发展水平的持续攀升，对其依赖性有所降低；而政府支持在各分位点处波动不大，说明在博物馆旅游高质量发展过程中政府的扶持与投入皆具有显著的促进作用。在此基础上，为进一步揭示影响因子对博物馆旅游高质量发展的作用机理，运用系统动力学 Vensim PLE 软件，绘制影响因素与博物馆旅游高质量发展关系流图并进行 SD 模型仿真检验，结果表明建立的 SD 模型仿真结果与原始数据基本一致。通过调整各类影响因素，求解博物馆旅游高质量五个维度的变化趋势，证实了改善各类影响因素对促进博物馆旅游高质量的可行性与有效性。

五、我国博物馆旅游高质量发展路径分析结论

基于我国博物馆旅游高质量发展定量测度与影响分析结果，运用 fsQCA 得到五条组态路径，并结合故宫博物院、中国国家博物馆、敦煌研究院、上海博物馆、陕西历史博物馆五家代表性博物馆的实践运用情况，归纳了基于经济—教育的文创传播型、基于技术—教育的科技赋能型、基于人口—教育—开放的社教研学型、基于经济—教育—政策的合作共赢型、基于开放—技术—人口的开放交流型五种高质量发展路径。路径的总结为我国博物馆旅游高质量发展提供有益的参考，各级各类博物馆在实际操作中可结合自身特点与实际情况，灵活选择一种或多种，制定符合实际需求的发展路径。

六、我国博物馆旅游高质量发展对策建议

基于对我国博物馆旅游高质量发展存在的问题、影响因素、发展路径等内容的研究，从政府、行业、博物馆三个层面分别提出加快我国博物馆旅游高质量发展对策建议：政府层面应注重构建多角度多层次支持体系，在畅通数字产业连接渠道、引导多元化融资渠道、"政行校"融合培养复合型人才、打破合作壁垒推动协同创新、完善行业标准与相关法规等方面持续发力，为我国博物馆旅游高质量发展提速赋能；行业层面构建博物馆旅游一体化共生网络，集聚由各级各类博物馆组成的核心单元，优化由政府部门、学校、其他行业企业、社会大众共同参与组成的辅助单元，打造共创共赢协同生态系统；博物馆层面构建博物馆旅游动态管理机制，调整创新展陈服务、文创开发、社教活动、传播推广等核心业务，协同融合数字技术、多元合作、专业人才等支撑要素，使博物馆旅游与时代发展、旅游者需求相适应。

第二节 研究不足与展望

本书采用定性与定量相结合的方法，基于实证分析对我国博物馆旅游高质量发展水平、动力机制等问题进行了探究，力争内容与逻辑的客观完整。在丰富博物馆旅游高质量发展理论的同时，探索发展路径与对策措施，兼具理论与实践意义。但囿于研究者的时间与能力，本书还存在一定的不足与局限，可在后续研究中进一步完善。

一、拓展研究对象

本书对单体博物馆的研究主要围绕我国 204 家一级博物馆展开，典型案例的选择也以大型博物馆为主，对中小型博物馆关注较少，全国博物馆年度报告信息系统资料显示，截至 2022 年年底我国共有 6565 家博物馆，占比超过一半的中小型博物馆已逐渐成为行业主体，其发展质量对整个博物馆行业的繁荣程度同样具有直接影响。如作为乡村历史与文化载体的乡村博物馆，它们在丰富乡村文化产品供给、保护文化遗产、促进文旅融合、构建文化自信等方面发挥着重要作用。乡村博物馆的高质量发展能够激活当地资源，有助于促进乡村旅游的进一步发展，进而推动地区经济的增长和居民收入的增加，为乡村振兴战略提供动力。

目前中小型博物馆发展存在资金和技术支持不足、管理和运营水平有限、创新性和互动性欠缺、社区参与缺位等问题，已逐渐成为整个行业的痛点，大型博物馆旅游高质量发展路径为其提供了部分参考与借鉴，后续将继续围绕我国中小型博物馆展开针对性研究，将其发展困境与应对措施作为未来研究的重点。在研究方法方面，采用实地调研、问卷调查与访谈、案例分析、政策分析、比较研究等，围绕我国中小型博物馆开展系统性研究，挖掘其发展潜力，以期推动中小型博物馆实现更高水平的发展，为实现文化强国和博物馆强国目标提供科学依据和实践指导。

二、细化空间尺度

本书以 31 个省级行政区为研究单元对博物馆旅游进行区域分析，基于宏观视角解析了我国博物馆旅游的发展现状及其高质量发展路径。选择省级行政区域作为研究单元，具有数据获取的相对便利性、行政管理的明确界限等优势，但相较于其他更为细致或特定（如市域、县域等）的尺度空间，基于省级行政区域的研究在揭示博物馆旅游发展的微小差异和深层次机制方面可能存在一定的局限性。随着数据获取技术的不断进步和研究方法的持续创新，为了进一步加强政策的针对性和客观性，后续可对市域、县域、乡村等不同空间尺度展开深入研究，将有助于系统分析我国博物馆旅游高质量发展路径与对策措施。在研究方法方面，综合运用地理信息系统（GIS）、空间计量经济学、社会网络分析等研究方法，进行多维度剖析；选取典型地市、县域或特定区域进行案例分析与实证研究，针对地方政府、博物馆及相关企业、旅游者等多方利益相关者开展实地调研和访谈，深入探究当地博物馆旅游高质量发展的成功经验、面临的挑战及存在的问题，为其他地区提供可借鉴的范例，为更加科学地制定博物馆旅游发展策略提供实证依据。

三、丰富研究内容

随着科技的持续进步和博物馆旅游者需求的日益多元化，深入分析高新技术的应用创新以及在此背景下的旅游者心理与行为，正逐渐成为博物馆旅游领域研究不可或缺的重要趋势。在数字化、网络化、智能化等影响下，数字赋能将极大推动博物馆旅游在深度与广度上实现更加全面的拓展与升级。博物馆引入先进技术，能够为旅游者提供更加有创意、个性化、互动性强的旅游体验，有助于提升博物馆的吸引力、品牌影响力和市场竞争力。与此同时，还须审慎考量旅游者满意度的实际状况，其中，旅游者心理与行为是衡量博物馆旅游服务质量和旅游者满意度的核心指标，它不仅直接关联到游客的忠诚度和再访意愿，还是博物馆持续改进和优化的重要依据。因此，在后续的研究中，可利用问卷调查、访谈以及智慧管理平台等，系统收集博物馆旅游者在游览与体验过程中的反馈数据（包括情感体验、功能评价、行为反应等），综合运用心理学、社会学等相关理论，构建研究模型进行实证检验，以全面、客观地评价数字赋能背景下博物馆旅游者满意度的实际情况以及影响机理，以帮助博物馆准确评估科技融合应用的实际效果，为后续博物馆旅游产品和服务的持续优化提供数据支撑与策略建议，推动我国博物馆旅游的转型升级和高质量发展。

参考文献

［1］ FRANCO L. Ancient Mediterranean harbours：a heritage to preserve ［J］. Ocean & coastal management，1996，30（2－3）：115－151.

［2］ 张勤，马费成. 国外知识管理研究范式：以共词分析为方法 ［J］. 管理科学学报，2007（6）：65－75.

［3］ CHEN C M. Science mapping：a systematic review of the literature ［J］. Journal of data and information science，2017，2（2）：1－40.

［4］ ZHANG F S. Virtual space created by a digital platform in the post epidemic context：the case of greek museums ［J］. Heliyon，2023，9（7）：e18257.

［5］ GREGORIOU M. Possibility thinking pedagogy：exploring the role of the teachers' meddling-in-the-middle in fostering children's possibility thinking by utilising learning resources linked to museum visits ［J］. Thinking skills and creativity，2023，49（9）：101342.

［6］ DUURSMA G，LOSEKOOT E，JONG G D. The role of volunteers in creating hospitality：insights from museums ［J］. Journal of hospitality and tourism management，2023，54（3）：373－382.

［7］ CHEN H L，HALE J，HANKS L. Archive or exhibition?：a comparative case study of the real and virtual Pitt Rivers Museum ［J］. Digital applications in archaeology andcultural heritage，2024，32（3）：E00305.

［8］ KOLBE K J，VELTHUIS O，AENGENHEYSTER J，et al. The global rise of private art museums a literature review ［J］. Poetics，2022，95（12）：101712.

［9］ ERIKSSON J，WIDÉN P，FERRARI S，et al. Digital reconstructions of picture galleries as art historical method：the virtual museum at the Royal Palace in Stockholm ［J］. Digital applications in archaeology and cultural heritage，2023，29（6）：e00268.

［10］ FERNANDEZ-LORES S，CRESPO-TEJERO N，FERNÁNDEZ-HERNÁNDEZ R. Driving traffic to the museum：the role of the digital communication tools ［J］. Technological forecasting and social change，2022，174（1）：121273.

[11] STONE P R. Dark tourism and significant other death towards a model of mortality mediation [J]. Annals of tourism research, 2012, 39 (3): 1565 – 1587.

[12] LIGHT D. Progress in dark tourism and thanatourism research: an uneasy relationship with heritage tourism [J]. Tourism management, 2017, 61: 275 – 301.

[13] PODOSHEN J S, VENKATESH V, WALLIN J, et al. Dystopian dark tourism: an exploratory examination [J]. Tourism management. 2015, 51: 316 – 328.

[14] COHEN E H. Educational dark tourism at an in populo site: the Holocaust Museum in Jerusalem [J]. Annals of tourism research, 2011, 38 (1): 193 – 209.

[15] WALBY K, PICHE J. The polysemy of punishment memorialization: dark tourism and Ontario's penal history museums [J]. Punishment & society-international journal of penology, 2011, 13 (4): 451 – 472.

[16] ZHANG H L, YANG Y, ZHENG C H, et al. Too dark to revisit? The role of past experiences and intrapersonal constraints [J]. Tourism management. 2016, 54: 452 – 464.

[17] STYLIANOU-LAMBERT T, BOUKAS N, CHRISTODOULOU-YERALI M. Museums and cultural sustainability: stakeholders, forces, and cultural policies [J]. International journal of cultural policy. 2014, 20 (5): 566 – 587.

[18] TUCKER H, CARNEGIE E. World heritage and the contradictions of "universal value" [J]. Annals of tourism research. 2014, 47: 63 – 76.

[19] HERRERO-PRIETO L C, GÓMEZ-VEGA M. Cultural resources as a factor in cultural tourism attraction: technical efficiency estimation of regional destinations in Spain [J]. Tourism economics, 2017, 23 (2): 260 – 280.

[20] PLAZA B, TIRONI M, HAARICH S N. Bilbao's art scene and the "Guggenheim effect" revisited [J]. European planning studies, 2009, 17 (11): 1711 – 1729.

[21] BOROWIECKI K J, CASTIGLIONE C. Cultural participation and tourism flows: an empirical investigation of Italian provinces [J]. Tourism economics, 2014, 20 (2): 241 – 262.

[22] NISBETT M. New perspectives on instrumentalism: an empirical study of cultural diplomacy [J]. International journal of cultural policy, 2013, 19 (5): 557 – 575.

[23] CHHABRA D. Proposing a sustainable marketing framework for heritage tourism [J]. Journal of sustainable tourism, 2009, 17 (3): 303 – 320.

[24] CHRONIS A. Tourists as story-builders: narrative construction at a heritage museum [J]. Journal of travel & tourism marketing. 2012, 29 (5): 444 – 459.

[25] SIU N Y-M, ZHANG T J, DONG P, et al. New service bonds and customer value in

customer relationship management：the case of museum visitors［J］. Tourism management. 2013，36：293 – 303.

［26］ ANTÓN C，CAMARERO C，GARRIDO M J. Exploring the experience value of museum visitors as a co-creation process［J］. Current issues in tourism. 2018，21（12）：1406 – 1425.

［27］ IZZO F，CAMMINATIELLO I，SASSO P，et al. Creating customer，museum and social value through digital technologies：evidence from the MANN Assiri project［J］. Socio-Economic Planning Sciences，2023，85（2）：101502.

［28］ TSAKOUMAKI M C，LALA D M，TSAROUCHA A，PSALTI A. Advanced digitization methods for the protection and dissemination of cultural heritage towards digital transformation：the Archaeological Museum of Delphi［J］. Procedia CIRP，2023，118（3）：1056 – 1060.

［29］ ZAIA S E，ROSE K E，MAJEWSKI A S. Egyptian archaeology in multiple realities：integrating XR technologies and museum outreach［J］. Digital applications in archaeology and cultural heritage，2022，27（12）：e00249.

［30］ CRANMER E E，DIECK M C T，JUNG T. The role of augmented reality for sustainable development：evidence from cultural heritage tourism［J］. Tourism management perspectives，2023，49（11）：101196.

［31］ RAMKISSOON H，UYSAL M S. The effects of perceived authenticity，information search behaviour，motivation and destination imagery on cultural behavioural intentions of tourists［J］. Current issues in tourism，2011，14（6）：537 – 562.

［32］ WALBY K，PICHÉ J. Staged authenticity in penal history sites across Canada［J］. Tourist studies. 2015，15（3）：231 – 247.

［33］ RAM Y，BJÖRK P，WEIDENFELD A. Authenticity and place attachment of major visitor attractions［J］. Tourism management，2016，52：110 – 122.

［34］ WANG J W，CHANG M Q，LUO X R，et al. How perceived authenticity affects tourist satisfaction and behavioral intention towards natural disaster memorials：a mediation analysis［J］. Tourism management perspective，2023，3（46）：101085.

［35］ HACKENBROICH A S，TAYLOR G，WILLIAMS R. Digging up Memories-Empowering collections at Vindolanda Museum through virtual exhibits［J］. Digital applications in archaeology and cultural heritage，2023，29（6）：e00267.

［36］ LEE H，JUNG T H，DIECK M C T，et al. Experiencing immersive virtual reality in museums［J］. Information & management，2020，57（5）：103229.

［37］ LI Y，WAN C，LUO X Y，et al. If museum treasures could talk：how anthropomorphism increases favorable visitor responses ［J］. Annals of tourism research，2023，99（3）：103540.

［38］ SUSILA I, DEAN D, HARISMAH K, et al. Does interconnectivity matter? An integration model of agro-tourism development ［J］. Asia pacific management review，2024，29（1）：104－114.

［39］ QAMRUZZAMAN M. Clean energy-led tourism development in Malaysia：do environmental degradation, FDI, education and ICT matter? ［J］. Heliyon，2023，9（11）：e21779.

［40］ DIECK M C, JUNG T H. Value of augmented reality at cultural heritage sites：a stakeholder approach ［J］. Journal of destination marketing & management，2017，6（2）：110－117.

［41］ HE Z, WU L, LI X. When art meets tech：the role of augmented reality in enhancing museum experiences and purchase intentions ［J］. Tourism management. 2018，68：127－139.

［42］ KURNIAWAN D K, SADEMI S, MAULANA F I. Augmented reality of historical relics in the British Museum ［J］. Procedia computer science，2023，227（2）：690－698.

［43］ KEFI H, BESSON E, ZHAO Y, et al. Toward museum transformation：from mediation to social media-tion and fostering omni-visit experience ［J］. Information & management，2024，61（1）：103890.

［44］ SALVADORI G, TAMBELLINI G, ÇEVIK A, et al. Dataset of virtual and real-life visual experiences inside a museum：survey on visual perception with objective and subjective measures ［J］. Data in brief，2023，47（4）：108963.

［45］ NIU H. The effect of intelligent tour guide system based on attraction positioning andrecommendation to improve the experience of tourists visiting scenic spots ［J］. Intelligent systems with applications，2023，19（9）：200263.

［46］ MALIK U S, MICOLI L L, CARUSO G, et al. Integrating quantitative and qualitative analysis to evaluate digital applications in museums ［J］. Journal of cultural heritage，2023，62（7）：304－313.

［47］ MCINTYRE C. Museum and art gallery experience space characteristics：an entertaining show or a contemplative bathe? ［J］. International journal of tourism research. 2009，11（2）：155－170.

［48］ SHENG C W, CHEN M C. A study of experience expectations of museum visitors ［J］. Tourism management，2012，33（1）：53－60.

［49］ BRIDA J G, DISEGNA M, SCUDERI R. Visitors of two types of museums：a segmentation study［J］. Expert systems with applications. 2013, 40（6）：2224 – 2232.

［50］ ROBAINA-CALDERÍN L, MARTÍN-SANTANA J D, MUÑOZ-LEIVA F. Immersive experiences as a resource for promoting museum tourism in the Z and millennials generations［J］. Journal of destination marketing & management, 2023, 29（9）：100795.

［51］ FAN Y, LUO J M. Impact of generativity on museum visitors' engagement, experience, and psychological well-being［J］. Tourism management perspectives, 2022, 42（4）：100958.

［52］ POP A M, MARIAN-POTRA A C, HOGNOGI G G, et al. Glamping tourism as a sustainable responseto the need to reinvigorate domestic tourism［J］. Journal of destination marketing & management, 2024, 31（3）：100803.

［53］ KEMPIAK J, HOLLYWOOD L, BOLAN P, et al. The heritage tourist：an understanding of the visitor experience at heritage attractions［J］. Internation journal of heritage studies, 2017, 23（4）：375 – 392.

［54］ CÉSÁRIO V, NISI V. Designing with teenagers：A teenage perspective on enhancing mobile museum experiences［J］. International journal of child-computer interaction, 2022, 33（9）：100454.

［55］ SU Y, TENG W. Contemplating museums' service failure：extracting the service quality dimensions of museums from negative on-line reviews［J］. Tourism management. 2018, 69：214 – 222.

［56］ PORSCHÉ Y. Tracing museum exhibition reviews：references, replies and translations between the museum space and the mass media［J］. Discourse, context & media, 2022, 46（4）：100579.

［57］ YIN J, CHEN H, NI Y. Does temporary performance matter for word of mouth in museums?［J］. Journal of hospitality and tourism management, 2023, 57（12）：29 – 39.

［58］ ZOU Y G, XIAO H G, YANG Y. Constructing identity in space and place：semiotic and discourse analyses of museum tourism［J］. Tourism management, 2022, 93（12）：104608.

［59］ 余青, 吴必虎. 生态博物馆：一种民族文化持续旅游发展模式［J］. 人文地理, 2001（6）：40 – 43.

［60］ 弗朗索瓦·于贝尔, 孟庆龙. 法国的生态博物馆：矛盾和畸变［J］. 中国博物馆, 1986（4）：78 – 82.

［61］吕埴．浅议民族生态博物馆的集群化发展：对广西"1 + 10"生态博物馆模式的回顾与思考［J］．中国博物馆，2018（2）：60 - 63.

［62］郑威．生态博物馆：文化遗产保护与发展之桥：兼评广西贺州客家文化生态博物馆项目建设［J］．社会科学家，2006（4）：132 - 135.

［63］郑威，余秀忠．生态博物馆旅游与文化遗产保护［J］．改革与战略，2007（9）：116 - 118.

［64］张成渝．村落文化景观保护与可持续发展的两种实践：解读生态博物馆和乡村旅游［J］．同济大学学报（社会科学版），2011，22（3）：35 - 44.

［65］陈燕．论民族文化旅游开发的生态博物馆模式［J］．云南民族大学学报（哲学社会科学版），2009，26（2）：52 - 55.

［66］陈志永，梁玉华．民族村寨旅游地衰落研究：以贵阳市镇山村为例［J］．云南社会科学，2007（1）：99 - 102.

［67］崔海洋，眭莉婷，虞虎．西南民族文化生态社区的发展模式与影响因素探析［J］．贵州民族研究，2015，36（11）：53 - 58.

［68］吕建昌．近现代工业遗产保护模式初探［J］．东南文化，2011（4）：14 - 19.

［69］解学芳，黄昌勇．国际工业遗产保护模式及与创意产业的互动关系［J］．同济大学学报（社会科学版），2011，22（1）：52 - 58.

［70］戴湘毅，刘家明，唐承财．城镇型矿业遗产的分类、特征及利用研究［J］．资源科学，2013，35（12）：2359 - 2367.

［71］任丽娜，祝晓春．工业遗产旅游展示方式的 ETP 模式分析［J］．资源开发与市场，2012，28（7）：664 - 666.

［72］韩福文，张丽，鹿磊．东北地区工业遗产旅游开发的动力机制及实施方略［J］．经济问题探索，2010（6）：155 - 159.

［73］吕建昌．现状与研究对策：聚焦于三线建设工业遗产的保护与利用［J］．东南文化，2019（3）：6 - 12，127 - 128.

［74］王芳，彭蕾．浅论工业遗产保护和利用的博物馆模式：从唐山启新水泥工业博物馆的前世今生谈起［J］．中国博物馆，2019（2）：23 - 28.

［75］吴杨，倪欣欣，马仁锋，等．上海工业旅游资源的空间分布与联动特征［J］．资源科学，2015，37（12）：2362 - 2370.

［76］李冬娜．基于核心价值观塑造的红色旅游发展路径［J］．社会科学家，2019（2）：75 - 81，93.

［77］单纬东．少数民族文化旅游资源保护与产权合理安排［J］．人文地理，2004（4）：26 - 29.

［78］欧阳正宇．旅游发展与非物质文化遗产的保护和传承：以莲花山"花儿"为例

［J］．旅游科学，2011，25（1）：11－25．

［79］肖星，姚若颖，罗聪玲．北方7市西洋近代建筑保护性旅游开发研究［J］．旅游科学，2020，34（2）：90－103．

［80］詹丽，杨昌明，李江风．用改进的旅行费用法评估文化旅游资源的经济价值：以湖北省博物馆为例［J］．软科学，2005（5）：98－100．

［81］王玲，史斌．上海都市旅游产品公共属性研究［J］．华东经济管理，2010，24（11）：7－9．

［82］刘润，杨永春，任晓蕾．1990s末以来成都市文化空间的变化特征及其驱动机制［J］．经济地理，2017，37（2）：114－123．

［83］张建忠，温娟娟，刘家明，等．晋中文化生态保护区"非遗"分布特征及旅游利用模式［J］．经济地理，2023，43（7）：234－240．

［84］厉建梅．考古遗产的社会价值与产业化利用路径探讨［J］．东南文化，2016（2）：13－18．

［85］韩福文，佟玉权，王芳．德国鲁尔与我国东北工业遗产旅游开发比较分析［J］．商业研究，2011（5）：196－200．

［86］陈美华，陈东有．英国文化产业发展的成功经验及对中国的启示［J］．南昌大学学报（人文社会科学版），2012，43（5）：63－67．

［87］陈怡宁，李刚．空间生产视角下的文化和旅游关系探讨：以英国博物馆为例［J］．旅游学刊，2019，34（4）：11－12．

［88］吕建昌．从绿野村庄到洛厄尔：美国的工业博物馆与工业遗产保护［J］．东南文化，2014（2）：117－122．

［89］蔡琦．试论作为黑色旅游目的地的纪念馆设计：以美国9/11纪念博物馆为例［J］．中国博物馆，2020（3）：85－89．

［90］黄晓星．日本书化旅游机制创新的经验与启示［J］．社会科学家，2019（8）：102－106．

［91］杨诗源，郑伟民．基于"五缘"关系的泉州对台旅游产品开发研究［J］．经济地理，2012，32（8）：160－165．

［92］阚如良，王桂琴，周军，等．主题村落再造：非物质文化遗产旅游开发模式研究［J］．地域研究与开发，2014，33（6）：108－112．

［93］张瑞梅，刘弘汐．西南三省坡侗族生态博物馆的比较研究［J］．广西民族大学学报（哲学社会科学版），2015，37（1）：91－95．

［94］苗宾．文旅融合背景下的博物馆旅游发展思考［J］．中国博物馆，2020（2）：115－120．

［95］方云．非物质文化遗产保护视域下的民俗博物馆叙事研究：以上海土布馆群为例

［J］. 东南文化，2020（5）：180 - 185.

［96］吕睿. 博物馆 IP 授权特展的价值革新与发展策略探索［J］. 中国博物馆，2020（4）：90 - 94.

［97］杨静. 新疆博物馆文创产品开发的实践与思考［J］. 中国博物馆，2020（1）：24 - 29.

［98］陈琴，李俊，张述林. "大博物馆旅游综合体开发"模式研究［J］. 生态经济，2012（11）：93 - 97.

［99］戴克清，陈万明. 增强现实型科技旅游产品开发的条件模型及评价：以故宫博物院为例［J］. 贵州社会科学，2019（7）：142 - 149.

［100］李凤亮，杨辉. 文化科技融合背景下新型旅游业态的新发展［J］. 同济大学学报（社会科学版），2021，32（1）：16 - 23.

［101］李鑫，张晓萍. 生活世界的延伸：文化旅游者的博物馆凝视与反凝视［J］. 青海民族研究，2017，28（2）：66 - 70.

［102］孔旭红. 场所依赖理论在博物馆旅游解说系统中的应用［J］. 软科学，2008（3）：89 - 91.

［103］王静，王玉霞. 北京博物馆文化旅游服务质量提升研究［J］. 北京联合大学学报（人文社会科学版），2017，15（3）：26 - 30.

［104］李海娥，熊元斌. 免费开放背景下游客对博物馆感知价值的研究：以湖北省博物馆为例［J］. 湖北社会科学，2014（12）：73 - 78.

［105］李永乐，孙婷，华桂宏. 博物馆游客满意因素与价值追寻研究：以中国漕运博物馆为例［J］. 东南文化，2019（3）：118 - 126.

［106］唐培，何建民. 文化遗产活化体验质量对旅游者目的地忠诚的影响：一个链式多重中介模型［J］. 南开管理评论，2020，23（5）：76 - 87.

［107］齐子鹏，张婷，章成，等. 基于脑波技术的游客注意力对博物馆旅游体验质量的影响研究［J］. 中国软科学，2023（8）：54 - 61.

［108］邹润琪，孙佼佼，陈盛伟，等. 红色博物馆的时空叙事与记忆场域建构：以上海淞沪抗战纪念馆为例［J］. 旅游学刊，2023，38（7）：36 - 51.

［109］李志勇. "双因素理论"分析框架下的博物馆旅游满意度影响因素［J］. 社会科学家，2014（12）：74 - 80.

［110］冯英杰，钟水映. 全域旅游视角下的博物馆文化旅游发展研究：基于游客满意度的调查［J］. 西北民族大学学报（哲学社会科学版），2018（3）：66 - 75.

［111］郝俊卿，党佩英，李丹丹，等. 灾害遗迹型公园旅游解说对科普旅游体验的影响因素分析：以翠华山山崩地质公园为例［J］. 西北大学学报（自然科学版），2020，50（3）：394 - 402.

［112］唐承财，戴湘毅，李橙，等．我国博物馆旅游碳足迹估算与低碳发展模式研究［J］．生态经济，2015，31（9）：141－146.

［113］周欣琪，郝小斐．故宫的雪：官方微博传播路径与旅游吸引物建构研究［J］．旅游学刊，2018，33（10）：51－62.

［114］钱兆悦．文旅融合下的博物馆公众服务：新理念、新方法［J］．东南文化，2018（3）：90－94.

［115］汪丽，曹小曙，李涛．不同出游时间视角下游客流动网络结构及其分异特征：以西安市为例［J］．地理科学，2021，41（8）：1437－1447.

［116］范家骧，高天虹．罗斯托经济成长理论（上）［J］．经济纵横，1988（9）：57－62.

［117］卡马耶夫．经济增长的速度和质量［M］．陈华山，左东官，何剑，等译．武汉：湖北人民出版社，1983：25.

［118］鲁迪格·多恩布什，斯坦利·费希尔．宏观经济学：第十三版［M］．王志伟，译．北京：中国人民大学出版社，2021：239.

［119］金碚．关于"高质量发展"的经济学研究［J］．中国工业经济，2018（4）：5－18.

［120］任保平，李禹墨．新时代我国高质量发展评判体系的构建及其转型路径［J］．陕西师范大学学报（哲学社会科学版），2018，47（3）：105－113.

［121］张军扩，侯永志，刘培林，等．高质量发展的目标要求和战略路径［J］．管理世界，2019，35（7）：1－7.

［122］黄速建，肖红军，王欣．论国有企业高质量发展［J］．中国工业经济，2018（10）：19－41.

［123］顾海，吴迪．"十四五"时期基本医疗保障制度高质量发展的基本内涵与战略构想［J］．管理世界，2021，37（9）：158－167.

［124］杨翠迎，刘玉萍．养老服务高质量发展的内涵诠释与前瞻性思考［J］．社会保障评论，2021，5（4）：118－130.

［125］陈岩英．新时代旅游城市的高质量发展：内涵与路径［J］．旅游学刊，2022，37（2）：12－13.

［126］廖军华，王欢．新发展阶段旅游业高质量发展的现实困境与破解之道［J］．改革，2022（5）：102－109.

［127］夏杰长，刘怡君．交旅融合高质量发展的内在逻辑与实施方略［J］．改革，2022（8）：111－122.

［128］李金昌，史龙梅，徐蔼婷．高质量发展评价指标体系探讨［J］．统计研究，2019，36（1）：4－14.

[129] 魏敏, 李书昊. 新时代中国经济高质量发展水平的测度研究 [J]. 数量经济技术经济研究, 2018, 35 (11): 3-20.

[130] 马茹, 罗晖, 王宏伟, 等. 中国区域经济高质量发展评价指标体系及测度研究 [J]. 中国软科学, 2019 (7): 60-67.

[131] 李梦欣, 任保平. 新时代中国高质量发展的综合评价及其路径选择 [J]. 财经科学, 2019 (5): 26-40.

[132] 刘思明, 张世瑾, 朱惠东. 国家创新驱动力测度及其经济高质量发展效应研究 [J]. 数量经济技术经济研究, 2019, 36 (4): 3-23.

[133] 张震, 刘雪梦. 新时代我国15个副省级城市经济高质量发展评价体系构建与测度 [J]. 经济问题探索, 2019 (6): 20-31, 70.

[134] 丰晓旭, 夏杰长. 中国全域旅游发展水平评价及其空间特征 [J]. 经济地理, 2018, 38 (4): 183-192.

[135] 辛岭, 安晓宁. 我国农业高质量发展评价体系构建与测度分析 [J]. 经济纵横, 2019 (5): 109-118.

[136] 李健, 王丽娟, 王芳. 商业银行高质量发展评价研究: "陀螺" 评价体系的构建与应用 [J]. 金融监管研究, 2019 (6): 56-69.

[137] 王伟. 中国经济高质量发展的测度与评估 [J]. 华东经济管理, 2020, 34 (6): 1-9.

[138] 曲立, 王璐, 季桓永. 中国区域制造业高质量发展测度分析 [J]. 数量经济技术经济研究, 2021, 38 (9): 45-61.

[139] 杨耀武, 张平. 中国经济高质量发展的逻辑、测度与治理 [J]. 经济研究, 2021, 56 (1): 26-42.

[140] 赵剑波, 史丹, 邓洲. 高质量发展的内涵研究 [J]. 经济与管理研究, 2019, 40 (11): 15-31.

[141] 陈诗一, 陈登科. 雾霾污染、政府治理与经济高质量发展 [J]. 经济研究, 2018, 53 (2): 20-34.

[142] 王慧艳, 李新运, 徐银良. 科技创新驱动我国经济高质量发展绩效评价及影响因素研究 [J]. 经济学家, 2019 (11): 64-74.

[143] 刘传明, 马青山. 黄河流域高质量发展的空间关联网络及驱动因素 [J]. 经济地理, 2020, 40 (10): 91-99.

[144] 刘涛, 李继霞, 霍静娟. 中国农业高质量发展的时空格局与影响因素 [J]. 干旱区资源与环境, 2020, 34 (10): 1-8.

[145] 张鸿, 杜凯文, 靳兵艳, 等. 数字乡村战略下农村高质量发展影响因素研究 [J]. 统计与决策, 2021, 37 (8): 98-102.

［146］安来顺，毛颖．国际化、高质量、可持续：中国博物馆事业发展的方向与战略：国际博物馆协会（ICOM）副主席安来顺先生专访［J］．东南文化，2019（2）：6－15，127－128.

［147］龚良，张蕾．博物馆高质量发展：品质、效能与评估［J］．东南文化，2019（2）：100－106，127－128.

［148］王春法．打造新时代博物馆新型智库　推动博物馆高质量发展［J］．博物馆管理，2019（1）：8－15.

［149］杨敬．新时代博物馆高质量发展的新思维：以山西博物院为例［J］．博物院，2020（5）：81－88.

［150］纪云飞．推动"四个发展"，助力改革提升：关于中国博物馆事业高质量发展的几点思考［J］．中国博物馆，2021（4）：74－77.

［151］许强．总分馆制博物馆集群高质量发展路径探析［J］．中国博物馆，2022（5）：4－9，126.

［152］弗朗索瓦·迈赫斯．博物馆定义的目标和问题［J］．博物院，2017（6）：6－11.

［153］单霁翔．博物馆市场营销是一把"双刃剑"［J］．故宫博物院院刊，2013（4）：6－19，159.

［154］魏峻．关于博物馆定义和未来发展的若干思考［J］．中国博物馆，2018（4）：3－7.

［155］宋向光．博物馆基本业务意义及逻辑关系分析［J］．中国博物馆，2019（4）：35－40.

［156］陈建明．虚拟的场景　真实的遗产：博物馆功能再审视［J］．中国博物馆，2008（3）：16－18.

［157］单霁翔．关于新时期博物馆功能与职能的思考［J］．中国博物馆，2010（4）：4－7.

［158］三轮嘉六．博物馆和社会：与市民共生［J］．东南文化，2014（3）：6－10.

［159］孔宁．浅析博物馆文创的价值与功能特性［J］．中国博物馆，2021（3）：59－63.

［160］苏东海．文博与旅游关系的演进及发展对策［J］．中国博物馆，2000（4）：15－19.

［161］章尚正，刘晓娟．我国博物馆旅游的制约因素与突破思路［J］．安徽大学学报（哲学社会科学版），2010，34（6）：131－137.

［162］刘俊，马风华．经济发达地区地方性博物馆旅游发展研究：以广州南越王墓博物馆为例［J］．旅游科学，2005（5）：42－49.

［163］戴昕，陆林，杨兴柱，等．国外博物馆旅游研究进展及启示［J］．旅游学刊，2007（3）：84－89.

［164］张春香．基于因子分析的屯垦博物馆游客感知评价体系研究：以新疆兵团军垦博物馆为例［J］．资源开发与市场，2018，34（3）：433 – 438.

［165］张葳，李彦丽．博物馆旅游开发模式研究：以河北省为例［J］．河北师范大学学报（哲学社会科学版），2010，33（2）：46 – 50.

［166］单霁翔．博物馆的社会责任与社会教育［J］．东南文化，2010（6）：9 – 16.

［167］单霁翔．博物馆的社会责任与社会发展［J］．四川文物，2011（1）：3 – 18.

［168］胡正明，蒋婷．区域品牌的本质属性探析［J］．农村经济，2010（5）：89 – 92.

［169］MORENO-MENDOZA H，SANTANA A，BOZA-CHIRINO J. Perception of governance，value and satisfaction in museums from the point of view of visitors. Preservation-use and management model［J］. Journal of cultural heritage，2020，41：178 – 187.

［170］国家发展改革委经济研究所课题组．推动经济高质量发展研究［J］．宏观经济研究，2019（2）：5 – 17，91.

［171］姜长云．服务业高质量发展的内涵界定与推进策略［J］．改革，2019（6）：41 – 52.

［172］廖耀华，徐凯赟．新时代区域高质量协调发展战略内涵、机理及路径［J］．宁夏社会科学，2019（3）：12 – 17.

［173］陈川，许伟．以人民为中心的高质量发展理论内涵［J］．宏观经济管理，2020（3）：15 – 20.

［174］范周，侯雪彤．"十四五"时期公共文化服务高质量发展的内涵与路径［J］．图书馆论坛，2021，41（10）：14 – 19.

［175］秦放鸣，唐娟．经济高质量发展：理论阐释及实现路径［J］．西北大学学报（哲学社会科学版），2020，50（3）：138 – 143.

［176］许思雨，薛鹏．中国经济高质量发展的理论释疑与实现路径：一个文献综述［J］．对外经贸，2019（2）：114 – 117.

［177］田秋生．高质量发展的理论内涵和实践要求［J］．山东大学学报（哲学社会科学版），2018（6）：1 – 8.

［178］高培勇，杜创，刘霞辉，等．高质量发展背景下的现代化经济体系建设：一个逻辑框架［J］．经济研究，2019，54（4）：4 – 17.

［179］王锋，王瑞琦．中国经济高质量发展研究进展［J］．当代经济管理，2021，43（2）：1 – 10.

［180］杨乘虎，李强．"十四五"时期公共文化服务高质量发展的新观念与新路径［J］．图书馆论坛，2021，41（2）：1 – 9.

［181］中国大百科全书总编辑委员会《文物·博物馆》编辑委员会，中国大百科全书出版社编辑部．中国大百科全书：文物·博物馆［M］．北京：中国大百科全书出版

社，1993.01.

[182] 甄朔南．什么是新博物馆学［J］．中国博物馆，2001（1）：25 – 28，32.

[183] 孙久文．区域经济学［M］．北京：首都经济贸易大学出版社，2020.02.

[184] 程锦，陆林，朱付彪．旅游产业融合研究进展及启示［J］．旅游学刊，2011，26（4）：13 – 19.

[185] 李丫丫，赵玉林．战略性新兴产业融合发展机理：基于全球生物芯片产业的分析［J］．宏观经济研究，2015（11）：30 – 38.

[186] 袁纯清．共生理论：兼论小型经济［M］．北京：经济科学出版社，1998：27.

[187] 高培勇，袁富华，胡怀国，等．高质量发展的动力、机制与治理［J］．经济研究，2020，55（4）：4 – 19.

[188] 单霁翔．从"馆舍天地"走向"大千世界"［J］．中国博物馆，2018（2）：42 – 43.

[189] 单霁翔，毛颖．从"故宫"到"故宫博物院"：单霁翔院长专访［J］．东南文化，2016（5）：12 – 19，127 – 128.

[190] 魏峻．中国博物馆的发展新导向［J］．东南文化，2019（2）：107 – 112.

[191] 李耀申，李晨．博物馆改革发展焦点问题及对策建议［J］．东南文化，2020（4）：133 – 138，190 – 192.

[192] 郑奕．长三角博物馆协同发展机制研究［J］．东南文化，2022（2）：6 – 14，191 – 192.

[193] 何晓雷．博物馆文化创意产品开发的特征、问题及对策［J］．学习与实践，2016（12）：128 – 133.

[194] 王春法．智慧博物馆建设中的机遇和挑战［J］．中国国家博物馆馆刊，2019（1）：6 – 9.

[195] 刘栋．博物馆文创产品开发经营体制机制问题研究［J］．中国博物馆，2020（3）：57 – 62.

[196] 刘容．抱团、跨界与融合：博物馆文创联盟的当下与未来［J］．东南文化，2021（6）：157 – 163.

[197] 张伟明．社会力量参与文物保护的现状、问题与长效机制研究J．东南文化，2020（2）：21 – 26.

[198] 韦景竹，李秋月．公共文化机构数字资源建设版权管理策略研究：以广州市的图书馆、博物馆和文化馆为例［J］．图书馆论坛，2015，35（11）：19 – 26.

[199] 刘勇．非国有博物馆的法律保护：现状、困境与出路［J］．中国博物馆，2019（3）：119 – 124.

[200] 刘鑫．博物馆藏品再创作的著作权问题探析［J］．中国版权，2016（3）：51 –

54.

[201] 吕昌霖，庄松燕．博物馆文创产品开发中的知识产权保护研究：以中山舰博物馆为例 [J]．中国博物馆，2018（1）：22－28.

[202] 陈理娟，何川．浅谈博物馆教育活动的地域文化彰显：以秦始皇帝陵博物院为例 [J]．文博，2018（4）：105－110.

[203] 彭文．中国语境下的"策展人" [J]．故宫博物院院刊，2021（5）：14－19，107.

[204] 陆建松．加强"四位一体"的博物馆传播利用体系建设 [J]．东南文化，2022（3）：6－12，191－192.

[205] 刘辉，朱晓云，李峰，等．"文旅融合下博物馆文创的探索与实践"学人笔谈 [J]．东南文化，2021（6）：135－149，190－192.

[206] 周婧景，林咏能．国际比较视野下中国博物馆观众研究的若干问题：基于文献分析与实证调研的三角互证 [J]．东南文化，2020（1）：169－180，190，192.

[207] 季晨，周裕兴．馆校合作与我国农村博物馆发展 [J]．学术探索，2017（4）：121－125.

[208] 高卫华，梁春晴．新媒体时代土家族文化数字化传承问题管窥：以湖北省恩施州巴东县为例 [J]．新闻爱好者，2016（2）：51－54.

[209] 孙芮英．博物馆虚拟现实技术应用问题的研究 [J]．东南文化，2017（S1）：93－96.

[210] 曹兵武．生态文明视角下历史文物在现代社会的再脉络化：兼论符合国情的文物保护利用之路的有关问题 [J]．东南文化，2020（3）：13－22，189，191.

[211] 龚良．从社会教育到社会服务：南京博物院提升公共服务的实践与启示 [J]．东南文化，2017（3）：107－112，127－128.

[212] 庞雅妮．以策展人制度的实施推进博物馆的可持续发展：以陕西历史博物馆为例 [J]．文博，2018（5）：103－112.

[213] 刘容．免费开放博物馆文创产品开发的现状与观念困扰 [J]．东南文化，2019（5）：115－120，127－128.

[214] 黄洋，廖一洁．国内博物馆夜间开放的实践、问题及思考 [J]．东南文化，2017（1）：121－126.

[215] 郑奕．博物馆强化"观众服务"能力的路径探析 [J]．行政管理改革，2021（5）：54－63.

[216] 何志文．中国国家博物馆一级近现代藏品来源研究：以1982年评定的原中国革命博物馆一级近现代藏品为例 [J]．中国国家博物馆馆刊，2015（8）：131－144.

[217] 王旭东．使命与担当：故宫博物院95年的回顾与展望 [J]．故宫博物院院刊，

2020 (10): 5 – 16, 342.

[218] 李小建. 经济地理学 [M]. 北京: 高等教育出版社, 2018.

[219] 成汝霞, 黄安民. 时光博物馆游客旅游动机的影响因素与生成路径 [J]. 资源开发与市场, 2021, 37 (7): 877 – 882.

[220] 汪芳, 石鑫. 中国制造业高质量发展水平的测度及影响因素研究 [J]. 中国软科学, 2022, 374 (2): 22 – 31.

[221] 任保平, 巩羽浩. 黄河流域城镇化与高质量发展的耦合研究 [J]. 经济问题, 2022, 511 (3): 1 – 12.

[222] 孙欣, 蒋坷, 段东. 长江经济带高质量发展效率测度 [J]. 统计与决策, 2022, 38 (1): 118 – 121.

[223] 刘英基, 韩元军. 要素结构变动、制度环境与旅游经济高质量发展 [J]. 旅游学刊, 2020, 35 (3): 28 – 38.

[224] 李强, 魏建飞, 徐斌, 等. 2000—2018 年中国区域经济发展多尺度格局演进及驱动机理 [J]. 经济地理, 2021, 41 (12): 12 – 21.

[225] 邓淇中, 张玲. 长江经济带水资源绿色效率时空演变特征及其影响因素 [J]. 资源科学, 2022, 44 (2): 247 – 260.

[226] 王敏, 范佳缘, 王丽洁, 等. 高质量发展下对外贸易效率评价及影响因素: 基于长江经济带 11 省市的实证分析 [J]. 华东经济管理, 2022, 36 (4): 45 – 51.

[227] 顾振清, 肖波, 张小朋, 等. "探索 思考 展望: 元宇宙与博物馆" 学人笔谈 [J]. 东南文化, 2022 (3): 134 – 160, 191 – 192.

[228] 孙勇, 樊杰, 刘汉初, 等. 长三角地区数字技术创新时空格局及其影响因素 [J]. 经济地理, 2022, 42 (2): 124 – 133.

[229] 陈曦, 白长虹, 陈晔, 等. 数字治理与高质量旅游目的地服务供给: 基于 31 座中国城市的综合案例研究 [J]. 管理世界, 2023, 39 (10): 126 – 150.

[230] 蔡跃洲, 付一夫. 全要素生产率增长中的技术效应与结构效应: 基于中国宏观和产业数据的测算及分解 [J]. 经济研究, 2017, 52 (1): 72 – 88.

[231] 刘建翠. 中国的全要素生产率研究: 回顾与展望 [J]. 技术经济, 2022, 41 (1): 77 – 87.

[232] 张军, 吴桂英, 张吉鹏. 中国省际物质资本存量估算: 1952—2000 [J]. 经济研究, 2004 (10): 35 – 44.

[233] 李虹, 邹庆. 环境规制、资源禀赋与城市产业转型研究: 基于资源型城市与非资源型城市的对比分析 [J]. 经济研究, 2018, 53 (11): 182 – 198.

[234] 王晓岭, 陈语, 王玲. 高质量发展目标下的环境规制与技术效率优化: 以钢铁产业为例 [J]. 财经问题研究, 2021, 457 (12): 39 – 48.

［235］陈强．高级计量经济学及 Stata 应用［M］．2 版．北京：高等教育出版社．2014：133－167．

［236］白俊红，王钺，蒋伏心，等．研发要素流动、空间知识溢出与经济增长［J］．经济研究，2017，52（7）：109－123．

［237］吴玉鸣．旅游经济增长及其溢出效应的空间面板计量经济分析［J］．旅游学刊，2014，29（2）：16－24．

［238］UNITED NATIONS. Indicators of sustainable development framework and methodologies［M］．New York：United Nations，1996. 126－185.

［239］张驰，郑晓杰，王凤彬．定性比较分析法在管理学构型研究中的应用：述评与展望［J］．外国经济与管理，2017，39（4）：68－83．

［240］杜运周，刘秋辰，程建青．什么样的营商环境生态产生城市高创业活跃度？：基于制度组态的分析［J］．管理世界，2020，36（9）：141－155．

［241］KAMARIOTOU V，KAMARIOTOU M，KITSIOS F. Strategic planning for virtual exhibitions and visitors' experience：a multidisciplinary approach for museums in the digital age［J］．Digital applications in archaeology and cultural heritage，2021，21（6）：e00183.

［242］刘晓斌．试论博物馆馆际协作［J］．中国博物馆，1988（3）：22－24，96．

［243］杨刚．博物馆资源共享问题的探讨［J］．中国博物馆，1990（2）：69－72．

［244］博物馆分类主要依据为全国博物馆年度报告信息系统中登记的题材类型信息。

［245］理查德·E. 凯夫斯．创意产业经济学：艺术的商品性［M］．康蓉，张兆慧，冯晨，等译．北京：商务印书馆，2017．

［246］龚良．正确理解博物馆文化创意产品开发［N］．中国文物报，2017－09－26（05）．

［247］朱上上，罗仕鉴．产品设计中基于设计符号学的文物元素再造［J］．浙江大学学报（工学版），2013，47（11）：2065－2072．

［248］YAIR K，PRESS M，TOMES A. Crafting competitive advantage：crafts knowledge as a strategic resource［J］．Design studies，2001，22（4）：377－394.

［249］刘辉，朱晓云，李峰，等．"文旅融合下博物馆文创的探索与实践"学人笔谈［J］．东南文化，2021（6）：135－149，190－192．

［250］王旭东．使命与担当：故宫博物院 95 年的回顾与展望［J］．故宫博物院院刊，2020（10）：5－16，342．

［251］吴健．壁画类文化遗产的数字化发展：以敦煌莫高窟为例［J］．中国文化遗产，2016（2）：34－38．

［252］史学军，王雨微．背景下数字博物馆建设的思考［J］．东南文化，2021（S1）：

68 – 73.

[253] 张琰，郑霞．浅析观众沉浸感和博物馆沉浸式展示要素［J］．东南文化，2022（5）：153 – 160.

[254] LUCIA M D, TRUNFIO M. The role of the private actor in cultural regeneration: hybridizing culturalheritage with creativity in the city［J］. Cities, 2018, 82: 35 – 44.

[255] 纪晓宇．泛在化连接：数字时代博物馆藏品的展示与传播［J］．东南文化，2021（2）：152 – 158.

[256] 陆建松．增强博物馆的公共服务能力：理念、路径与措施［J］．东南文化，2017（3）：101 – 106.

[257] 邹统钎，吴丽云．旅游体验的本质、类型与塑造原则［J］．旅游科学，2003（4）：7 – 10，41.

[258] 李朝东．教育理念的反思与人的全面发展［J］．教育理论与实践，2004（23）：5 – 8.

[259] 于晖．老龄化社会进程中博物馆的职能拓展：日本学者相关研究及启示［J］．东南文化，2021（2）：184 – 190.

[260] 郑晶．谈博物馆的"分众教育"：以南京博物院为例［J］．东南文化，2015（6）：119 – 123.

[261] 沈永林，黄凯锋．"五缘"文化研究二十年述评［J］．社会科学，2009（10）：140 – 145，191.

[262] PRAHALAD C K, RAMASWAMY V. Co – opting customer competence［J］. Harvard business review, 2000, 78（1）: 79 – 90.

[263] 简兆权，令狐克睿，李雷．价值共创研究的演进与展望：从"顾客体验"到"服务生态系统"视角［J］．外国经济与管理，2016，38（9）：3 – 20.

[264] 妮娜·西蒙．参与式博物馆：迈入博物馆2.0时代［M］．喻翔，译．杭州：浙江大学出版社，2018.

[265] 胡钰，王一凡．文化旅游产业中PPP模式研究［J］．中国软科学，2018（9）：160 – 172.

[266] 张捷．公募REITs：基础设施融资新方式［J］．宏观经济管理，2021（8）：14 – 21.

[267] 张昱．我国高校文博教育现状及发展对策分析［J］．东南文化，2020（3）：38 – 43.

[268] 包东波．大众传播视角下的博物馆功能初探［J］．中国博物馆，2012（1）：14 – 19.

［269］HE Z，WU L，LI X. When art meets tech：the role of augmented reality in enhancing museum experiences and purchase intentions ［J］. Tourism management，2018，68：127－139.

［270］郑奕. 博物馆与公共文化外交：上海市文博界的先行实践 ［J］. 中国博物馆，2023（1）：9－15，126.

［271］姜红. "双碳"目标驱动下旅游产业结构升级的技术路径与动力机制 ［J］. 旅游学刊，2022，37（5）：10－12.

［272］王一宸，于妍，郑颖，等. 我国博物馆节能减排现状及绿色低碳发展趋势 ［J］. 中国博物馆，2023（2）：12－22.

附 录

附录1 我国各地区博物馆机构数及年增长率

地区	项目	1995年	2000年	2001年	2002年	2003年	2004年	2005年	2006年	2007年	2008年	2009年	2010年	2011年	2012年	2013年	2014年	2015年	2016年	2017年	2018年	2019年
全国	数量/个	1194	1384	1454	1504	1507	1548	1581	1617	1722	1893	2252	2435	2650	3069	3473	3658	3852	4109	4721	4918	5132
	增长率/%		3.00	5.06	3.44	0.20	2.72	2.13	2.28	6.49	9.93	18.96	8.13	8.83	15.81	13.16	5.33	5.30	6.67	14.89	4.17	4.35
北京	数量/个	17	25	26	24	27	31	34	33	34	37	40	41	41	41	41	41	40	41	71	82	81
	增长率/%		8.02	4.00	-7.69	12.50	14.81	9.68	-2.94	3.03	8.82	8.11	2.50	0.00	0.00	0.00	0.00	-2.44	2.50	73.17	15.49	-1.22
天津	数量/个	14	14	14	15	17	17	18	19	18	18	18	18	19	20	20	22	22	22	62	65	68
	增长率/%		0.00	0.00	7.14	13.33	0.00	5.88	5.56	-5.26	0.00	0.00	0.00	5.56	5.26	0.00	10.00	0.00	0.00	181.82	4.84	4.62
河北	数量/个	31	43	45	44	44	45	46	46	56	64	64	65	69	75	103	105	107	111	122	134	136
	增长率/%		6.76	4.65	-2.22	0.00	2.27	2.22	0.00	21.74	14.29	0.00	1.56	6.15	8.70	37.33	1.94	1.90	3.74	9.91	9.84	1.49
山西	数量/个	69	76	79	85	86	88	86	87	86	85	86	89	89	92	97	99	100	105	138	152	158
	增长率/%		1.95	3.95	7.59	1.18	2.33	-2.27	1.16	-1.15	-1.16	1.18	3.49	0.00	3.37	5.43	2.06	1.01	5.00	31.43	10.14	3.95
内蒙古	数量/个	17	25	27	28	28	31	33	35	37	36	46	54	59	65	72	75	84	87	93	109	125
	增长率/%		8.02	8.00	3.70	0.00	10.71	6.45	6.06	5.71	-2.70	27.78	17.39	9.26	10.17	10.77	4.17	12.00	3.57	6.90	17.20	14.68
辽宁	数量/个	26	30	34	34	35	37	39	36	37	54	61	61	62	62	63	63	64	65	65	65	65
	增长率/%		2.90	13.33	0.00	2.94	5.71	5.41	-7.69	2.78	45.95	12.96	0.00	1.64	0.00	1.61	0.00	1.59	1.56	0.00	0.00	0.00
吉林	数量/个	16	16	19	22	22	18	18	18	21	26	71	57	58	68	73	78	76	77	107	107	107
	增长率/%		0.00	18.75	15.79	0.00	-18.18	0.00	0.00	16.67	23.81	173.08	-19.72	1.75	17.24	7.35	6.85	-2.56	1.32	38.96	0.00	0.00
黑龙江	数量/个	29	41	41	46	45	47	46	47	53	56	71	76	103	104	156	158	158	176	183	191	193
	增长率/%		7.17	0.00	12.20	-2.17	4.44	-2.13	2.17	12.77	5.66	26.79	7.04	35.53	0.97	50.00	1.28	0.00	11.39	3.98	4.37	1.05
上海	数量/个	12	11	21	23	23	24	25	26	28	28	29	27	36	90	100	103	99	99	98	100	98
	增长率/%		-1.73	90.91	9.52	0.00	4.35	4.17	4.00	7.69	0.00	3.57	-6.90	33.33	150.00	11.11	3.00	-3.88	0.00	-1.01	2.04	-2.00

（续表）

地区	项目	1995年	2000年	2001年	2002年	2003年	2004年	2005年	2006年	2007年	2008年	2009年	2010年	2011年	2012年	2013年	2014年	2015年	2016年	2017年	2018年	2019年
江苏	数量/个	72	86	87	90	89	97	99	100	108	165	182	213	245	266	292	301	312	317	322	329	345
	增长率/%		3.62	1.16	3.45	-1.11	8.99	2.06	1.01	8.00	52.78	10.30	17.03	15.02	8.57	9.77	3.08	3.65	1.60	1.58	2.17	4.86
浙江	数量/个	59	68	69	70	70	73	80	83	87	89	100	100	100	166	183	187	224	275	308	337	366
	增长率/%		2.88	1.47	1.45	0.00	4.29	9.59	3.75	4.82	2.30	12.36	0.00	0.00	66.00	10.24	2.19	19.79	22.77	12.00	9.42	8.61
安徽	数量/个	30	37	37	37	40	40	43	44	37	38	68	120	131	141	154	164	171	171	196	201	219
	增长率/%		4.28	0.00	0.00	8.11	0.00	7.50	2.33	-15.91	2.70	78.95	76.47	9.17	7.63	9.22	6.49	4.27	0.00	14.62	2.55	8.96
福建	数量/个	64	81	80	79	79	79	82	84	85	89	93	94	95	94	98	98	98	98	123	128	130
	增长率/%		4.82	-1.23	-1.25	0.00	0.00	3.80	2.44	1.19	4.71	4.49	1.08	1.06	-1.05	4.26	0.00	0.00	0.00	25.51	4.07	1.56
江西	数量/个	82	81	83	84	84	85	82	87	97	96	103	108	108	109	137	137	137	138	139	144	143
	增长率/%		-0.25	2.47	1.20	0.00	1.19	-3.53	6.10	11.49	-1.03	7.29	4.85	0.00	0.93	25.69	0.00	0.00	0.73	0.72	3.60	-0.69
山东	数量/个	56	59	66	70	73	72	75	76	87	91	111	114	120	178	194	243	312	393	485	517	541
	增长率/%		1.05	11.86	6.06	4.29	-1.37	4.17	1.33	14.47	4.60	21.98	2.70	5.26	48.33	8.99	25.26	28.40	25.96	23.41	6.60	4.64
河南	数量/个	66	70	72	75	75	76	79	79	82	95	103	111	159	180	222	248	248	270	334	334	340
	增长率/%		1.18	2.86	4.17	0.00	1.33	3.95	0.00	3.80	15.85	8.42	7.77	43.24	13.21	23.33	11.71	0.00	8.87	23.70	0.00	1.80
湖北	数量/个	88	94	95	96	96	98	91	96	107	111	116	120	125	161	170	174	175	183	199	200	213
	增长率/%		1.33	1.06	1.05	0.00	2.08	-7.14	5.49	11.46	3.74	4.50	3.45	4.17	28.80	5.59	2.35	0.57	4.57	8.74	0.50	6.50
湖南	数量/个	57	66	67	70	70	71	73	72	73	74	75	81	85	95	103	109	113	115	120	121	117
	增长率/%		2.98	1.52	4.48	0.00	1.43	2.82	-1.37	1.39	1.37	1.35	8.00	4.94	11.76	8.42	5.83	3.67	1.77	4.35	0.83	-3.31
广东	数量/个	114	128	141	140	143	143	146	148	153	152	160	169	161	168	175	176	177	177	184	184	241
	增长率/%		2.34	10.16	-0.71	2.14	0.00	2.10	1.37	3.38	-0.65	5.26	5.62	-4.73	4.35	4.17	0.57	0.57	0.00	3.95	0.00	30.98
广西	数量/个	37	39	40	41	42	49	49	53	59	60	62	64	71	79	104	106	124	125	132	131	131
	增长率/%		1.06	2.56	2.50	2.44	16.67	0.00	8.16	11.32	1.69	3.33	3.23	10.94	11.27	31.65	1.92	16.98	0.81	5.60	-0.76	0.00

（续表）

地区	项目	1995年	2000年	2001年	2002年	2003年	2004年	2005年	2006年	2007年	2008年	2009年	2010年	2011年	2012年	2013年	2014年	2015年	2016年	2017年	2018年	2019年
海南	数量/个	17	15	16	16	17	16	16	15	16	16	15	16	18	19	18	18	18	18	19	19	27
	增长率/%		-2.47	6.67	0.00	6.25	-5.88	0.00	-6.25	6.67	0.00	-6.25	6.67	12.50	5.56	-5.26	0.00	0.00	0.00	5.56	0.00	42.11
重庆	数量/个		14	14	17	17	15	18	16	18	21	37	37	39	39	71	78	78	82	94	100	104
	增长率/%			0.00	21.43	0.00	-11.76	20.00	-11.11	12.50	16.67	76.19	0.00	5.41	0.00	82.05	9.86	0.00	5.13	14.63	6.38	4.00
四川	数量/个	54	50	55	51	51	54	55	59	62	85	89	108	144	152	188	206	225	239	255	252	256
	增长率/%		-1.53	10.00	-7.27	0.00	5.88	1.85	7.27	5.08	37.10	4.71	21.35	33.33	5.56	23.68	9.57	9.22	6.22	6.69	-1.18	1.59
贵州	数量/个	4	8	9	10	10	10	11	13	18	23	53	59	53	66	75	74	73	73	84	91	91
	增长率/%		14.87	12.50	11.11	0.00	0.00	10.00	18.18	38.46	27.78	130.43	11.32	-10.17	24.53	13.64	-1.33	-1.35	0.00	15.07	8.33	0.00
云南	数量/个	22	30	30	30	30	31	32	33	36	36	113	120	84	85	84	86	86	90	125	137	140
	增长率/%		6.40	0.00	0.00	0.00	3.33	3.23	3.13	9.09	0.00	213.89	6.19	-30.00	1.19	-1.18	2.38	0.00	4.65	38.89	9.60	2.19
西藏	数量/个	2	2	2	2	2	2	2	2	2	1	2	2	2	2	2	4	7	7	7	7	7
	增长率/%		0.00	0.00	0.00	0.00	0.00	0.00	0.00	0.00	-50.00	100.00	0.00	0.00	0.00	0.00	100.00	75.00	0.00	0.00	0.00	0.00
陕西	数量/个	59	67	75	88	81	81	82	86	91	91	101	106	122	194	221	238	249	274	282	294	294
	增长率/%		2.58	11.94	17.33	-7.95	0.00	1.23	4.88	5.81	0.00	10.99	4.95	15.09	59.02	13.92	7.69	4.62	10.04	2.92	4.26	0.00
甘肃	数量/个	52	65	64	67	65	67	69	70	73	81	91	102	145	149	143	147	150	152	204	215	224
	增长率/%		4.56	-1.54	4.69	-2.99	3.08	2.99	1.45	4.29	10.96	12.35	12.09	42.16	2.76	-4.03	2.80	2.04	1.33	34.21	5.39	4.19
青海	数量/个	8	14	13	16	16	16	15	17	18	18	18	18	22	22	22	22	23	23	23	24	24
	增长率/%		11.84	-7.14	23.08	0.00	0.00	-6.25	13.33	5.88	0.00	0.00	0.00	22.22	0.00	0.00	0.00	4.55	0.00	0.00	4.35	0.00
宁夏	数量/个	3	4	5	5	5	6	6	5	6	5	6	6	6	9	11	12	12	13	54	54	55
	增长率/%		5.92	25.00	0.00	0.00	20.00	0.00	-16.67	20.00	-16.67	20.00	0.00	0.00	50.00	22.22	9.09	0.00	8.33	315.38	0.00	1.85
新疆	数量/个	12	23	23	24	23	25	28	8	32	47	63	71	73	72	76	82	86	90	90	91	90
	增长率/%		13.90	0.00	4.35	-4.17	8.70	12.00	-71.43	300.00	46.88	34.04	12.70	2.82	-1.37	5.56	7.89	4.88	4.65	0.00	1.11	-1.10

注：数据来源于《中国文化文物和旅游统计年鉴》（2019—2020）、《中国文化文物统计年鉴》（2001—2018）。

附录2 区域博物馆旅游高质量发展空间联系度

	北京	天津	河北	山西	内蒙古	辽宁	吉林	黑龙江	上海	江苏	浙江	安徽	福建	江西	山东	河南	湖北	湖南	广东	广西	海南	重庆	四川	贵州	云南	西藏	陕西	甘肃	青海	宁夏	新疆
北京	—	7.83	3.42	1.18	0.84	0.35	0.16	0.19	0.16	0.82	0.47	0.35	0.09	0.17	5.52	1.39	0.31	0.18	0.13	0.04	0.01	0.09	0.19	0.04	0.04	0.00	0.55	0.19	0.01	0.08	0.01
天津	7.83	—	2.02	0.55	0.36	0.26	0.12	0.14	0.14	0.75	0.41	0.29	0.08	0.13	6.09	0.89	0.22	0.12	0.09	0.03	0.00	0.06	0.12	0.03	0.03	0.00	0.32	0.11	0.01	0.02	0.01
河北	3.42	2.02	—	8.61	0.83	0.28	0.15	0.20	0.27	1.55	0.85	0.72	0.18	0.34	12.88	5.79	0.80	0.40	0.26	0.08	0.01	0.19	0.38	0.09	0.08	0.00	1.48	0.41	0.03	0.18	0.02
山西	1.18	0.55	8.61	—	1.32	0.10	0.07	0.11	0.18	1.00	0.59	0.50	0.14	0.28	3.40	4.85	0.66	0.36	0.23	0.06	0.01	0.24	0.45	0.09	0.08	0.00	2.46	0.56	0.03	0.28	0.02
内蒙古	0.84	0.36	0.83	1.32	—	0.10	0.07	0.09	0.08	0.38	0.25	0.16	0.06	0.11	1.18	0.80	0.21	0.13	0.10	0.04	0.01	0.10	0.20	0.04	0.04	0.00	0.66	0.31	0.02	0.19	0.02
辽宁	0.35	0.26	0.28	0.10	0.10	—	1.38	0.76	0.07	0.31	0.20	0.12	0.05	0.07	0.80	0.28	0.11	0.07	0.06	0.02	0.00	0.04	0.07	0.02	0.02	0.00	0.15	0.07	0.01	0.03	0.01
吉林	0.16	0.12	0.15	0.07	0.07	1.38	—	2.95	0.04	0.25	0.13	0.08	0.03	0.05	0.44	0.18	0.07	0.05	0.05	0.02	0.00	0.03	0.06	0.02	0.02	0.00	0.11	0.05	0.00	0.02	0.01
黑龙江	0.19	0.14	0.20	0.11	0.09	0.76	2.95	—	0.07	0.35	0.20	0.12	0.05	0.07	0.57	0.26	0.11	0.08	0.08	0.03	0.00	0.04	0.09	0.03	0.03	0.00	0.16	0.08	0.01	0.03	0.01
上海	0.16	0.14	0.27	0.18	0.08	0.07	0.04	0.07	—	10.84	26.96	1.89	0.64	0.74	1.60	0.87	0.72	0.40	0.32	0.07	0.01	0.11	0.18	0.07	0.06	0.00	0.38	0.11	0.01	0.03	0.01
江苏	0.82	0.75	1.55	1.00	0.38	0.31	0.25	0.35	10.84	—	41.27	46.90	1.66	4.04	9.79	6.24	5.97	2.02	1.30	0.31	0.05	0.59	0.91	0.31	0.25	0.00	2.17	0.54	0.04	0.14	0.04
浙江	0.47	0.41	0.85	0.59	0.25	0.20	0.13	0.20	26.96	41.27	—	7.45	3.15	4.36	4.54	2.91	3.03	1.91	1.42	0.30	0.05	0.42	0.66	0.25	0.21	0.00	1.38	0.38	0.03	0.10	0.03
安徽	0.35	0.29	0.72	0.50	0.16	0.12	0.08	0.12	1.89	46.90	7.45	—	1.75	3.22	4.01	3.71	5.32	1.33	0.71	0.16	0.03	0.33	0.48	0.16	0.12	0.00	1.33	0.29	0.02	0.07	0.02
福建	0.09	0.08	0.18	0.14	0.06	0.05	0.03	0.05	0.64	1.66	3.15	1.75	—	1.75	0.68	0.58	0.84	0.88	1.26	0.18	0.04	0.15	0.25	0.12	0.10	0.00	0.38	0.12	0.01	0.03	0.01
江西	0.17	0.13	0.34	0.28	0.11	0.07	0.05	0.07	0.74	4.04	4.36	3.22	1.75	—	1.33	1.49	5.41	5.36	1.53	0.26	0.04	0.33	0.47	0.23	0.16	0.00	0.86	0.22	0.01	0.05	0.01
山东	5.52	6.09	12.88	3.40	1.18	0.80	0.44	0.57	1.60	9.79	4.54	4.01	0.68	1.33	—	15.06	2.66	1.22	0.79	0.25	0.04	0.53	1.04	0.26	0.22	0.00	3.49	0.76	0.05	0.26	0.05
河南	1.39	0.89	5.79	4.85	0.80	0.28	0.18	0.26	0.87	6.24	2.91	3.71	0.58	1.49	15.06	—	5.26	1.93	0.88	0.28	0.04	0.69	1.39	0.31	0.23	0.00	8.96	1.07	0.06	0.30	0.04

（续表）

	北京	天津	河北	山西	内蒙古	辽宁	吉林	黑龙江	上海	江苏	浙江	安徽	福建	江西	山东	河南	湖北	湖南	广东	广西	海南	重庆	四川	贵州	云南	西藏	陕西	甘肃	青海	宁夏	新疆
湖北	0.31	0.22	0.80	0.66	0.21	0.11	0.07	0.11	0.72	5.97	3.03	5.32	0.84	5.41	2.66	5.26	—	7.31	1.27	0.33	0.04	0.77	0.97	0.35	0.22	0.00	2.41	0.44	0.03	0.10	0.02
湖南	0.18	0.12	0.40	0.36	0.13	0.07	0.05	0.08	0.40	2.02	1.91	1.33	0.88	5.36	1.22	1.93	7.31	—	2.47	0.57	0.06	0.66	0.83	0.56	0.29	0.00	1.24	0.28	0.02	0.07	0.02
广东	0.13	0.09	0.26	0.23	0.10	0.06	0.05	0.08	0.32	1.30	1.42	1.26	1.26	1.53	0.79	0.88	1.27	2.47	—	2.12	0.38	0.48	0.71	0.61	0.42	0.00	0.69	0.22	0.02	0.05	0.02
广西	0.04	0.03	0.08	0.06	0.04	0.02	0.02	0.03	0.07	0.31	0.30	0.16	0.18	0.26	0.25	0.28	0.33	0.57	2.12	—	0.23	0.36	0.46	0.63	0.48	0.00	0.27	0.12	0.01	0.02	0.01
海南	0.01	0.00	0.01	0.01	0.01	0.00	0.00	0.00	0.01	0.05	0.05	0.04	0.04	0.04	0.04	0.04	0.04	0.06	0.38	0.23	—	0.03	0.05	0.04	0.04	0.00	0.03	0.02	0.00	0.00	0.00
重庆	0.09	0.06	0.19	0.24	0.10	0.04	0.03	0.04	0.11	0.59	0.42	0.33	0.15	0.33	0.53	0.69	0.77	0.66	0.48	0.36	0.03	—	9.24	1.83	0.52	0.00	1.75	0.56	0.03	0.09	0.02
四川	0.19	0.12	0.38	0.45	0.20	0.07	0.06	0.09	0.18	0.91	0.66	0.48	0.25	0.47	1.04	1.39	0.97	0.83	0.71	0.46	0.05	9.24	—	1.37	1.19	0.00	3.49	1.55	0.11	0.18	0.04
贵州	0.04	0.03	0.09	0.09	0.04	0.02	0.02	0.03	0.07	0.31	0.25	0.16	0.12	0.23	0.26	0.31	0.35	0.56	0.61	0.63	0.04	1.83	1.37	—	0.89	0.00	0.49	0.19	0.01	0.03	0.01
云南	0.04	0.03	0.08	0.08	0.04	0.02	0.02	0.03	0.06	0.25	0.21	0.12	0.10	0.16	0.22	0.23	0.22	0.29	0.42	0.48	0.04	0.52	1.19	0.89	—	0.00	0.37	0.18	0.01	0.03	0.01
西藏	0.00	0.00	0.00	0.00	0.00	0.00	0.00	0.00	0.00	0.00	0.00	0.00	0.00	0.00	0.00	0.00	0.00	0.00	0.00	0.00	0.00	0.00	0.00	0.00	0.00	—	0.00	0.00	0.00	0.00	0.00
陕西	0.55	0.32	1.48	2.46	0.66	0.15	0.11	0.16	0.38	2.17	1.38	1.33	0.38	0.86	3.49	8.96	2.41	1.24	0.69	0.27	0.03	1.75	3.49	0.49	0.37	0.00	—	3.11	0.15	0.64	0.06
甘肃	0.19	0.11	0.41	0.56	0.31	0.07	0.05	0.08	0.11	0.54	0.38	0.29	0.12	0.22	0.76	1.07	0.44	0.28	0.22	0.12	0.02	0.56	1.55	0.19	0.18	0.00	3.11	—	1.32	1.03	0.06
青海	0.01	0.01	0.03	0.03	0.02	0.01	0.00	0.01	0.01	0.04	0.03	0.02	0.01	0.01	0.05	0.06	0.03	0.02	0.02	0.01	0.00	0.03	0.11	0.01	0.01	0.00	0.15	1.32	—	0.04	0.01
宁夏	0.08	0.02	0.18	0.28	0.19	0.03	0.03	0.03	0.03	0.14	0.10	0.07	0.03	0.05	0.26	0.30	0.10	0.07	0.05	0.02	0.00	0.09	0.18	0.03	0.03	0.00	0.64	1.03	0.04	—	0.01
新疆	0.01	0.01	0.02	0.02	0.02	0.01	0.01	0.01	0.01	0.04	0.03	0.02	0.01	0.01	0.05	0.04	0.02	0.02	0.02	0.01	0.00	0.02	0.04	0.01	0.01	0.00	0.06	0.06	0.01	0.01	—

附录 3　区域博物馆旅游高质量发展二级指标测度得分

地区	2017年					2018年					2019年				
	创新	协调	共享	开放	绿色	创新	协调	共享	开放	绿色	创新	协调	共享	开放	绿色
北京	0.552	0.380	0.403	0.553	0.836	0.561	0.412	0.202	0.444	0.840	0.417	0.511	0.388	0.304	0.815
天津	0.433	0.403	0.117	0.350	0.888	0.422	0.398	0.125	0.310	0.870	0.429	0.388	0.140	0.239	0.887
河北	0.146	0.136	0.116	0.049	0.734	0.151	0.165	0.114	0.034	0.734	0.140	0.169	0.118	0.035	0.740
山西	0.221	0.199	0.113	0.043	0.770	0.268	0.210	0.094	0.082	0.576	0.244	0.234	0.085	0.076	0.672
内蒙古	0.185	0.237	0.080	0.048	0.736	0.200	0.254	0.079	0.101	0.716	0.188	0.274	0.083	0.079	0.782
辽宁	0.142	0.093	0.151	0.083	0.543	0.144	0.078	0.141	0.077	0.543	0.156	0.091	0.186	0.061	0.496
吉林	0.201	0.226	0.084	0.083	0.886	0.195	0.244	0.082	0.103	0.881	0.194	0.266	0.063	0.051	0.849
黑龙江	0.203	0.212	0.098	0.126	0.904	0.202	0.210	0.082	0.125	0.909	0.190	0.242	0.092	0.141	0.902
上海	0.471	0.639	0.236	0.493	0.710	0.505	0.642	0.226	0.586	0.825	0.367	0.702	0.234	0.546	0.763
江苏	0.275	0.585	0.183	0.144	0.864	0.274	0.595	0.440	0.146	0.809	0.295	0.628	0.199	0.170	0.808
浙江	0.224	0.487	0.194	0.172	0.895	0.230	0.513	0.163	0.174	0.883	0.235	0.557	0.168	0.194	0.887
安徽	0.191	0.243	0.114	0.108	0.918	0.187	0.244	0.108	0.126	0.926	0.218	0.260	0.098	0.073	0.900
福建	0.284	0.197	0.181	0.205	0.854	0.260	0.214	0.381	0.200	0.859	0.214	0.224	0.178	0.202	0.833
江西	0.167	0.171	0.166	0.113	0.886	0.181	0.179	0.148	0.108	0.880	0.183	0.203	0.152	0.106	0.873
山东	0.230	0.439	0.099	0.153	0.782	0.232	0.460	0.098	0.122	0.906	0.221	0.443	0.100	0.137	0.909

（续表）

地区	2017年					2018年					2019年				
	创新	协调	共享	开放	绿色	创新	协调	共享	开放	绿色	创新	协调	共享	开放	绿色
河南	0.164	0.258	0.098	0.050	0.898	0.175	0.254	0.117	0.088	0.893	0.192	0.257	0.154	0.082	0.884
湖北	0.190	0.306	0.121	0.109	0.873	0.189	0.324	0.107	0.111	0.825	0.198	0.340	0.134	0.144	0.860
湖南	0.161	0.140	0.258	0.122	0.718	0.174	0.149	0.238	0.123	0.760	0.112	0.154	0.284	0.131	0.572
广东	0.166	0.238	0.193	0.084	0.824	0.159	0.256	0.179	0.093	0.787	0.258	0.301	0.189	0.142	0.755
广西	0.161	0.179	0.090	0.075	0.847	0.156	0.179	0.101	0.150	0.837	0.137	0.192	0.128	0.177	0.864
海南	0.141	0.196	0.040	0.058	0.100	0.169	0.161	0.064	0.332	0.784	0.179	0.206	0.073	0.219	0.470
重庆	0.195	0.164	0.207	0.125	0.845	0.214	0.161	0.253	0.222	0.838	0.222	0.175	0.282	0.180	0.811
四川	0.225	0.162	0.149	0.214	0.844	0.225	0.161	0.139	0.146	0.843	0.237	0.174	0.140	0.125	0.827
贵州	0.282	0.129	0.108	0.055	0.829	0.122	0.128	0.102	0.091	0.884	0.131	0.130	0.097	0.120	0.923
云南	0.152	0.147	0.094	0.102	0.902	0.168	0.178	0.088	0.112	0.882	0.200	0.203	0.091	0.132	0.850
西藏	0.215	0.330	0.000	0.073	0.950	0.208	0.396	0.015	0.000	0.772	0.208	0.394	0.004	0.000	0.641
陕西	0.448	0.335	0.110	0.264	0.506	0.290	0.345	0.117	0.242	0.780	0.282	0.356	0.118	0.303	0.791
甘肃	0.237	0.266	0.094	0.201	0.714	0.242	0.274	0.079	0.192	0.672	0.245	0.295	0.104	0.161	0.668
青海	0.154	0.254	0.029	0.007	0.354	0.160	0.236	0.033	0.010	0.192	0.167	0.331	0.042	0.101	0.000
宁夏	0.227	0.367	0.071	0.102	0.801	0.208	0.352	0.068	0.065	0.744	0.210	0.413	0.083	0.010	0.793
新疆	0.182	0.160	0.058	0.060	0.688	0.153	0.158	0.061	0.073	0.817	0.149	0.170	0.082	0.018	0.715

附录 4　博物馆旅游高质量发展熵值法与 CRITIC 权重计算

三级指标	熵值法权重计算结果			CRITIC 权重计算结果			
	信息熵值	信息效用值	权重值	指标变异性	指标冲突性	信息量	权重
创新优质资源 C_1	0.63	0.37	0.034	0.551	25.556	14.079	0.063
创新资源动态变化 C_2	0.194	0.806	0.074	0.561	25.192	14.143	0.063
博物馆覆盖率 C_3	0.581	0.419	0.039	0.5	16.127	8.064	0.036
创新人才基础 C_4	0.622	0.378	0.035	0.52	25.776	13.391	0.06
创新展览产出 C_5	0.538	0.462	0.043	0.505	16.129	8.138	0.036
创新经济总产出 C_6	0.631	0.369	0.034	0.572	20.601	11.788	0.053
创新产品数量 C_7	0.622	0.378	0.035	0.52	24.723	12.854	0.058
创新产品收入 C_8	0.223	0.777	0.072	0.558	16.766	9.356	0.042
空间协调 C_9	0.616	0.384	0.035	0.512	16.309	8.346	0.037
产业协调 C_{10}	0.363	0.637	0.059	0.538	16.352	8.793	0.039
文旅协调支持 C_{11}	0.439	0.561	0.052	0.524	16.254	8.515	0.038
志愿服务共享 C_{12}	0.522	0.478	0.044	0.507	16.145	8.191	0.037
成果共享 C_{13}	0.575	0.425	0.039	0.5	16.124	8.063	0.036
活动共享 C_{14}	0.074	0.926	0.086	0.573	25.02	14.334	0.064
网站共享 C_{15}	0.481	0.519	0.048	0.515	16.196	8.348	0.037
新媒体共享 C_{16}	0.011	0.989	0.091	0.577	21.328	12.305	0.055
境外观众 C_{17}	0.631	0.369	0.034	0.573	16.91	9.697	0.043
国际出版物 C_{18}	0.615	0.385	0.036	0.511	25.835	13.191	0.059
国际项目合作 C_{19}	0.612	0.388	0.036	0.508	22.342	11.353	0.051
能源消耗 C_{20}	0.556	0.444	0.041	0.502	16.173	8.115	0.036
电力使用 C_{21}	0.631	0.369	0.034	0.576	21.307	12.28	0.055

附录 5 国家一级博物馆旅游高质量发展测度得分

排名	名称	得分	排名	名称	得分	排名	名称	得分	排名	名称	得分
1	中国国家博物馆	0.525	27	中国农业博物馆	0.179	53	宁波博物馆	0.145	79	瑞金中央革命根据地纪念馆	0.132
2	故宫博物院	0.497	28	苏州博物馆(苏州民俗博物馆)	0.174	54	长沙简牍博物馆	0.144	80	辛亥革命武昌起义纪念馆	0.131
3	陕西历史博物馆	0.311	29	河南博物院	0.173	55	周恩来邓颖超纪念馆	0.143	81	扬州博物馆	0.130
4	上海博物馆	0.305	30	山西博物院	0.170	56	南京中国科举博物馆	0.142	82	韶山毛泽东同志纪念馆	0.129
5	上海科技馆	0.256	31	山东博物馆	0.167	57	广州博物馆	0.142	83	孙中山故居纪念馆	0.129
6	首都博物馆	0.249	32	济南市博物馆	0.165	58	青岛啤酒博物馆	0.141	84	孔子博物馆	0.128
7	天津博物馆	0.230	33	周口店北京人遗址博物馆	0.162	59	广东省博物馆	0.141	85	西安博物院	0.128
8	成都杜甫草堂博物馆	0.223	34	浙江省博物馆	0.161	60	安源路矿工人运动纪念馆	0.141	86	伪满皇宫博物院	0.128
9	成都武侯祠博物馆	0.222	35	洛阳博物馆	0.160	61	西柏坡纪念馆	0.140	87	上海市龙华烈士纪念馆	0.127
10	敦煌研究院	0.222	36	舟山博物馆	0.160	62	荆州博物馆	0.139	88	中国人民抗日战争纪念馆	0.127
11	南京市博物总馆	0.212	37	北京鲁迅博物馆	0.158	63	甘肃省博物馆	0.138	89	湖北省博物馆	0.127
12	北京自然博物馆	0.211	38	宝鸡青铜器博物院	0.158	64	无锡博物院	0.138	90	青州市博物馆	0.127
13	湖南省博物馆	0.208	39	上海鲁迅纪念馆	0.158	65	杭州博物馆	0.138	91	北京汽车博物馆	0.126
14	侵华日军南京大屠杀遇难同胞纪念馆	0.206	40	河北博物院	0.157	66	常熟博物馆	0.137	92	南昌八一起义纪念馆	0.126
15	中国科学技术馆	0.204	41	福建博物院	0.157	67	中国文字博物馆	0.137	93	烟台市博物馆	0.124
16	中共一大纪念馆	0.204	42	浙江自然博物院	0.156	68	嘉兴南湖革命纪念馆	0.137	94	中国人民革命军事博物馆	0.124
17	秦始皇帝陵博物院	0.203	43	中央苏区(闽西)历史博物馆	0.156	69	西安半坡博物馆	0.137	95	汉景帝阳陵博物院	0.124

（续表）

排名	名称	得分	排名	名称	得分	排名	名称	得分	排名	名称	得分
18	黑龙江省博物馆	0.202	44	安徽博物院	0.156	70	镇江博物馆	0.137	96	清华大学艺术博物馆	0.124
19	重庆中国三峡博物馆	0.200	45	天津自然博物馆（北疆博物院）	0.155	71	景德镇中国陶瓷博物馆	0.135	97	上海中国航海博物馆	0.123
20	恭王府博物馆	0.197	46	四川广汉三星堆博物馆	0.154	72	青岛市博物馆	0.135	98	武汉博物馆	0.123
21	南京博物院	0.195	47	重庆红岩革命历史博物馆	0.151	73	大连自然博物馆	0.135	99	平津战役纪念馆	0.123
22	四川博物院	0.188	48	北京天文馆（北京古观象台）	0.151	74	中国印刷博物馆	0.133	100	武汉革命博物馆	0.123
23	成都金沙遗址博物馆	0.185	49	安徽中国徽州文化博物馆	0.151	75	武汉市中山舰博物馆	0.132	101	井冈山革命博物馆	0.122
24	中国地质博物馆	0.182	50	成都博物馆	0.150	76	中国电影博物馆	0.132	102	邓小平故居陈列馆	0.122
25	沈阳故宫博物院	0.181	51	四川省建川博物院	0.150	77	安徽省地质博物馆	0.132	103	淄博市陶瓷博物馆	0.122
26	中国丝绸博物馆	0.179	52	宁波市天一阁博物馆	0.145	78	广东中国客家博物馆	0.132	104	5·12汶川特大地震纪念馆	0.122
105	八大山人纪念馆	0.122	130	长沙市博物馆	0.113	155	中国甲午战争故址博物院	0.109	180	山东省滕州市纪念馆	0.101
106	济宁市博物馆（朱复戡艺术馆）	0.121	131	杭州工艺美术博物馆	0.113	156	八路军太行纪念馆	0.109	181	刘少奇同志纪念馆	0.101
107	大足石刻博物馆	0.121	132	江西省博物馆	0.113	157	泉州海外交通史博物馆	0.108	182	朱德同志故居纪念馆	0.100
108	重庆自然博物馆	0.121	133	贵州省博物馆	0.113	158	陈云纪念馆	0.108	183	中国煤炭博物馆	0.100
109	南通博物苑	0.121	134	广西民族博物馆	0.113	159	自贡恐龙博物馆	0.108	184	江西省庐山博物馆	0.100
110	云南省博物馆	0.121	135	安阳博物馆	0.112	160	重庆三峡移民纪念馆	0.108	185	海南省博物馆	0.099
111	吉林省自然博物馆	0.120	136	齐文化博物院	0.112	161	长江文明馆（武汉自然博物馆）	0.108	186	青岛一战遗址博物馆	0.099
112	温州博物馆	0.120	137	广西壮族自治区博物馆	0.112	162	开封市博物馆	0.107	187	东北烈士纪念馆	0.098

（续表）

排名	名称	得分	排名	名称	得分	排名	名称	得分	排名	名称	得分
113	中国茶叶博物馆	0.120	138	郑州博物馆	0.111	163	南京市雨花台烈士纪念馆	0.107	188	九江市博物馆	0.098
114	遵义会议纪念馆	0.118	139	吉林省博物院	0.111	164	宿州市博物馆	0.107	189	大同市博物馆	0.097
115	内蒙古博物院	0.118	140	鸦片战争博物馆	0.111	165	潍坊市博物馆	0.106	190	淮北市博物馆	0.097
116	天水市博物馆	0.118	141	临沂市博物馆	0.111	166	西安大唐西市博物馆	0.105	191	山西省地质博物馆	0.097
117	杭州西湖博物馆	0.115	142	大庆铁人王进喜纪念馆	0.110	167	大庆市博物馆	0.105	192	济南市章丘区博物馆	0.097
118	滕州市汉画像石馆	0.115	143	桂林博物馆	0.110	168	邯郸市博物馆	0.104	193	黑龙江省民族博物馆	0.097
119	广东海上丝绸之路博物馆	0.115	144	沈阳"九·一八"历史博物馆	0.110	169	辽宁省博物馆	0.104	194	萍乡博物馆	0.096
120	西安碑林博物馆	0.115	145	宁夏回族自治区博物馆	0.110	170	大连博物馆	0.104	195	云南民族博物馆	0.096
121	蚌埠市博物馆	0.115	146	常州博物馆	0.110	171	贵州省民族博物馆	0.104	196	南阳汉画馆	0.095
122	广州艺术博物院	0.115	147	旅顺博物馆	0.110	172	宜昌博物馆	0.103	197	赣州市博物馆	0.095
123	广东民间工艺博物馆	0.115	148	自贡市盐业历史博物馆	0.110	173	平凉市博物馆	0.103	198	临汾市博物馆	0.095
124	胡耀邦同志纪念馆	0.114	149	鄂豫皖苏区首府革命博物馆	0.109	174	平顶山博物馆	0.103	199	鄂尔多斯博物馆	0.094
125	深圳博物馆	0.114	150	中国航空博物馆	0.109	175	黑河市爱辉历史陈列馆	0.103	200	吐鲁番博物馆	0.087
126	徐州博物馆	0.114	151	宁夏回族自治区固原博物馆	0.109	176	宁波中国港口博物馆	0.102	201	新疆维吾尔自治区博物馆	0.077
127	古田会议纪念馆	0.114	152	中国闽台缘博物馆	0.109	177	延安革命纪念馆	0.102	202	青海藏医药文化博物馆	0.070
128	西汉南越王博物馆	0.114	153	四渡赤水纪念馆	0.109	178	中国（海南）南海博物馆	0.101	203	青海省博物馆	0.046
129	赤峰博物馆	0.114	154	山东大学博物馆	0.109	179	随州市博物馆	0.101	204	西藏博物馆	未评价

附录 6 故宫博物院新闻资讯节点结构表

一级节点	二级节点	三级节点(关键词摘录)
创新(177)	文创项目(36)	文创产品:影视研究所,电影《我在故宫修文物》,纪录片,大型文化节目,邮票,原创话剧,音乐剧,游戏,图书,游戏解谜书,系列丛书等;开发与传播方式:成立文化企业,电商平台,文创体验店,历代书画本,当代艺术等
	展览陈列(53)	宫廷文化,历史文化,瓷器玉器,文物修复,历代书画本,当代艺术等
	技术融合(22)	应用技术:5G,小程序,VR场景沉浸,多屏互动,激光投影技术,人机交互,AI化等;应用场景:数字故宫,高科技互动艺术展演,智慧院区,数字沙盘展示,数字体验展,文物互动,监测体系,云游博物馆,云展览云服务等
	建设体系(7)	活力故宫,平安故宫,数字故宫,学术故宫
	设施环境(12)	内部设施优化:参观环境,VR演播厅,观众服务区,休憩就餐,观众集散用地,游览动线,限流分流方案等;外部环境完善:周边环境质量提升,与交通衔接,与景点协调,景点外交通,停车场等
	优化服务(15)	服务质量:服务意识,文创+服务;展品解说:二维码,红色讲解员;中国服务新品牌:获最具创新力新力博物馆
	专业人才(32)	各类人群:儿童,环卫工人,老年大学,母婴护理室,听障青少年,残障观众,无障碍参观,现役军人公安民警免费日,周二中小学生团体免票等;人才培育:成立研究所,青年学者论坛,人才交流,人才引进,文创经验分享讲座,专业知识培训,专业人才工作人员;培训讲座:故宫学院,馆长培训,馆长讲座,专题培训班,专题讲座,管理培训班,业务交流,学习进修等
协调(98)	馆际联合(27)	联合办展:上海博物馆,上海鲁迅纪念馆,首都博物馆,香港中文大学文物馆,扬州博物馆,周口店遗址博物馆等;合办研究室:苏州金砖博物馆,重庆中国三峡博物馆,长沙简牍博物馆;战略合作:敦煌研究院
	区域合作(33)	政府合作:北京东城区人民政府,景德镇人民政府,开封市政府,厦门市政府,山西省政府,平遥县人民政府,苏州市关中区人民政府,萧山区人民政府,重庆市人民政府,香港特别行政区,香港特区政府康乐及文化等;共建项目:香港故宫文化博物馆,澳门故宫文化传承中心,鼓浪屿故宫外方展分馆,故宫教育中心官兴分中心,平遥故宫文创研发交流中心,海上文创馆,前门文化体验区,苏州故宫学院,重庆故宫学院,故宫南迁文物馆等;活动:晋中文化交流周,故宫南迁文物史迹保护
	馆校合作(10)	北京大学,北京师范大学,北京科技大学,东南大学,同济大学,西北大学,英国杜伦大学等
	馆企合作(28)	科技企业:阿里巴巴,华为,腾讯,中国电子科技集团公司,钉钉;银行:华夏银行,中国建设银行,中国银行;其他:世茂集团,中国广电,北京观光塔,北京首都国际机场;组织:中国旅游协会,中国博物馆协会,公益基金会,奔驰星愿基金

（续表）

一级节点	二级节点	三级节点（关键词摘录）
共享 (70)	教育活动(17)	故宫讲坛,故宫教育中心,千里江山图解读讲座,青少年教育活动,少儿读本,暑期知识课堂,苏州故宫学院,儿童复冬令营,文物修复冬令营,小学生入队仪式,实践拓展,知识讲座,互动问答,中小学生教育成果展演
	举办比赛(6)	人工智能大赛,手机游戏创意设计大赛,"紫禁城杯"中华老字号文化创意大赛,腾讯创新大赛,文具创意设计大赛,音乐创新大赛
	体验活动(11)	观众体验:VR节目,大型艺术创作活动,动手制作,对观众友好,故宫一小时,遗产保护体验(在故宫洗石头),邮政服务 特殊节日:国际博物馆日系列活动,春节,上元节等
	传播方式(11)	媒体,直播,网络传播,网络名人故宫行
	大众合作(19)	志愿者:文物医院志愿者,志愿者汇报展演,志愿者咨询与讲座,征集:问计社会公众,社会捐赠:获捐赠,奖励保障,建福榜 公益视频课,文化公益活动,公益拍卖,贵州儿童公益游览,民乐公益演出,图书捐赠
	公益活动(6)	
开放 (18)	举办国际 论坛(5)	世界古代文明保护论坛,中德博物馆论坛等
	中外交流 合作(13)	出境展,引进展:摩纳哥,希腊,泰国,新加坡,卡塔尔等;中日文创合作:谅解备忘录
绿色 (18)	消防(12)	平安故宫,全面禁火,消防安全,消防检查,消防设施,消防标准规范,消防给水改造,消防报警系统等
	环保(6)	零废弃,无烟故宫,垃圾分类,不留废杂草,环保材料

注:括号中为参考点数量。

附录 7 中国国家博物馆新闻资讯节点结构表

一级节点	二级节点	三级节点(关键词摘录)
创新 (122)	展览陈列(48)	主题:历史文化,革命文化,服饰文化,饮食文化,医学,艺术,书法书画,古代乐器,古代铜镜文化等
	文创项目(32)	品牌建设:国博,首批全国博物馆文化产品示范单位
		文创产品:食品,书籍,服饰,日历,家居用品,生活用品,电视节目等
		开发方式:孵化团队,举办青年文创营,品牌联名,推广方式;参加展览会,线下运营中心,电商平台等
	技术融合(17)	应用技术:动画,三维数字化,多媒体互动,5G,大数据,云计算,虚拟增强混合现实,人工智能等
		应用场景:线下展览展示,VR体验,抢救民间家书,智慧国博运营服务体系,云讲解,云展示,"艾雯雯"数字讲解员等。"博物馆珍藏"小程序,云展示,"艾雯雯"数字讲解员等
	设施环境(3)	餐厅,咖啡厅,母婴室等设施完善
	优化服务(12)	服务质量:智能导览系统,延时开放(暑期,夜间),网站多语种服务
		各类人群:老年,成年,青少年,儿童,哺乳期女性,特殊群体等
	专业人才(10)	人才培训,人才交流,业务进修,学术交流,专题培训,文保修复技艺师承制等
协调 (70)	馆际联合(22)	合作办展:33家文博机构合作,地方博物馆,上海博物馆,四川博物院,广东省博物馆,新疆博物馆,甘肃博物馆,甘肃文物展,内蒙古文物展
		展内蒙文物局,内蒙古博物院,湖北省博物馆
		合办论坛:古代青铜器论坛
		合作组织:成立国际博物馆馆长联盟,北京博物馆学会历史与艺术影像专委会,中国博物馆协会文创产品专委会
		战略合作:京津冀博物馆协同创新发展合作协议,与首都博物馆,天津博物馆,河北博物院,与中国社会科学院研究生院合作协议
	政府部门合作 (18)	战略合作:江苏省文化厅,南京市人民政府,天津市文物局,河北省文物局
		联合办展:河南省人民政府,山东省人民政府,陕西省文物局,宝鸡人民政府,重庆大足区政府,福建省宣传部,广州市文化广电旅游局等
	馆校合作(15)	战略合作:清华大学,中国社科院,中国戏曲学院,北京航空航天大学,西北农林科技大学,北京大学等;合办展;史家小学;课程开发:北京四中综合实践课程
	馆企合作(15)	科技企业:华为,腾讯,阿里巴巴等;教育机构:新东方;文化机构:凤凰卫视,新华社民族品牌工程办公室,中国动漫集团,中国煤矿文工团等

（续表）

一级节点	二级节点	三级节点（关键词摘录）
共享 (72)	社教活动(28)	教育项目：说文解字项目、"稚趣博物馆"系列课程、青少活动、送课程进学校与进社区、考古夏令营、主题研学营等
		体验活动：博物馆教育体验区、互动游戏、雕版印刷、体验传统拓印等
		特殊节日：春节、中秋、国际博物馆日、文化和自然遗产日等
	传播推广(12)	线上传播：学习强国、百科数字博物馆、直播（抖音、腾讯、快手等）
		第二展厅：地铁1号专列、文创、网络、校园、社区
	大众合作(28)	志愿者：青少年文化音讲志愿服务、志愿者培训、志愿者交流等；社会捐赠：捐赠展、获捐赠、事业发展基金会
	公益活动(4)	免费文物鉴赏咨询服务
开放 (38)	战略合作(4)	法国卢浮宫博物馆、美国弗吉尼亚美术馆、阿曼国家博物馆、列支敦士登国家博物馆等
	国际组织(4)	牵头成立"一带一路"丝绸之路金砖国家国际组织的博物馆联盟、"一带一路"国家等
	联合办展(25)	出国展：波兰、塞尔维亚、法国、新西兰、澳大利亚、大英博物馆世界中展览、俄罗斯十月革命文物展、中法建交50周年展等
		引进展：丝绸之路国家博物馆文物精品展、大英博物馆文物避难所（中国首个）、国际文物避难所联盟、国际文物避难所（中国首个）
	举办国际论坛 (3)	全球博物馆馆长论坛、中国—阿拉伯国家博物馆馆长论坛等
	合作开发(2)	联手大英博物馆发布新书、海外电商

注：括号中为参考点数量。

附录8 敦煌研究院新闻资讯节点结构表

一级节点	二级节点	三级节点（关键词摘录）
创新（106）	展览陈列（23）	敦煌艺术,莫高精神,石窟壁画,丝绸之路,馆陶文化,艺术珍品等
	文创项目（22）	文创产品:音乐剧,纪录片,电视节目,动画,漫画,通俗读物,民族舞剧,音乐,朗诵,生活用品(雨伞)等 IP授权:湖南御泥坊化妆品 甘肃盛达集团 国泰航空 阿里鱼平台 深圳大学 农夫山泉等
	技术融合（18）	应用技术:3D AR VR AI 云计算等;应用场景:AR地图,数字敦煌资源库,数字敦煌数字展示中心,不可移动文物检测系统,智慧旅游等
	优化服务（25）	游客管理:游客承载量研究,总量控制,参观路线(飞天专题线路),游客反馈等 智慧景区:线上预约,虚拟场景,导览二维码,"敦煌小冰"智能讲解员等
	专业人才（18）	人才培育:人才培养体系,人才选拔,国内外学习培训,学历提升深造补助;学科交叉背景团队等 管理输出:管理麦积山石窟,炳灵寺石窟,北石窟寺
协调（78）	馆际联合（20）	战略合作:故宫,中国丝绸博物馆,四川省博物馆,金沙遗址博物馆,云冈研究院,龙门石窟研究院,大足石刻研究院等 合作办展:中国园林博物馆,北京民生现代美术馆等;合作论坛:长安与丝路学论坛(陕西历史博物馆联合主办) 联合活动:参观护照(70余家博物馆)教育推广(甘肃省博物馆)等
	政府支持与合作（15）	长期合作:国家文物局 甘肃省人民政府 敦煌市政府 共建协议,武威市政府,河北省文旅厅合作协议,新疆文旅局 政府支持:政策 资金,项目,资源,人才等支持(国家文物局,甘肃省政府,甘肃省文物局,科技厅,水利厅等)
	馆校合作（25）	战略合作:浙江大学,兰州大学,武汉大学等;合作研究:教科研协同创新(北京大学),壁画监测(天津大学),建立科研基地(西北工业大学)等 校园巡展:敦煌市北街小学,孟家桥小学,台湾高校,武汉高校,西北师范大学,中央党校(数字展)等 其他合作:专题讲座,邀请参观,互动体验,志愿服务等
	馆企合作（18）	科技通讯企业:腾讯(腾讯影业,腾讯动漫),华为,中国移动,天猫,重庆声光电有限公司等 文化传媒企业:甘肃省广电总台,中国文化传媒集团;其他企业:北京金诚同达律师事务所,上海浦发银行兰州分行等

（续表）

一级节点	二级节点	三级节点（关键词摘录）
共享(56)	社教活动(15)	教育课程：敦煌壁画服饰体验课程、莫高精神、泥还典藏课程、丝路文化艺术等；主题活动：敦煌文化驿站、科技影片惠民、"莫高学堂"研学品牌、手作活动、文创体验（羊毛丝绸手作工坊、念念敦煌体验工坊）等
	传播推广(31)	参加会展活动："互联网＋中华文明"数字体验展、数字中国建设成果展览会、丝绸之路国际旅行节、丝绸之路国际文化博览会、中国国际智能产业博览会等；融媒体推广：数字媒体品牌（敦煌岁时节令、吾爱敦煌等）；平台：官网、微信公众号、微博、绿洲、抖音、快手、哔哩哔哩等
	大众合作(10)	大众支持：数字供养人、社会团体支持与资助（摄影创作活动、有奖征文、绘画、演讲比赛等）；志愿服务：敦煌文化守望者（志愿服务项目）、志愿服务表彰大会、志愿讲解员等
开放(36)	战略合作(8)	法国国家博物馆、英国牛津大学、英国国家图书馆、柬埔寨吴哥古迹保护与发展管理局等
	联合办展(20)	土耳其、俄罗斯、美国、英国、法国、蒙古国等
	举办国际论坛(6)	中印论坛、敦煌之路文物科技创新联盟论坛、丝绸之路文物保护利用联盟论坛、世界遗产地游客承载量研究国际研讨会、敦煌学国际研讨会、麦积山国际雕塑论坛等
	海外参展(2)	美国拉斯维加斯国际品牌授权博览会、法兰克福参展
绿色(3)	环保(3)	联合政府解决周边企业污染问题、地源热泵、低导热系数的建筑材料

注：括号中为参考节点数量。

附录 9 上海博物馆新闻资讯节点结构表

一级节点	二级节点	三级节点（关键词摘录）
创新（90）	展际主题（24）	藏砚，青铜文明，夏商周三代文明，历代书画，江南文化艺术，历代画屏，中国货币史中的白银，生肖相关文物，历代漆器艺术等（古代艺术，现代艺术，传统文化）
	文创项目（21）	文创产品：博物奇趣系列，国画游戏绘本（陶瓷国、青铜国），综艺节目，海派丝巾，百花图雨衣，创意颈枕，小博乐 U 盘等 开发与推广：上海博物馆艺术品公司；上博品牌；国内外知名品牌合作，IP 授权；馆内销售，文创商店，天猫京东公众号等线上平台
	技术融合（20）	应用技术：数字化，区块链技术，大数据，VR，AR，AI，3D，全息投影，多媒体技术等 应用场景：国内首家博物馆数字化管理平台，文物保护科技中心，视频人脸监测分析及预警，文物防震技术，智慧上博，"海上博物"数字藏品平台，"见画如面"数字化板块等 文物保存环境监测预警及检索系统，文物防震技术，智慧上博
	优化服务（10）	重点人群个性服务：适老化改造，特殊人群无障碍导览等 票务与导览服务：线上预约，文物解说，语音导览等 延长开放时间：日常延时，增加夜场等
协调（56）	人才交流（15）	人才培育，人才选拔，岗位培训，终身学习机制 组织培训：青铜器鉴定培训，文创开发运营管理培训，在文创培训班授课等 参加会议：博物馆长培训与创新馆长运营论坛，博物馆数字化推广论坛，博物馆未来之路，博物馆与美好生活，博物馆与新技术，甲骨文研讨会，绿色博物馆论坛，数字博物馆建设与创新馆长运营论坛，文化遗产与文明交流互鉴座谈会，智慧博物馆论坛等
	馆际联动（31）	联合办展：故宫博物院，南京博物院，苏州博物院，河南博物院，中国国家博物院，湖南博物院，新疆博物馆等；全国博物馆参观护照 合作组织：上海市博物馆协会，上海市博物馆教育联盟，长三角博物馆教育联盟，长三角博物馆青年联盟 战略合作：四川省文物考古研究院，成都文物考古研究院，金沙遗址博物馆，三星堆博物馆等
	馆校合作（15）	中国美术学院，上海交通大学，东华大学，进才中学，中小学"上博小小讲解员"
	馆企合作（10）	东方网，上海广播电视台，科大讯飞，阿科蜜司，同济大学建筑设计研究院，凯悦酒店，锦江集团等

(续表)

一级节点	二级节点	三级节点(关键词摘录)
共享 (45)	社教活动(15)	教育项目:上海博物馆教育品牌,远程教育平台,夏令营,文物讲解,诗词,绘画,书法,功夫等课程 体验活动:工作坊,亲子活动(亲子音乐会),创意手工等 特殊节日:国际博物馆,春节,70周年系列活动等
	传播推广(20)	多渠道推广:官网(每月一珍),微信微博,抖音,小红书等 参加展会:北京文博会,广州国际文物博物馆版权博览会,山西文博会,上海文博会,深圳文博会,杭州文博会,数字中国建设成果展览会,苏州文化创意设计产业交易博览会,义务文交会,中国博物馆及其相关产品与技术博览会,中国国际智能产业博览会,中国文物国际博览会等
	大众合作(10)	捐赠:捐赠展;志愿者管理与培训;社会征集;东馆优秀展陈方案
开放 (38)	战略合作(7)	"一带一路"国家博物馆,克里姆林宫博物馆,英国大英博物馆,美国大都会博物馆,日本东京国立博物馆,俄罗斯埃尔米塔什国家博物馆等
	出境展(12)	地点:赴大英博物馆办展,韩国首尔国际中央博物馆,希腊卫城博物馆,美国,法国,意大利等 主题:六千年中国艺术,皇朝盛世,青铜文化,香文化,上博珍宝,文创作品等
	引进展(13)	17-19世纪匈牙利贵族生活,大英博物馆百物展,俄罗斯国立特列恰科夫美术馆展品展,俄罗斯皇家军械珍藏展,法国开布朗利博物馆太平洋艺术珍品展,黑石号沉船出水珍品展,欧亚衢地,土耳其安纳托利亚文明展,雅典卫城博物馆珍宝展,英国泰特不列颠美术馆珍藏展等
	海外宣传(6)	"一带一路"国家举办文博教育活动;纽约时代广场户外大屏广告投放;海外社交媒体全平台(Youtube,Facebook,Twitter,Instagram)推广

注:括号中为参考点数量。

附录 10　陕西历史博物馆新闻资讯节点结构表

一级节点	二级节点	三级节点（关键词摘录）	三级节点（关键词摘录）
创新 (74)	展览陈列 (16)	古代文明、壁画、彩陶、书画等原创展、引进展、巡回展等	
	文创项目 (15)	图书、邮票、纪录片、短视频节目、文博短剧、访谈节目、唐妞抱枕、金径赛兽马克杯、鎏金银竹节铜熏炉 U 盘、公交卡、文物盲盒、IP 授权等	
	技术融合 (25)	应用技术：AI、VR、3D 打印、互联网、5G、AR、MR、云计算、区块链、H5 等； 应用场景：AR 眼镜、云上博物馆、虚拟推荐官、场景还原、全景漫游、元宇宙项目、文物修复虚拟展、数字资产管理系统、MR 数字藏品、大数据检测平台等	
	优化服务 (11)	游客体验、调查团队、观众服务运营平台、专业医护、特殊观众群体专职服务窗口、盲文翻译等	
	专业人才 (7)	人才培训、专题培训、策展人团队负责制等	
协调 (63)	馆际联合 (29)	合作办展、开发：西北五省、沿黄九省、七省区精品文物联展、五馆联合异地办展、云遥展；联合通关护照、联合直播、云遥展；联合盲盒等； 成立联盟交流学习：陕西省博物馆教育联盟、西北五省博物馆文化产业联盟、黄河流域博物馆文博志愿者联盟、陕西省青年文博盟、科技创新联盟等	
	馆校合作 (15)	中科院西安光机所战略合作、西北工业大学项目合作、武汉大学暑期实习、北大红楼合作办展等；合编中学历史文教材等	
	馆企合作 (19)	移动、电信等通讯企业；腾讯、华为等科技企业；陕西文投、保利文企业；东方密语等文创公司；机场、肯德基等	

（续表）

一级节点	二级节点	三级节点（关键词摘录）
共享 (67)	活动契机(5)	文化遗产日,春节,国际劳动节,传统节日等
	教育活动(15)	文化研习营,夏令营,历史舞台剧,进校园示范项目,讲座栏目,流动博物馆,系列课程,常态化公众教育,情景剧展,展览学术码,陕历博微课堂,全国青少年遗产教育活动,社会实践,体验式教学等
	举办比赛(8)	唐代壁画临摹大赛,青少年科普知识竞赛,文博知识网络竞赛,征文比赛,博物馆知识竞赛等
	体验活动(14)	文物饼干制作,笔画临摹,国宝音乐会,艺术打卡,寻宝游戏,趣味闯关,考古实习,室外竞演"模拟汉代古法造纸术","模拟活字印刷术"等
	传播推广(13)	多渠道推广:电视台,报刊杂志,官网,微博,微信,抖音等官方自媒体平台,直播等 线上线下文创销售平台:天猫京东等电商平台,大唐不夜城等线下旗舰店等 参展参赛:"互联网＋中华文明"数字体验展,中国创意产品大赛等
	公益活动(3)	文物鉴定,公益行动,惠民服务
	大众合作(9)	志愿服务(注册签约仪式,志愿者风采大赛等),创作征集,社会捐赠等
开放 (23)	战略合作(5)	韩国国立庆州博物馆,澳洲新南威尔士艺术博物馆等
	联合办展(18)	引进展:日本,新西兰,匈牙利,哈萨克斯坦等文化艺术珍品展 出境展:港英国,土耳其,瑞士,日本,美国等展秦汉文明遗产等
绿色 (2)	行为引导(1)	倡导游客文明参观活动
	节能减排(1)	节能减排工作及中水处理

注:括号中为参考点数量。

附录 11　博物馆文创产品涉及商品与服务比对表

商品类别	是否文创融合	商品类别	是否文创融合	商品类别	是否文创融合	服务类别	是否文创融合
1 化学原料	否	13 军火烟火	否	25 服装鞋帽	是	35 广告销售	否
2 颜料油漆	否	14 珠宝钟表	是	26 钮扣拉链	否	36 金融物管	是
3 日化用品	是	15 乐器	是	27 地毯席垫	是	37 建筑修理	否
4 燃料油脂	否	16 办公用品	是	28 健身器材	是	38 通讯服务	是
5 医药	否	17 橡胶制品	否	29 食品	否	39 运输贮藏	否
6 金属材料	否	18 皮革皮具	是	30 方便食品	是	40 材料加工	否
7 机械设备	否	19 建筑材料	否	31 饲料种籽	否	41 教育娱乐	是
8 手工器械	否	20 家具	否	32 啤酒饮料	是	42 科技服务	是
9 科学仪器	否	21 厨房洁具	是	33 酒	是	43 餐饮住宿	是
10 医疗器械	否	22 绳网袋篷	否	34 烟草烟具	否	44 医疗园艺	否
11 灯具空调	是	23 纱线丝	否			45 社会服务	是
12 运输工具	是	24 布料床单	是				

附录 12 博物馆文创产品涉及商品与服务类别举例

商品类别	文创产品举例	商品类别	文创产品举例	商品类别	文创产品举例	服务类别	文创产品举例
1 化学原料	—	13 军火烟火	—	25 服装鞋帽	故宫千里江山真丝长巾，龙凤和喜帽	35 广告销售	广发故宫文创信用卡，华夏银行故宫联名信用卡
2 颜料油漆	—	14 珠宝钟表	紫禁冰窖挂饰（故宫）；上海博物馆四龙纹青铜文胖扣	26 钮扣扣拉链	—	36 金融物管	—
3 日化用品	故宫，中国国家博物馆与百雀羚等国产化妆品品牌联名；故宫香氛套组	15 乐器	上海博物馆 IP 授权上海民族乐器一厂制作古筝等民族乐器	27 地毯席垫	故宫萧静回避地毯	37 建筑修理	—
4 燃料油脂	—	16 办公用品	繁花似锦文具套装（故宫）	28 健身器材	兵俑系列焊卵积木（国博）	38 通讯服务	钉钉与故宫合作
5 医药	—	17 橡胶制品	—	29 食品	—	39 运输贮藏	—
6 金属材料	—	18 皮革皮具	万点青莲 女士单肩好包（故宫）	30 方便食品	中国国家博物馆考古巧克力；故宫糖果礼盒	40 材料加工	—
7 机械设备	—	19 建筑材料	—	31 饲料种籽	—	41 教育娱乐	故宫讲坛，教育中心
8 手工器械	—	20 家具	故宫巴里黄檀罗汉床；敦煌莲花化妆镜；中国国家博物馆岁月静好抱枕	32 啤酒饮料	上海博物馆精酿啤酒比利时小麦啤酒	42 科技服务	网页，软件开发
9 科学仪器	—	21 厨房洁具	岁朝佳兆餐具套装（故宫）；上海博物馆江南春意功夫茶具套装；故宫电动牙刷	33 酒	故宫宴酒	43 餐饮住宿	故宫角楼咖啡，冰窖餐厅
10 医疗器械	—	22 绳网袋篷	—	34 烟草烟具	—	44 医疗园艺	—
11 灯具空调	清明上河图纸雕灯（故宫）	23 纱线丝	—			45 社会服务	服装出租
12 运输工具	故宫车载香氛挂饰；广东省博物馆就北京地铁 1 号专列；国博大兴机场"文化中国"长廊	24 布织床单	罗莱故宫联名床品				

附录 13　博物馆旅游科技赋能应用举例

技术	虚拟现实	增强现实	3D 数字化技术	人工智能	WEB 技术	NFT 技术 (Non-Fungible Token)
应用	虚拟游览、VR 场景沉浸、非交互沉浸体验、交互沉浸体验	人机交互	藏品数字资源采集与数字资源库建设	智慧博物馆 大数据分析提升观众体验、博物馆与藏品管理、虚拟数字人	网站、APP、小程序开发	数字藏品 (元宇宙)
举例	全景故宫	故宫 AR 探索 河南博物院 "国宝 AR 发弹幕"（AR + LBS 定位技术） 故宫腾讯沉浸式数字体验展 历史时空传送门沉浸式体验平台	故宫的数字文物库、数字多宝阁等	敦煌研究院 AI 壁画画诊病、AI 丝巾试戴、中国国家博物馆 "艾雯雯" 上海科技馆实时客流监控	博物馆官网、微信小程序	上海博物馆的数字藏品 APP 海上博物

附录 14　故宫新闻资讯节点结构图

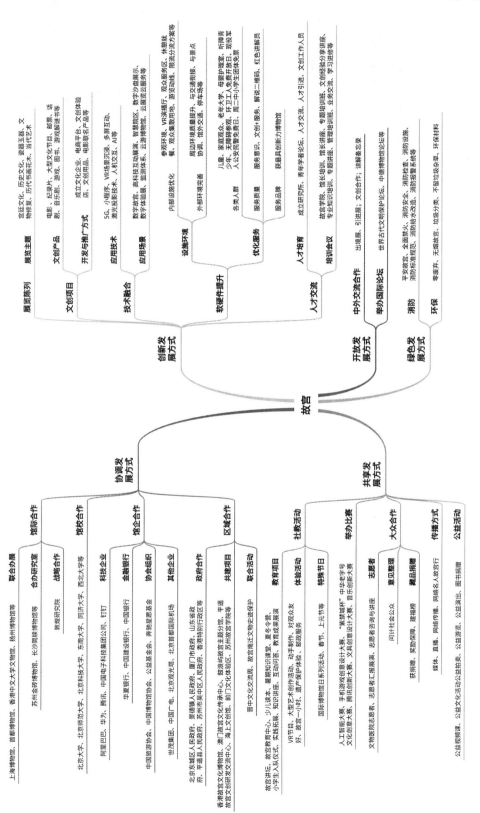

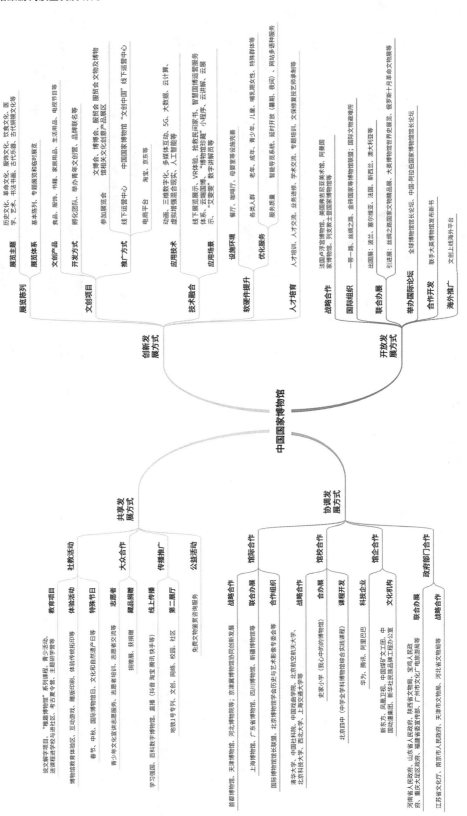

附录 15　中国国家博物馆新闻资讯节点结构图

附录 16　敦煌研究院新闻资讯节点结构图

敦煌研究院

创新发展方式

- 展览陈列 — 展览主题：敦煌艺术、大型文化节目、邮票、话剧、音乐剧等；纪录片、莫高精神、石窟壁画、丝绸之路、馆陶文化、艺术珍品等
- 文创项目
  - 文创产品：电影、纪录片、游戏、图书、游戏解谜书等
  - IP授权：御泥坊化妆品、甘肃读者集团、国泰航空、阿里鱼平台、深圳大学、农夫山泉等
- 技术融合
  - 应用技术：3D、AR、VR、AI、云计算等
  - 应用场景：AR地图、数字藏经洞、数字敦煌资源库、不同移动文物监测系统、智慧旅游等
- 优化服务
  - 游客管理：游客承载量研究（"飞天专题"线路）、总量控制、游客反馈等
  - 智慧景区：线上预约、虚拟场景、导览二维码、参观路线、智慧旅游等
- 专业人才
  - 人才培育：人才梯队、人才选拔、国内外学习培训、学历提升深造补助、学科交叉背景团队等
  - 管理输出：管理莫高窟石窟、麦积山石窟、北石窟寺等

共享发展方式

- 社教活动
  - 教育课程：敦煌壁画身体体验课程、莫高精神1650问多少、泥活字典藏课程、丝绸文化研学等
  - 主题活动：敦煌文化驿站、科技创客展、"莫高学堂"研学品牌、手作活动等
  - 志愿者：敦煌文化守望者会、数字供养人（志愿服务项目）、志愿讲解员等
- 大众合作
  - 大众支持：数字供养人、社会团体支持与资助
  - 比赛活动：摄影创作活动、有奖征文、绘画、演讲比赛等
- 融媒体推广：数字媒体品牌（敦煌岁时节令、吾爱敦煌等；平台：官网、微信公众号、微博、绿洲、快手、抖音、哔哩哔哩等
- 参加会展："互联网+中华文明"数字文化体验展、数字中国建设成果展览会、丝绸之路国际旅行书、丝绸之路国际文化博览会、中国国际智能产业博览会等

协调发展方式

- 战略合作：故宫、中国丝绸博物馆、四川博物院、金沙遗址博物馆、云冈研究院、龙门石窟研究院、大足石刻研究院等
- 馆际合作
  - 联合办展
  - 合办论坛：长安与丝路学术论坛、北京民生现代美术馆等
  - 联合活动：参观巡展（70余家博物馆）；教育推广（甘肃省博物馆）等
- 馆校合作
  - 校园巡展：敦煌市北街小学、孟家桥中学、台湾高校、武汉大学、西北师范大学、中央党校（数字学院）等
  - 合作研究：教科研协同创新（北京大学）、壁画监测（天津大学）、建立科研基地（西北工业大学）、文物保护研究中心等
  - 其他合作：专题讲座、邀请参观、互动体验等
- 馆企合作
  - 科技企业：腾讯（腾讯影业、腾讯动漫）、华为、中国移动、天猫、重庆再生光电有限公司等
  - 文化传媒企业：甘肃省广电总台、中国文化传媒集团
  - 其他企业：北京金诚同达律师事务所、上海浦发银行兰州分行等
- 政府支持与合作
  - 长期合作：国家文物局 甘肃省人民政府 敦煌市政府 共建协议、河北省文物局等
  - 政府支持：政策、资金、项目、资源、人才支持（国家文物局、甘肃省政府、甘肃省文物局、科技厅、水利厅等

开放发展方式

- 战略合作：法国国家博物馆、英国国家图书馆、英国国王学院等
- 联合办展：土耳其、俄罗斯、美国、日本、英国、法国、蒙古国等
- 举办国际论坛：中印论坛、敦煌论坛、丝绸之路国际科技创新体验论坛、世界遗产地游客承载量国际研讨会、数字复原国际论坛等
- 海外参展：美国拉斯维加斯国际品牌授权博览会、法兰克福参展等

绿色发展方式

- 环保：联合政府解决解决周边企业三废云问题、地源热泵、低导热系数的建筑材料

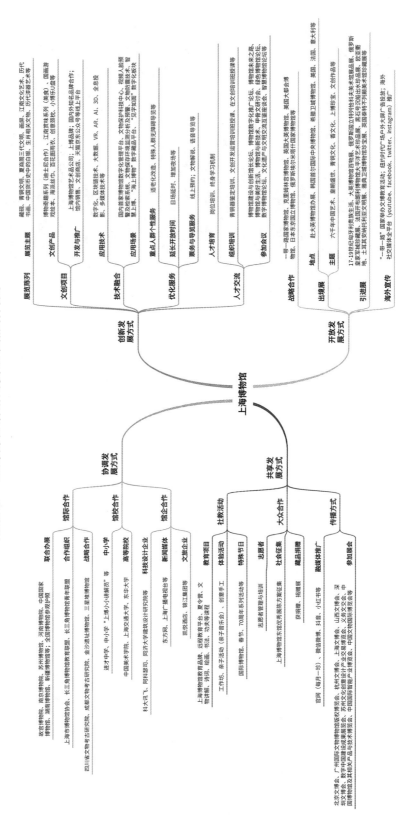

附录 17　上海博物馆新闻资讯节点结构图

附录18 陕西历史博物馆新闻资讯节点结构图

后 记

时光荏苒，回首这段专著写作的旅程，心中感慨万千。从最初 2021 年开始的选题构思，到资料的收集整理，再到反复的修改完善，每一步都充满了挑战与收获。

在研究过程中，我遇到了诸多困难，尊敬的师长们，亲爱的家人、朋友们给了我无限的支持与帮助，在这里请接受我最真挚的谢意！

在此，我衷心感谢我的导师张广海教授的悉心指导，他那严谨、细致、一丝不苟的工作态度，始终是我学习的榜样。同时，我也要向一直以来给予我无私帮助的师姐们表达最诚挚的感激之情，她们的指导让我受益良多。最后，我要向所有家人和朋友致以最深的谢意，他们的支持与鼓励是支撑我不断前行的动力源泉。

通过博物馆旅游选题的研究，仿若开启了人生新的篇章，真正体会到"吾生有涯，而知无涯"。经过深入探究愈发感受到了博物馆的魅力所在，对其喜爱之情也愈浓，在今后的学习和工作中也会将博物馆旅游作为我主要的研究课题继续探索下去。虽无缘见证我国博物馆从无到有的发展阶段，但能见证其从有到优的高质量发展阶段，并能有幸参与其中贡献绵薄之力，也深感荣幸与自豪，期盼我国文化强国、博物馆强国的目标早日实现！